Anstoß
GCSE

Carole Shepherd | Angela Heidemann | Andy Giles

Hodder & Stoughton
A member of the Hodder Headline Group

Acknowledgements

The authors would like to thank Carolyn Taylor, Vicky Weber and all the Modern Languages staff at Hodder & Stoughton who have been involved with this project.

In addition we would like to thank the following for their help and encouragement in the writing of this book: Antenne Ruhr and in particular Joe Doll for his anecdotes of life as a musician, Ulrike Wittenborn from the Städtisches Gymnasium Broich, Mülheim / Ruhr and her year 10 pupils for their German letters; Lut Baten, associate professor of FL Didactics at the KULeuven, Belgium; teachers and students of German at Ryton Comprehensive, Gateshead for their ongoing advice to the authors.

Last, but not least, we would like to thank our families for their encouragement and support during the long hours we spent writing and proof-reading, in particular Bernhard, Ben and Nick Heidemann.

The authors and publishers would like to thank the following for permission to reproduce copyright materials; every effort has been made to contact the copyright holders:

„Das dicke Geschäft mit den Schlankheitsmitteln", p113, „Wer macht das schönste Naturfoto?", p171, TV Klar, Heinrich Bauer Verlag; „Wie lernen die Bilder laufen", p118, „Die besten Jobs von morgen", gekürzt, p158, „Die schnellste Post", p188, „Ein 007 ist nicht genug", p190, „Ferienziele aus aller Welt", p190, TV Spielfilm, Verlagsgruppe Milchstrasse; „Marvins Töchter", p123, S.K., Media Markt, gekürzt, „Ach du dickes Ei", p125, HEINZ-Magazin Verlags GmbH, "Tomorrow" advert, p126, Tomorrow, Verlagsgruppe Milchstrasse, Mauritius, Die Bildagentur; CentrO shopping centre leaflet, p146, CentrO Management GmbH, „Jump geht weiter", p163, „Gute Nacht Pflege", p189, Bravo Girl, Heinrich Bauer Smaragd KG; „Eine Ente soll vor Sucht und Drogen schützen?", p180, Bundeszentrale für gesundheitliche Aufklärung, i. A. des Bundesministeriums für Gesundheit, „Prüfungsangst", p185-6, Peter Loy (peter.loy@planet.interkom.de).

Photo acknowledgements

pp17, 164 © Telegraph Colour Library; p17 © Laura Dwight/Corbis; p17 © Picture Press/Corbis; pp24, 32 © Actionplus; p32 © Alison Wright/Corbis; p38 ©Life File; pp38, 87, 194 © Still Pictures; p46 „Museum Alte Post", „Schloss Broich", © Walter Schernstein, Stadt Mülheim an der Ruhr; p46 © Schallwig, Am Schloss Broich; p47 © Jim Winkley; Ecoscene/Corbis; p47 © Ruggero Vanni/Corbis; pp57, 89, 91, 126, 156 © David Simson; p57 © Richard Greenhill; p60 © Richard T. Nowitz/Corbis; pp60, 145, 171 © Hartmut Schwarzbach/Still Pictures; p66 © K.B. Karwasz and M. Schroeder/argus Fotoarchiv/Still Pictures; p71 © P.A. News; pp87, 194 © PhotoDisc; p120 © Michael S. Yamashita/Corbis; p124 © Internet Movie Database; pp126, 155 © Press Association; p155 © Architectural Association; p155 © Helen Litt; p163 © Colin Taylor Productions; p178 © Owen Franken/Corbis; p193 © Ronald Grant Archive.

Orders: please contact Bookpoint Ltd, 130 Milton Park, Abingdon, Oxon OX14 4SB. Telephone: (44) 01235 827720. Fax: (44) 01235 400454. Lines are open from 9.00 - 6.00, Monday to Saturday, with a 24 hour message answering service. Email address: orders@bookpoint.co.uk

British Library Cataloguing in Publication Data
A catalogue record for this title is available from the British Library

ISBN 0 340 782323

First Published 2001
Impression number   10 9 8 7 6 5 4 3 2 1
Year   2007 2006 2005 2004 2003 2002 2001

Copyright © 2001

Cover photo from **The Apple Agency Ltd**
Typeset by **Carla Turchini, Graphic Design**
Printed in Italy for Hodder & Stoughton Educational, a division of Hodder Headline Plc, 338 Euston Road, London NW1 3BH.

Contents

Hallo!

Before writing **Anstoß** we asked a number of Year 11 students what they liked and disliked about learning German and their current textbooks. We have tried to act on their advice and to include language which is authentic and contemporary and, above all, useful as a means of understanding others and making yourself understood in German-speaking countries. The end result? A book we hope will interest and inspire you.

The nine chapters are linked to National Curriculum topic areas for the GCSE but are also suited to many other schemes of work, including aspects of GNVQ. There are also two revision-based chapters to help you with examination technique.

The *Hörspiele* build into 'a radio play' within the chapters to let you experience language in situations which are as realistic as possible. They can be listened to in class or a language laboratory, and are based on the lives of an imaginary group of teenagers who play in a band and hope to become rich and famous. As well as being fun to listen to, they are also a useful source of language.

Throughout this book the ***Neue Deutsche Rechtschreibung*** (the new German spelling) – as introduced in the Federal Republic of Germany in 1996 – has been used. Please note that other German-speaking countries have slightly different spelling rules, particularly in the use of *-ß-* and capitals. Two prominent changes in the *Neue Deutsche Rechtschreibung* which have caused a great deal of confusion are the use of *-ss-* and *-ß-*.

The new rules stipulate that:
After short vowels *-ss-* is to be used: ***dass, Kuss, du musst***.
After long vowels and diphthongs *-ß-* is to be used: ***Straße, Fuß, heiß***.

Viel Spaß mit **Anstoß**!

Carole Shepherd, Angela Heidemann, Andy Giles

Symbols used in Anstoß GCSE:

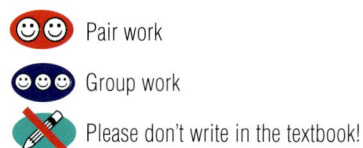

Reading activity

Listening activity

Hörspiel activity

Writing activity

Pair work

Group work

Please don't write in the textbook!

Grammatik

These boxes revise or introduce grammatical information so that you can use them as a reference when completing homework activities, or when the teacher is not available in class.

Sprachtipp

These boxes give helpful advice on grammatical structures.

Vokabeltipp

These boxes give useful vocabulary related to the topic. We do recommend you learn as many of these words as you can!

Erste Hilfe

These boxes give vocabulary related to a specific Listening or Reading activity.

Kulturtipp

These boxes give an insight into the culture of German-speaking countries.

Aussprache

These boxes give helpful advice on how to pronounce words and letter combinations which English speakers find difficult.

www.

These boxes give useful website addresses. Obviously some of these may change after the book has gone to print. We will make every effort to check these regularly and post changes on the Hodder & Stoughton Anstoß website: www.anstoss.co.uk

Lerntipp

These boxes provide extra help with those aspects of German which might seem confusing or unclear.

Pass auf!

These boxes draw your attention to tricky German words, phrases or grammatical structures which require extra attention.

Einheit A   Ich stelle mich vor

Lernziele

In dieser Einheit wirst du
- *lesen und hören, wie Leute sich vorstellen*
- *dich, deine Familie und deine Freunde vorstellen.*

 1   2   3   4

1   Hörspiel: Die Band stellt sich vor

Hallo! Wir sind die Anstoß-Band. Wir möchten uns vorstellen.
Hör gut zu und fülle die Steckbriefe aus. Schreib nicht ins Buch!

Ich heiße Pommes. Das ist mein Spitzname. Mein richtiger Name ist Heinz,
Heinz Schuh. Ich bin 17 Jahre alt. Mein Geburtstag ist am 23. September.
Ich komme aus Deutschland, aus Mainz. Ich spiele Gitarre und ich singe.

Beispiel	
Vorname:	Heinz
Nachname:	Schuh
Spitzname:	Pommes
Staatsangehörigkeit:	deutsch
Alter:	17
geboren:	23.09.
Nummer:	1

Vorname:	Pia
Nachname:	Klein
Spitzname:	–
Staatsangehörigkeit:	
Alter:	
geboren:.	
Nummer:	

Vorname:	Yasemin
Nachname:	Akbar
Spitzname:	Yazzi
Staatsangehörigkeit:	
Alter:	
geboren:	
Nummer:	

Vorname:	David
Nachname:	
Spitzname:	
Staatsangehörigkeit:	
Alter:	
geboren:	
Nummer:	

Vokabeltipp So kannst du dich vorstellen

Wie heißt du?	*Ich bin / heiße …*	I am/am called …
What's your name?	*Mein Name ist …*	My name is …
Hast du einen Spitznamen?	*Ja, mein Spitzname ist …*	Yes, my nickname is …
Have you got a nickname?	*Nein, ich habe keinen Spitznamen.*	No, I haven't got a nickname.
Wie alt bist du?	*Ich bin 16 Jahre alt.*	I'm 16 years old.
How old are you?		
Wann hast du Geburtstag?	*Ich habe am … Geburtstag.*	My birthday is on …
When is your birthday?	*Ich bin am … geboren.*	I was born on …
Woher kommst du?	*Ich komme aus Großbritannien.*	I come from Great Britain.
Where do you come from?		
Wo wohnst du?	*Ich wohne in …*	I live in …
Where do you live?		
Wie geht's?	*Danke, sehr gut.*	Very well, thank you.
Wie geht es Ihnen?	*Es geht.*	Not too bad.
How are you?	*Schlecht. Ich bin müde.*	Not well. I'm tired.

2   Und du?

Fülle diesen Steckbrief aus.
Schreib nicht ins Buch!

> Vorname:
> Nachname:
> Spitzname:
> Staatsangehörigkeit:
> Alter:
> geboren:

3   Partnerinterview

Benutze die Fragen und
Antworten unten.
Mach ein Interview mit
deinem Partner.

> Vorname:
> Nachname:
> Spitzname:
> Staatsangehörigkeit:
> Alter:
> geboren:

4   Partnerarbeit

Fragen und Antworten: Was passt zusammen?

Beispiel   **1** *c*

1	Wie heißt du?		**A**	Danke, sehr gut. Und Ihnen?
2	Wo wohnen Sie, Frau Wittenborn?		**B**	Ich habe am 19. Januar Geburtstag.
3	Wie geht es Ihnen?		**C**	Ich heiße Bettina.
4	Wie alt ist Klaus?		**D**	Sie wohnt in Baden-Baden.
5	Wann hast du Geburtstag?		**E**	Er ist 15 Jahre alt.
6	Woher kommen Sie, Herr Dürrenmatt?		**F**	Ich komme aus der Schweiz.
7	Wo wohnt Steffi?		**G**	Ich wohne in Graz. Und Sie?

Kulturtipp Du und Sie

Den Unterschied zwischen ‚du' und ‚Sie' nicht vergessen!

Für Freunde und Familie: du, dein, dich, dir.   Für andere Erwachsene, z.B. Lehrer: Sie, Ihr, Ihnen.

Beispiel   Wie heißt du? Wie geht es dir?   *Beispiel*   Wie heißen Sie? Wie geht es Ihnen?

---

5   **Schreib was! Du und Sie**

Du willst einen Erwachsenen fragen. Was musst du sagen?

Beispiel   Wie geht es dir?   *Wie geht es Ihnen?*

1   Wie heißt du?   **3**   Woher kommst du?

2   Wo wohnst du?   **4**   Wann hast du Geburtstag?

---

6   **Hör zu! Die Telefonauskunft**

Yasemin ruft die Auskunft an. Schreib die Telefonnummern auf.

Beispiel   Name: *Matthias Hasler*   Landesvorwahl: *00 43*   Ortsvorwahl: *6 62*
Telefonnummer: *60 34 55*

---

7   **Gruppenarbeit: Vorwahlen**

Wie sind die Vorwahlen für diese Orte?   Hamburg, Deutschland

Bern, Schweiz   Dundee, Schottland

Wien, Österreich   Liechtenstein

Kulturtipp Telefonnummern und Adressen

A   **Telefonnummern** ☎

- In English we give our phone numbers in single digits, e.g. we say 0191 2854746 (oh one nine one, two eight five four seven four six).
- In German you give your phone number in two digit numbers where possible, e.g. 43 - 12 - 14 (dreiund-vierzig – zwölf – vierzehn).
- In Austria phone numbers are divided into a single number, then two sets of two digits, e.g. 8 81 08.
- In Switzerland phone numbers are divided into three digits, then two, then two, e.g. 482 50 41.
- In Liechtenstein phone numbers are also divided into three digits, then two, then two, e.g. 232 87 28.
- If you have an odd number in German you can slot in a single digit wherever it suits you, e.g. 50 - 5 - 78 (fünfzig fünf achtundsiebzig).

B   **Adressen** ✉

In Germany, Austria, Switzerland and Liechtenstein the postcode goes before the name of the town, not on a separate line as in English. Before the postcode you will find the letters:

D for **Deutschland**   e.g. D - 45475 Mülheim

A for **Österreich**   e.g. A - 6352 Ellmau

CH for **Schweiz**   e.g. CH - 8038 Zürich

FL for **Liechtenstein**   e.g. FL - 9490 Vaduz

---

www .

Postleitzahlen

Hier kannst du die deutschen Postleitzahlen und Zonen finden:

- www.fremdenverkehrsbuero.de/
- www.hmi.de/oracle/ortePLZa.html
- www.evita.de/artikel/1,3109,2493,00.html

8 Wiederholung! Das Alphabet

Erinnerst du dich an das deutsche Alphabet? Hör die Kassette an und wiederhole. Wenn du Hilfe brauchst, sieh dir die rechte Spalte an. Da steht die Aussprache. Achte besonders auf die Umlaute!

Aussprache

Achtung beim Buchstabieren!

The German letter **A** is pronounced a bit like the English **R**.
The German letter **E** is pronounced a bit like the English **A**.
The German letter **I** is pronounced a bit like the English **E**.

A	ar	K	car	U	oo
B	bay	L	ell	V	fow
C	tsay	M	emm	W	vay
D	day	N	enn	X	eeks
E	ey	O	oh	Y	üpsilon
F	eff	P	pay	Z	tsett
G	gay	Q	coo		
H	ha	R	air		
I	ee	S	ess		
J	yacht	T	tay		

ä	ey
ö	ur
ü	ü
ß	ess tsett / scharfes ess

Vokabeltipp Auskunft am Telefon geben

Kann ich Ihnen helfen?	Can I help you?
Können Sie das buchstabieren?	Can you spell that?
Wie ist Ihre Telefonnummer?	What is your telephone number?
Wie ist Ihre Adresse?	What is your address?
Wie ist Ihre Postleitzahl?	What is your postcode?
Wie ist die Vorwahl?	What is the area code?
Ich wiederhole:	I'll repeat:
Ist das richtig?	Is that correct?
Kann ich bitte mit Herrn Schuh sprechen?	Can I speak to Mr Schuh, please?
Kann ich bitte mit Frau Meyer sprechen?	Can I speak to Mrs Meyer, please?
Ist Klaus zu Hause?	Is Klaus at home?
Kann ich eine Nachricht hinterlassen?	Can I leave a message?
Er / Sie soll mich bitte zurückrufen.	Can he / she ring me back, please?
Meine Telefonnummer ist 34 12 00.	My number is 34 12 00.
Wie schreibt man das?	How do you spell that?
Wie bitte?	Pardon?
Ich verstehe nicht.	I don't understand.
Noch mal, bitte.	Repeat, please.
Können Sie das noch mal wiederholen?	Could you repeat that, please?
Lauter, bitte.	Louder, please.
Auf Wiederhören!	Good bye! (on the phone)

Anstoß-Band sucht neue Musiker!

Spielst du ein Instrument?

Hast du Interesse?

Dann schreib uns oder ruf an.

Heinz Schuh, Wiesenweg 13, 55120 Mainz.

Tel. 0 61 31 – 22 49 39

Email: pommes@coollink.com

9 **Hörspiel: Ein Musiker ruft an**

Frau Schuh hat ein paar Fehler gemacht. Was ist falsch?

Heinz: Ein Anruf für dich!

Name: Kurt Kruse. Alter: 76.

Familienstand: nicht verheiratet.

Herr Kruse kann sehr schön singen.

Adresse: Birkenstraße 190, 06335 Bad Guggenau.

Telefonnummer: 8 74 00 64 91.

Bitte zurückrufen!

10 **Hör zu! Nachrichten auf dem Anrufbeantworter**

Hier sind ein paar Nachrichten für Pommes. Mach Notizen!

Nachricht 1:

Name:

Alter:

Instrument:

Wohnort:

Telefonnummer:

Nachricht 2:

Name:

Alter:

Instrument:

Wohnort:

Telefonnummer:

Email-Adresse:

11 **Rollenspiel**

Du willst bei der Band mitmachen. Ruf Pommes' Eltern an und hinterlasse eine Nachricht.

Partner A ist die Mutter / der Vater und nimmt Notizen. Partner B ist die Person, die bei der Band mitmachen will. Partner A und Partner B sagen ,Sie' zueinander. Frage / Sage:

- Name (buchstabieren!)
- Alter
- Instrument
- Adresse
- Telefonnummer

Einheit B   Leute beschreiben

Lernziele

In dieser Einheit wirst du
- **lesen** und **hören**, wie Leute sich selbst, ihre Familie, ihre Freunde und ihre Haustiere beschreiben
- über dich selbst, deine Familie, deine Freunde und deine Haustiere **schreiben** und **sprechen**.

Vokabeltipp   **Leute beschreiben**

AUSSEHEN. WIE SIEHT ER / SIE AUS?

Er / Sie hat	(hell-)blonde	(light) blond	Haare
He / She has	(dunkel-)braune	(dark) brown	hair
	rote	red / ginger	
	graue	grey	
	schwarze	black	
	kurze	short	
	lange	long	
	mittellange	medium length	
	glatte	straight	
	lockige	curly	
	krause	frizzy	
	blaue	blue	Augen
	grüne	green	eyes
	braune	brown	
	schwarze	black	
Er / Sie ist	schön	beautiful	
He / She is	hässlich	ugly	
	klein	short	
	groß	tall	
	mittelgroß	of medium height	
	dick	fat	
	dünn / schlank	thin / slim	
Er / Sie hat	eine Brille	glasses	
He / She has	einen Bart	a beard	
	einen Schnurrbart	a moustache	

CHARAKTER

Er / Sie ist	freundlich	friendly
He / She is	unfreundlich	unfriendly
	lieb	good, nice
	nett	nice, likeable
	böse	bad
	launisch	moody
	dumm	stupid
	intelligent	intelligent
	faul	lazy
	fleißig	hard-working
	hilfsbereit	helpful
	lustig	funny
	ernst	serious
	reich	rich
	arm	poor
	glücklich	happy
	unglücklich	unhappy
	streng	strict

1   **Lies was! Mädchen und Jungs**

Explain this survey to your friend:

Auf was gucken Mädels?	
1 Augen	78%
2 Mund	59%
3 Outfit	45%
4 Po	39%
5 Figur	30%
6 Hände	22%
7 Haare	17%

Was törnt Jungs an?	
1 Augen	88%
2 Figur	73%
3 Busen	60%
4 Haare	55%
5 Po	41%
6 Outfit	29%
7 Mund	11%

Erste Hilfe

Po   bum

Beantworte die Fragen auf Englisch!

a   According to the survey what is the first thing a girl or a boy looks at in the opposite sex?

b   What part of the body comes second for the girls but only seventh for the boys?

c   How important for the girls is the way the boys are dressed?

d   Is hair more important for girls or boys?

e   What comes second on the boys' list?

2   **Lies was! Was für ein Typ bist du?**

A   **Frühlingstyp**

Augen   Frühlingsgirls haben oft blaue Augen.

Haare   Typisch sind blonde feine Haare.

C   **Herbsttyp**

Augen   Die Augen des Herbsttypen strahlen goldbraun oder dunkelbraun.

Haare   Die rote Mähne ist zu vermeiden!

B   **Sommertyp**

Augen   Die Augenfarbe ist graublau oder blaugrün.

Haare   Brünett.

D   **Wintertyp**

Augen   Die Augen der Wintergirls sind eisblau oder graugrün.

Haare   Das Haar kann tiefbraun bis blauschwarz sein.

Beantworte – Frühlingstyp, Sommertyp, Herbsttyp oder Wintertyp?

Beispiel   Wer hat rote Haare? *c / Herbsttyp*

a   blonde Haare?

b   tiefbraune Haare?

c   blaue Augen?

d   dunkelbraune Augen?

e   graublaue Augen?

Grammatik

I   Substantiv

Nouns (**Substantiv**) in German always start with a capital letter. There are three groups:

Masculine (m)	Feminine (f)	Neuter (n)
der Goldfisch (m)	die Freundin (f)	das Haustier (n)
ein Onkel (m)	eine Frau (f)	ein Radio (n)

I-1   Übung: Substantiv

Put the correct word for **the** in front of each of these nouns – use a dictionary if you need to!

Beispiel   _____ Frau *die Frau*

1 _____ Bruder   2 _____ Schule
3 _____ Klassenzimmer   4 _____ Tante
5 _____ Fußball

Now do the same with a word that means **a** or **an**:

Beispiel   _____ Kind *ein Kind*

6 _____ Freundin   7 _____ Kaninchen
8 _____ Hamster   9 _____ Schlagzeug
10 _____ Turnhalle

II   Nominativ oder Akkusativ?

When a German noun is the **subject** of the verb, we say that it is in the **nominative case (Nominativ)**.

When it is the **direct object** of the verb, we say that it is in the **accusative case (Akkusativ)**.

In the accusative we change the **der** or **ein** in front of masculine singular nouns only. Feminine (**die, eine**), neuter (**das, eine**) and plural nouns (**die**) do not change.

Nominativ			Akkusativ	
M.	der Mann	spielt Fußball	***but*** ich sehe	<u>den</u> Mann
	ein Mann			<u>einen</u> Mann
F.	die Band	übt im Probekeller	sie interviewt	**die** Band
	eine Band			**eine** Band
N.	das Kind	kommt ins Haus	du suchst	**das** Kind
	ein Kind			**ein** Kind
Pl.	die Bücher	sind im Klassenzimmer	sie finden	**die** Bücher

Pass auf!

Do not use the accusative case with the verb **sein**:

e.g.   **Ich bin der Lehrer.** (Nominativ)
             I am the teacher.

Ich and **der Lehrer** are one and the same person – there is clearly no **direct object** in the sentence.

II-1   Übung: der/die/das/den/einen/eine/ein?

Beispiel   D_____ Band heißt ‚Anstoß‘.
                 Die Band heißt ‚Anstoß‘.

a Jochen hat e__ Glatze.
b Er ist e__ Freund von mir.
c D__ Junge hat nur e__ Onkel.
d D__ Mädchen wohnen hier in der Nähe.
e D__ Buch liegt auf dem Tisch.
f Sie nehmen d__ Bus in die Stadtmitte.

II-2   Übung: Was ist der richtige Artikel?

Beispiel   Ich habe ein / eine / einen Hund.
                 *Ich habe **einen** Hund.*

a Das ist ein / eine / einen Hund.
b Ich habe ein / eine / einen Goldfisch.
c Ich sehe ein / eine / einen Katze im Garten.
d Ein / eine / einen Hund macht ‚Wau-wau‘.
e Ein / eine / einen Maus macht ‚Piep!‘.
f ‚Miau!‘ – Ist das ein / eine / einen Katze?

III   kein/keine/kein

Kein is the negative of **ein**, so you don't need to use **nicht ein**.
Ich habe **nicht ein** Haustier. ✗
Ich habe **kein** Haustier. ✔
Kein uses the **ein** endings.

	M.	F.	N.	Pl.
Nominative	kein	keine	kein	keine
Accusative	keinen	keine	kein	keine

III-1   Übung: Beantworte die Fragen negativ!
Benutze keinen/keine oder kein!

Beispiel   Hast du ein Haustier? *Nein, ich habe **kein** Haustier.*

a Hast du einen Bruder?   b Hast du Geschwister?
c Hast du eine Schwester?   d Hast du Hobbys?
e Hast du ein Pferd?

IV   Welcher? (which?) Dieser (this/these) Jeder (each, every)

Nominative:

Welch**er** Mann?	masculine singular – like ‚d**er**‘
jed**e** Woche	feminine singular – like ‚di**e**‘
dies**es** Buch	neuter singular – like ‚da**s**‘
dies**e** Kinder	plural – like ‚di**e**‘

Accusative:

Welch**en** Mann siehst du?

    masculine singular accusative – like ‚d**en**‘

Ich kenne jed**e** der Schülerinnen.

    feminine singular accusative – like ‚di**e**‘

Ich nehme dies**es** Buch.

    neuter singular accusative – like ‚da**s**‘

Wir hören dies**e** Kinder.

    plural accusative – like ‚di**e**‘

IV-1   Übung: Fülle die Lücken aus!

a Welch__ Instrument spielst du?

b Jed__ Wochenende fahre ich in die Stadt.

c Wie findest du dies__ Film?

d Gefällt dir dies__ Sänger?

e Welch__ Kassetten hörst du am liebsten?

IV-2   Übung: Welcher, dieser oder jeder?

a ____Katze macht 'Miau!'.

b ____ Hobby hast du?

c Das ist Sting. Ich liebe ____ Sänger.

d ____ CDs hast du von Sting?

e Ich habe ____ CD von Sting.

f Das ist die neuste CD. ___ CD finde ich nicht so gut.

g ____ Musiker gefällt dir gut?

h Ich mag Madonna. ____ Sängerin ist am besten.

> Diese   Diese   jede
> diesen   Welche   Welcher   Jede   Welches

V   Adjektive

Adjectives describe nouns. If an adjective follows the word it's describing, normally it has no ending:

(m)	Der Hund ist schwarz_.	*The dog is black.*
(f)	Die Frau ist jung_.	*The woman is young.*
(n)	Das Kind ist fleißig_.	*The child is hard-working.*
(pl)	Die Bücher sind alt_.	*The books are old.*

If the adjective is used in front of the word it's describing, it has to have an ending:

(m)	der schwarz**e** Hund	*the black dog*
(f)	die jung**e** Frau	*the young woman*
(n)	das fleißig**e** Kind	*the hard-working child*
(pl)	die alt**en** Bücher	*the old books*

NB: _e for **singular** words and _en for **plural** words.

If you use an adjective after a form of **ein/eine/ein** the endings are different:

(m)	ein schwarz**er** Hund	*a black dog*
(f)	eine jung**e** Frau	*a young woman*
(n)	ein fleißig**es** Kind	*a hard-working child*
(pl)	alt**e** Bücher	*old books*

When **der/die/das/die** are not there, the adjectives try to copy the endings of **der/die/das/die**:

_**er**	for **masculine** words
_**e**	for **feminine** words
_**es**	for **neuter** words
_**e**	for **plural** words

Now look what happens in the **accusative case** with **der/die/das**:

ich suche den schwarz**en** Hund	*I am looking for the black dog*
die jung**e** Frau	*the young woman*
das fleißig**e** Kind	*the hard-working child*
die alt**en** Bücher	*the old books*

And look what happens with **ein/eine/einen**:

ich suche einen schwarz**en** Hund	*I am looking for a black dog*
eine jung**e** Frau	*a young woman*
ein fleißig**es** Kind	*a hard-working child*
alt**e** Bücher	*old books*

N.B. It is **only** the masculine singular ending on the adjective which changes to **-en**.

V-1　　Übung: Adjektive. Welches Wort ist richtig?

1　Ich habe einen a) groß b) große c) großen Bruder.

2　Er hat a) blond b) blonde c) blondes Haare.

3　Er hat a) grün b) grüne c) grünen Augen.

4　Meine Schwester ist a) schlank b) schlanke c) schlanken.

5　Sie hat a) braun b) braune c) braunes Haare.

6　Ihre Augen sind auch a) grün b) grüne c) grünen.

7　Wie haben zwei a) schwarz b) schwarze c) schwarzen Hunde.

8　Sie sind sehr a) lustig b) lustigen c) lustiger.

V-2　　Übung: Fülle die Lücken aus!

Wähle ein passendes Adjektiv. Achtung! Braucht es eine Endung?

Beispiel　　Ich habe eine _____Katze.

*Ich habe eine **schwarze** Katze.*

a　Jan hat einen ___ Schnurrbart.

b　Ute hat ___ Haar.

c　Birgits Großeltern sind beide sehr __.

d　Der __ Mann muss ins Krankenhaus gehen.

e　__Wochenende bin ich ins Kino gegangen.

f　Hans ist ein __ Junge.

g　Peter hat eine __ Schwester.

h　Ingrid trägt __ Schuhe.

i　Die __ Kinder müssen zu Hause bleiben.

j　Ich sehe den __ Hund.

3　　Hörspiel: Ein Neuer oder eine Neue?

Yasemin und David diskutieren.

Wie soll der / die Neue in der Band sein? Kreuze an. Schreib nicht ins Buch!

	a	b	c	d	e	f	g	h	i	j	k	l
Yasemin mag …	✔											
David mag …		✔										

Erste Hilfe

Sinn für Humor (m.)	sense of humour
zierlich	petite

4　　Meinungsumfrage: Traummann oder Traumfrau

Ergänze den Fragebogen. Benutze das Modell.

MEIN TRAUMMANN / MEINE TRAUMFRAU

Geschlecht:	*weiblich*
Alter:	*14 – 16*
Haarfarbe:	*schwarz*
Haarlänge:	*mittellang*
Augenfarbe:	*blau*
Aussehen:	*hübsch, Brille*
Größe:	*klein*
Figur:	*mittelschlank*
Charakter:	*lustig und intelligent*

MEIN TRAUMMANN / MEINE TRAUMFRAU

Geschlecht:

Alter:

Haarfarbe:

Haarlänge:

Augenfarbe:

Aussehen:

Größe:

Figur:

Charakter:

5 **Sag was! Wie sieht dein Traumtyp aus?**

Arbeite mit einem Partner und beschreibe deinen Traumtyp.
Benutze den Fragebogen und Evas Email.

6 **Ein wirklicher Traumpartner im Leben**

Eva beschreibt ihren wirklichen Traumpartner.

Einen wirklichen Traumpartner im Leben zu finden ist sehr
schwierig. Ich mag große, braunhaarige, gut gebaute
Jungen. Mein Traumtyp müsste mir treu sein und auf
meine Gefühle Rücksicht nehmen. Wenn ich traurig bin,
muss er mich zum Lachen bringen können. Ich mag keine
Jungen, die immer nur ja sagen und keine eigene Meinung
haben. Mit meinem Freund muss ich Diskussionen führen
können.

Eigentlich glaube ich, dass ein Traumtyp nicht vom
Äusseren zu bestimmen ist. Dennoch, man sieht zuerst die
Hülle, dann den Kern!

Erste Hilfe

treu	faithful
Rücksicht nehmen	to be considerate of
vom Äußeren	from appearances
die Hülle	the outside
der Kern	the inside

Beantworte die Fragen auf Deutsch.
Mach ganze Sätze.

1 Wie soll Evas Traumpartner aussehen?
2 Wie soll er sein?
3 Was muss er machen, wenn sie traurig ist?
4 Was für Jungen mag sie nicht?
5 Was will sie mit ihrem Freund machen können?

7 **Der Weg zu deinem Traumboy!**

DER WEG ZU DEINEM
TRAUMBOY!

Du hast zu Hause fast eine Stunde vor dem Spiegel gestanden und dich geschminkt. Als dein Traumboy dich abholt, küsst er dich auf die Wange. Herzklopfen! Schließlich landet ihr beide auf der Party: Ein toll aussehendes Mädchen kommt auf deinen Freund zu. Es ist seine Ex-Freundin. Sie flirtet mit ihm und schaut dich abschätzend an …

Du lächelst charmant und sagst zu deinem Freund: ,Komm, lass uns tanzen.'

Er sagt: ,Tanz lieber allein. Ich will noch reden.'

Du fragst ihn nach seiner Ex-Freundin - wie sie heißt, warum sie auseinander sind und wie lange sie zusammen waren. Er reagiert verschlossen: ,Das ist vorbei!' Du glaubst ihm kein Wort!

Er entschuldigt sich mit einem Lächeln bei seiner Ex-Freundin und zieht dich auf die Tanzfläche. Beim Tanzen legt er zärtlich seine Arme um dich.

Er schaut dir tief in die Augen. Er küsst dich. Du bist im siebten Himmel!

A **Der Weg zu deinem Traumboy!**

Beantworte die Fragen auf Englisch.

1 How long has she spent getting ready?

2 Explain the girl's feelings when her boyfriend picks her up.

3 Explain her feelings when they get to the party. Give reasons for your answer.

4 How does the girl try to get out of the situation?

5 Explain the route which leads to the broken heart.

6 How should the boy behave if he wants to keep the girl?

DER WEG ZU DEINEM
TRAUMGIRL!

Du rennst mit nassen Haaren durch den Regen.
Plötzlich spricht dich ein süßes Mädchen an …

Du lachst sie an und sagst: ‚Machst du das immer
so – Jungen anzusprechen und dann im Regen
stehen lassen?'

Dabei checkst du das Mädchen erst einmal ab:
‚Lohnt es sich, dass ich mich für sie weiter
nassregnen lasse?'

Du ziehst deine Jacke aus und hält sie ihr als
improvisierten Regenschirm über den Kopf.
Eng nebeneinander lauft ihr ins nächste Café.
Ihr habt totalen Spaß mit einander …

Es lohnt sich nicht! Du läufst weiter. Deine
Freundin wartet!

Ihr tauscht eure Telefonnummern aus. Sie hat
versprochen, dich heute Abend anzurufen!

B   Der Weg zu deinem Traumgirl!
Beantworte die Fragen auf Englisch.

1   Why is the boy running at the beginning?
2   Why does he continue running in the left hand route?
3   How does the boy help the girl in the second route?
4   Where do they end up?
5   Do you think they will see each other again? Give reasons for your answer.

Grammatik

VI Noun plurals

In English we usually form the plural of a noun by simply adding an **s**. In German there are many ways of forming the plural. You should learn the plural when you learn the noun and its gender. In a dictionary, the plural is usually shown after the noun.

e.g. Katze, die; -n   (Plural: Katze**n** – cat**s**)

Haus, das; **¨**-er   (Plural: H**ä**us**er** – house**s**)

Here are some simple rules which may help you to form the plural.

1 Masculine nouns

a	Many add **-e**	
	der Hund	die Hund**e**
	der Besuch	die Besuch**e**
b	Most which end in **-el**, **-en** or **-er** don't change – but sometimes add an umlaut (**¨**)	
	der Vater	die V**ä**ter
	der Onkel	die Onkel
	der Kuchen	die Kuchen

2 Feminine nouns

a	Many add **-n** or **-en**	
	die Schwester	die Schwester**n**
	die Tante	die Tante**n**
b	Feminine nouns ending in **-in** add **-nen**	
	die Freundin	die Freundin**nen**

3 Neuter nouns

a	Many add **-e** or **-¨er**	
	das Haus	die H**äu**s**er**
	das Haustier	die Haustier**e**
b	Neuter nouns ending in **-el**, **-en** and **-er** normally do not change	
	das Zimmer	die Zimmer
	das Mädchen	die Mädchen
c	Many foreign words used in German are neuter and add **-s** in the plural	
	das Baby	die Baby**s**
	das Restaurant	die Restaurant**s**

VI-1   Übung: Schreib die Wörter im Plural!

Beispiel   die Telefonnummer *die Telefonnummer**n***

a	die Adresse	**e**	das Haar	**i**	die Lehrerin
b	das Foto	**f**	das Hobby	**j**	der Mantel
c	der Tag	**g**	der Schuh		
d	das Lied	**h**	die Einladung		

Vokabeltipp Haustiere

Hast du Haustiere?	*Ich habe*
Have you got any pets?	I have

Was für Tiere hast du?
What sort of pets have you got?

Pass auf!

In dieser Kiste sind alle Substantive nach ‚Ich habe …‘ im Akkusativ. Zuerst kommen die maskulinen Substantiv (Denk dran! Sie verändern sich in Akkusativ!), dann die neutralen Substantiv, dann die femininen Substantiv und zum Schluss die Substantiv im Plural.

einen Hund	a dog
einen Vogel	a bird
einen Wellensittich	a budgerigar
einen Hamster	a hamster
einen (Gold)Fisch	a (gold)fish
ein Pferd	a horse
ein Kaninchen	a rabbit
ein Meerschweinchen	a guinea pig
eine Katze	a cat
eine Maus	a mouse
eine Ratte	a rat
eine Schildkröte	a turtle
eine Schlange	a snake
keine Haustiere	no pets

8   **Hör zu! Stars und ihre Tiere**

Radio Harlekin macht ein Interview mit vier Stars. Hör zu und fülle die Tabelle aus.

Rudi Raser	Sternchen	Marlene Mattuschek	Albio Manetti
zwei Hunde • Nick – schwarz • Lauda – braun			

9   **Lies was! Leserpost**

Hallo!
Hier siehst du mein Kaninchen ‚Starsky', das ich über alles liebe. Es ist acht Jahre alt und wohnt draussen im Garten.
Tschüs
Deine SARA

Hallo!
Meine Mutter hat ein Pflegepferd, das ich ab und zu reiten darf. Es heißt ‚Cointreau' und ist 11 Jahre alt. Ich reite sehr gern und hoffe, dass ich selbst mal ein Pferd haben kann. Viele Grüße aus der Schweiz von SABINE

Hi!
Ich habe zwei Hunde, namens Max und Jazz. Max war drei Jahre alt als ich ihn bekam. Inzwischen ist er 12! Jazz ist jetzt vier Jahre alt.
Dein
STEFAN

Hallo!
Hier siehst du meine zwei Katzen Bertie und Crumble. Sie spielen sehr gern im Garten.
Tschüss
Dein TOM

Beantworte die Fragen auf Deutsch.

a   Wer ist acht Jahre alt?

b   Wie heißt das Kaninchen?

c   Wie heißt das Pferd?

d   Wer will ein Pferd haben?

e   Wer ist 12 Jahre alt?

f   Wer hat zwei Hunde?

g   Wie alt ist Jazz?

h   Wer hat zwei Katzen?

www.   **Haustiere**
- Verlorene Tiere: www.tiersuche.de
- Fotos und Informationen über Fische: www.aquanet.de
- Fotos und Informationen über Hunde: www.hund.ch
- Die berühmten weißen Pferde von Wien. Klicke auf ‚Impressionen': www.spanische-reitschule.com

Vokabeltipp Meine Familie

This is how you can talk about your family:

Geschwister:	**Schwester / zwei Schwestern**	**Bruder / zwei Brüder**
Brothers and sisters:	sister / two sisters	brother / two brothers
Kinder:	**das Mädchen / die Mädchen**	**Junge / Jungen**
Children:	the girl / girls	boy / boys
	Tochter / Töchter	**Sohn / Söhne**
	daughter / daughters	son / sons
Eltern:	**Mutter**	**Vater**
Parents:	mother	father
	Stiefmutter	**Stiefvater ***
	stepmother	stepfather
	Frau	**Mann**
	wife	husband
	Lebenspartnerin	**Lebenspartner**
	partner (f)	partner (m)
Großeltern:	**Großmutter**	**Großvater**
Grandparents:	grandmother	grandfather
Verwandte:	**Tante / zwei Tanten**	**Onkel / zwei Onkel**
Relations:	aunt / two aunts	uncle / two uncles
	Cousine / zwei Cousinen	**Cousin / zwei Cousins**
	(female) cousin / two cousins	(male) cousin / two cousins
Freunde:	**Freundin / zwei Freundinnen**	**Freund / zwei Freunde**
Friends:	female friend / two friends	male friend / two friends

Mein Bruder	**ist**	**ledig.**
My brother	is	single.
Meine Schwester		**verheiratet.**
My sister		married.
		geschieden.
		divorced.
Eva und Emma	**sind (nicht)**	**Zwillinge.**
Eva and Emma	are (not)	twins.

Meine Eltern leben getrennt.
My parents are separated.

Beschreibe Pias Familie.
Describe Pia's family.

Das ist der Onkel von Pia.
That is Pia's uncle.

Das ist die Tante von Pia.
That is Pia's aunt.

Pass auf!

*Welche anderen Worte passen zu
'Stief –'?

Kulturtipp Kosenamen

Pet names for members of the family.

Mutter	Mutti, Mama, Mami	**Großmutter**	Oma, Omi, Großmama
Vater	Vati, Papa, Papi	**Großvater**	Opa, Opi, Großpapa

10 **Ich stelle mich vor**

Hallo,

Ich heiße Anna-Christina und bin 16 Jahre alt. Mein Geburtstag ist im Januar. Ich habe braune Haare und braune Augen. Ich werde dir meine Familie vorstellen: Ich wohne mit meiner Mutter, meinen zwei Brüdern und meinem Stiefvater in einem großen Haus. Meine Brüder sind Zwillinge. Meine Eltern sind geschieden, doch mein Vater wohnt nicht weit weg von mir.

Mein Haustier ist eine Katze. Sie heißt Minka und ist schon 13 Jahre alt. Das ist sehr alt für eine Hauskatze.

Tschüs bis bald!
Anna-Christina

Hallo,

Wie geht es dir? Bei mir ist alles in Ordnung, aber meine Schwester Nadja geht mir mal wieder auf die Nerven. Sie ist 14 Jahre alt und ziemlich frech. Einen Bruder habe ich auch noch. Er heißt Paul, ist zehn Jahre alt und das genaue Gegenteil von Nadja. Ich bin mit meinen 16 Jahren die Älteste und passe öfter auf meine beiden Geschwister auf.

Meine Mutter wird im Oktober 40 Jahre alt und mein Vater wird im August auch 40 Jahre alt. Die beiden sind geschieden und wir, das heißt meine Schwester und ich, leben bei meiner Mutter. Paul lebt bei meinem Vater. Streng genommen ist er also nur mein Halbbruder, denn mein Vater Ralf hat noch einmal geheiratet. Er ist von Beruf Schreinermeister. Meine Mutter heißt Jutta und arbeitet ebenfalls in einer Schreinerei, natürlich im Büro.
Schreib schnell zurück!
Eva

Schreib die richtigen Namen auf: Anna-Christina, Eva, oder Anna-Christina und Eva.

1 Wer ist im Januar geboren?

2 Wer ist 16 Jahre alt?

3 Wer hat eine 14-jährige Schwester?

4 Wer passt oft auf ihre Geschwister auf?

5 Wer hat zwei Brüder?

6 Wer hat eine Schwester?

7 Wer hat einen Halbbruder?

8 Wer hat eine Mutter, die im Büro arbeitet?

9 Wer hat eine Katze?

10 Wer hat braune Haare?

11 **Schreib einen Brief**

Du musst folgende Informationen auf Deutsch geben:

- Name und Adresse
- Alter (und Geburtstag)
- Wie du aussiehst
- Geschwister? (Namen / wie alt …)
- Beschreib deine Geschwister (wenn du keine hast, beschreib deine Mutter / deinen Vater)
- Haustiere?

Vokabeltipp **Was sind sie von Beruf?**

Er / Sie arbeitet	*im Büro*	in an office
He / She works	*im Krankenhaus*	in a hospital
	in einem Geschäft	in a shop / a business
	in einer Schule	in a school
	in einer Bank	in a bank
	in einer Fabrik	in a factory

Er / Sie ist	*Arzt / Ärztin*	a doctor
He / she is	*Beamter / Beamtin*	an official / a civil servant
	Buchhalter / Buchhalterin	a bookkeeper
	Busfahrer	a bus driver
	Elektriker	an electrician
	Fahrer	a driver
	Geschäftsmann / Geschäftsfrau	a businessman / woman
	Hausmann / Hausfrau	a househusband / wife
	Ingenieur / Ingenieurin	an engineer
	Kellner / Kellnerin	a waiter
	Klempner / Klempnerin	a plumber
	Krankenpfleger / Krankenschwester	a nurse
	Koch / Köchin	a cook
	Lehrer / Lehrerin	a teacher
	Leiter / Leiterin	a manager
	Mechaniker / Mechanikerin	a mechanic
	Polizist / Polizistin	a policeman / woman
	Sekretär / Sekretärin	a secretary
	Verkäufer / Verkäuferin	a shop assistant
	Vertreter / Vertreterin	a sales representative
	Zahnarzt / Zahnärztin	a dentist

S p r a c h t i p p

Frauen im Beruf

To make the female form you often just add -**in**:

Lehrer → Lehrer**in**

12   **Was sind sie von Beruf?**

Schreib Sätze über sechs Personen, die du kennst und beschreib ihren Beruf.

Beispiel   *Meine Mutter ist Ärztin.*
Sie arbeitet in einem Krankenhaus.

13 **Hörspiel: Familienfotos**

Pommes besucht seine Freundin Trish in London. Pommes zeigt Trish ein paar Fotos.
Hör zu und trag die richtige Nummer ein.

Beispiel

A

1

 **B**

C

 **D**

 **E**

14 **Hör noch mal zu! Familienfotos**

Hör dir das Gespräch noch mal an. Beantworte die Fragen.

1 Sind die alten Leute die Eltern von Pommes Vater oder Mutter?

2 Hat Heinz einen Bruder oder eine Schwester?

3 Ist Anna Florians Frau?

4 Wie heißen Pommes' Eltern?

5 Wer ist Stefan?

6 Sind Stefan und Anette verheiratet?

7 Wer ist Jula?

8 Wie viele Geschwister hat Jula?

Vokabeltipp **Was ich über meine Familie denke**

Wie findest du …	*deine Schwester?*	your sister
What do you think of …	*deinen Bruder?*	your brother
Magst du …		
Do you like …		

Ja, ich mag …	*meine Schwester* 👍	
Yes, I like …	*meinen Bruder*	
Nein, ich mag …	*nicht* 👎	
No, I do not like …		

Ich finde …	*meine Schwester*	my sister	*nett* (is) nice
I think …	*meinen Bruder*	my brother	*doof* (is) stupid

Verstehst du dich gut mit …	*deiner Mutter?*	your mother
Do you get on well with …	*deiner Schwester?*	your sister
Ja, ich verstehe mich gut mit …	*meinem Bruder*	my brother
Yes, I get on well with …	*meiner Schwester*	my sister
Nein, ich verstehe mich nicht gut mit …	*meiner Mutter*	my mother
No, I don't get on with …	*meinem Vater*	my father
	meinen Eltern	my parents

N.B. Remember that after **mit** you need the Dative case!

---

15 **Hör zu! Sind deine Eltern auch doof?** 👂 ✏️

Tina und Kai reden über ihre Eltern.
Wer mag die Eltern nicht? Kreuze an.

	Tina	Kai
Tinas Mutter	X	
Tinas Vater		
Kais Mutter		
Kais Vater		

Erste Hilfe

schlechte Laune haben	to be in a bad mood
schimpfen	to grumble
nie Zeit haben	never to have any time

Grammatik

VII   Verbs and the present tense

Verbs are **doing** words and are therefore mostly used to describe actions. When you look up a verb in a dictionary you will find the part of the verb we call the infinitive, which ends in **-n** or **-en**. The infinitive means **to do** something.

e.g.   geh**en**   *to* go

        spiel**en**   *to* play

The present tense is the way in which we use to describe what is happening at the present time.

In German there is only one form of the present tense, but English has several ways of expressing it.

e.g.

German	English
ich spiele Fußball	*I play football / I am playing football /*
	I do play football

The endings on a verb in the present change depending upon who or what is the subject of the verb.

A   Weak verbs

Most verbs follow the same **pattern of endings** and are called weak verbs. The endings are added to the **stem** of the verb, which you get by removing the **-n** or **-en** from the infinitive.

e.g.   spielen (*stem:* spiel-)   *to play*

       ich spiel**e**   *I play / am playing / do play*

       du spiel**st**   *you play / are playing / do play*

       er spiel**t**   *he plays / is playing / does play*

       sie spiel**t**   *she plays / is playing / does play*

       es spiel**t**   *it plays / is playing / does play*

       man spiel**t**   *one plays / is playing / does play*

       wir spiel**en**   *we play / are playing / do play*

       ihr spiel**t**   *you play / are playing / do play*

       Sie spiel**en**   *you play / are playing / do play*

       sie spiel**en**   *they play / are playing / do play*

Verbs with infinitives ending in **-ten**, **-den** or **-nen** add an extra **-e** before the **-t** and **-st** endings, otherwise it is difficult to pronounce them clearly.

e.g.

English	Infinitive	Stem	Example
to work	arbeit**en**	arbeit-	er arbeit**et**
to find	find**en**	find-	sie find**et**
to draw	zeichn**en**	zeichn-	du zeichn**est**

B   Strong verbs

Strong verbs do not follow the usual pattern of endings and need to be learned separately. You will find all the strong verbs you need to know for GCSE in the table at the back of the book, but try to learn the different parts of the verb when you learn its meaning. Most strong verbs change the main vowel on the **du** and **er / sie / es / man** parts of the verb.

● Some verbs like **fahren** (*stem:* fahr-) (*to drive / travel*) add an Umlaut:

ich	fahre	wir	fahren
du	f**ä**hrst	ihr	fahrt
		Sie	fahren
er / sie / es / man	f**ä**hrt	sie	fahren

Other verbs like **fahren**:

anfangen (*to start*); einladen (*to invite*); fallen (*to fall*); halten (*to stop*); laufen (*to walk*); schlafen (*to sleep*); tragen (*to carry, wear*); lassen (*to leave*); waschen (*to wash*).

● Some verbs like **sprechen** (*stem:* sprech-) (*to speak*) change their **e** to an **i**:

ich	spreche	wir	sprechen
du	spr**i**chst	ihr	sprecht
		Sie	sprechen
er / sie / es / man	spr**i**cht	sie	sprechen

Other verbs like **sprechen**:

brechen (*to break*); essen (*to eat*); geben (*to give*); helfen (*to help*); treffen (*to meet*); vergessen (*to forget*); werfen (*to throw*).

● Some verbs similar to **sprechen** add the **i** to the stem without removing the **e**:

e.g.   lesen (*stem:* les-) (*to read*)

ich	lese	wir	lesen
du	l**i**est	ihr	lest
		Sie	lesen
er / sie / es / man	l**i**est	sie	lesen

Other verbs like lesen: **sehen** (*to see*).

● Another verb **nehmen** (*stem:* nehm-) (*to take*) changes its **e** to an **i** and doubles the **m**:

ich	nehme	wir	nehmen
du	n**imm**st	ihr	nehmt
		Sie	nehmen
er / sie / es / man	n**imm**t	sie	nehmen

● Other exceptions:

werden (*stem:* werd-) *to become*

ich	werde	wir	werden
du	wi**rst**	ihr	werdet
		Sie	werden
er / sie / es / man	wi**rd**	sie	werden

wissen (*stem:* wiss-) *to know*

ich	we**iß**	wir	wissen
du	we**ißt**	ihr	wisst
		Sie	wissen
er / sie / es / man	we**iß**	sie	wissen

N.B. Haben and sein need to be remembered separately.

haben (*stem:* hab-) *to have*

ich	habe	wir	haben
du	ha**st**	ihr	habt
		Sie	haben
er / sie / es / man	hat	sie	haben

sein (*stem:* completely irregular) *to be*

ich	**bin**	wir	**sind**
du	**bist**	ihr	**seid**
		Sie	**sind**
er / sie / es / man	**ist**	sie	**sind**

VII-1   Übung: Schwache Verben

Setze das Verb in Klammern in die richtige Form!

Beispiel   Wo (wohnen) du?   *Wo **wohnst** du?*

a   Wie (heißen) du?

b   Ich (kommen) aus der Türkei.

c   Hans Schuh (suchen) Musiker für seine Band.

d   Das (finden) sie gut.

e   Wir (haben) keine Haustiere.

f   Meine Großeltern (sein) schon tot.

g   Hier (sprechen) Herman Wagner.

h   Liesel (werden) schon böse.

i   (Fahren) ihr gern Rad?

j   Das (wissen) ich schon.

k   Er (sehen) echt nett aus.

l   Ich (wohnen) in Frankfurt.

m   Paul (spielen) gern Tennis.

n   Meine Eltern (arbeiten) beide im Büro.

o   (Kommen) ihr aus Großbritannien?

p   Wo (wohnen) deine Tante?

q   (Kommen) du mit auf eine Party?

16   Hörspiel: In der Disko

Pia und Yasemin
sind in der Disko.

Erste Hilfe

hier ist nichts los	there isn't much going on here
jemanden ansehen	to look at someone
jemanden anlächeln	to smile at someone

17   Beantworte die Fragen auf Deutsch. Mach ganze Sätze

Die Mädchen sehen einen Jungen.

1   Was macht der Junge gerade?

2   Wie sieht der Junge aus?

    a   Figur

    b   Haare

3   Wie finden die Mädchen den Jungen?

4   Wie heißt der Junge?

Lernziele

In dieser Einheit wirst du

- **lesen** und **hören**, wie Leute sich selbst, ihre Freunde und Familie und ihre Freizeit beschreiben
- über dich selbst, deine Familie und Freunde und deine Freizeit **schreiben** und **sprechen**.

---

1   **Hör zu! Mein Hobby**

Eine Reporterin von der Zeitschrift *Halli-Hallo!* macht eine Meinungsumfrage zum Thema Hobbies. Wie viele Leute haben diese Hobbys? Schreib die richtige Zahl in dein Heft.

Beispiel   A   *4*

A Sport treiben	**I** schwimmen	**Q** Musik machen
B Badminton spielen	**J** segeln gehen	**R** Freunde treffen
C Fußball spielen	**K** angeln gehen	**S** ins Kino gehen
D Tennis spielen	**L** zu Hause bleiben	**T** tanzen gehen
E Tischtennis spielen	**M** am Computer spielen	**U** fotografieren / Fotos machen
F reiten	**N** lesen	**V** spazieren gehen
G Ski fahren	**O** fernsehen	
H Rollschuh fahren	**P** Musik hören	

---

2   **Hör noch mal zu!**

Wer mag was? Wer mag was nicht? Mach eine Liste.

Sprecher(in):	+	–
1	lesen, fernsehen	
2	fernsehen, Musik hören, Klavier spielen,	lesen

3 **Meine Leidenschaft**

Eva beschreibt ihre Leidenschaft! Beantworte
die Fragen auf Deutsch. Mach ganze Sätze.

In meiner Freizeit spiele ich Hockey und lese Bücher.
Hockey ist meine Leidenschaft. Es macht mir sehr viel
Spaß, in einer Mannschaft zu spielen. Ein Einzelsport wie
Tennis wäre nichts für mich.
Eva

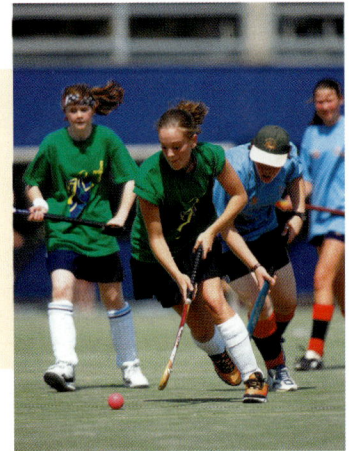

Erste Hilfe
die Leidenschaft   passion, favourite occupation
die Mannschaft   the team
der Einzelsport   individual sport (as opposed
                            to a team sport)

Beantworte diese Fragen:

1 Was macht Eva in ihrer Freizeit?

2 Was ist ihre Leidenschaft?

3 Warum spielt sie gern in einer Mannschaft?

4 Warum spielt sie nicht gern Tennis?

5 Was ist deine Leidenschaft?

4 **Spielen, fahren, gehen, machen**

Welche Hobbies passen zu diesen Verben? Vervollständige die Sätze.

a Janosch spielt in seiner Freizeit …

b Rebecca fährt gern …

c Andreas geht lieber …

d Und ich mache am liebsten …

5 **Sag was! Was machst du gern? Was machst du nicht gern?**

Mach eine Liste und vergleiche mit deinen Partnern. Wer passt zu dir?

Vokabeltipp   **Was ist dein Hobby?**

Was machst du in deiner Freizeit?	What do you do in your spare time?
Jedes Wochenende gehe ich gern ins Kino.	Every weekend I love going to the cinema.
Freitags gehe ich ins Schwimmbad.	On Fridays I go to the swimming pool.
Ich tanze sehr gern.	I love dancing.
Ich fahre gern Rad.	I like cycling.
Ich spiele nicht gern Fußball.	I do not like playing football.
Ich spiele lieber Tennis.	I prefer playing tennis.

Grammatik

I   Modal verbs

There are six modal verbs in German. They are irregular in the present tense:

e.g.　**mögen** (*stem:* mög-) *to like to*

ich mag	wir mögen
du magst	ihr mögt
er / sie / es / man mag	Sie mögen / sie mögen

sollen (*stem:* soll-) *to be meant to / should*

ich soll	wir sollen
du sollst	ihr sollt
er / sie / es / man soll	Sie sollen / sie sollen

wollen (*stem:* woll-) *to want to*

ich will	wir wollen
du willst	ihr wollt
er / sie / es / man will	Sie wollen / sie wollen

dürfen (*stem:* dürf-) *to be allowed to*

ich darf	wir dürfen
du darfst	ihr dürft
er / sie / es / man darf	Sie dürfen / sie dürfen

müssen (*stem:* müss-) *to have to*

ich muss	wir müssen
du musst	ihr müsst
er / sie / es / man muss	Sie müssen / sie müssen

können (*stem:* könn-) *to be able to*

ich kann	wir können
du kannst	ihr könnt
er / sie / es / man kann	Sie können / sie können

Modal verbs usually link to another verb in the sentence. This second verb is in the infinitive and usually stands at the end of the sentence, e.g. **Pia soll auf die Geschwister <u>aufpassen</u>. Ihr Bruder will Fußball <u>spielen</u>.**

Pass auf!

The meanings of modal verbs often overlap, e.g. I can come to the cinema.
Does this sentence mean: **Ich kann ins Kino kommen.**
(I can ...) Or: **Ich darf ins Kino kommen.** (I am allowed to ...)
Remember: **nicht müssen** does not mean 'must not'!

e.g.　Ich **muss nicht** *I don't need to go to school.*
　　　in die Schule.
　　　Ich **darf nicht** zu *I must not be late.*
　　　spät kommen.

I-1   Übung: Was magst du?

Beispiel　Magst du lesen? Ja, ich mag gern lesen.
　　　　　Nein, ich mag gar nicht lesen.

a　Magst du fernsehen?
b　Magst du Gitarre spielen?
c　Magst du Musik hören?
d　Magst du Fußball spielen?
e　Magst du schwimmen gehen?
f　Magst du Badminton spielen?

I-2   Übung: Wann soll er ... ?

Beispiel　Wann soll er nach Hause kommen? *(8.00)*
　　　　　Er soll um acht Uhr nach Hause kommen.

a　Wann soll er einkaufen gehen? (10.00)
b　Wann soll er den Brief schreiben? (morgen)
c　Wann soll er aufstehen? (7.00)
d　Wann soll er die Blumen kaufen? (heute)

I-3   Übung: Was kann man hier machen?
　　　　Was willst du hier machen?

Beispiel　Was kann man hier machen? (Tennis spielen)
　　　　　Man kann Tennis spielen.
　　　　　Was willst du hier machen? (Tennis spielen)
　　　　　Ich will Tennis spielen.

a　Was kann man hier machen? (ins Kino gehen)
b　Was kann man hier machen? (segeln gehen)
c　Was willst du hier machen? (angeln gehen)
d　Was willst du hier machen? (am Computer spielen)

I-4 Übung: Was darfst du machen? Was musst du machen?

> **Beispiel**   Was darf man hier machen? (Tennis spielen)
> *Man darf Tennis spielen.*

a Darfst du schwimmen gehen? Ja ich …

b Musst du heute Abend Hausaufgaben machen? Ja ich …

c Darf man hier rauchen? Nein, hier …

d Muss man hier parken? Ja, hier …

I-5 Übung: Beantworte die Fragen auf Deutsch

a Was willst du heute Abend machen?

b Was musst du machen, bevor du morgens zur Schule kommst?

c Was darf man mit 16 Jahren **nicht** machen?

d Welche Fächer kann man in der Schule lernen?

6   **Schilder: Was darf man hier machen?**

Hier darf man nicht …

Hier darf man …

Hier muss man …

Hier kann man …

Hier kann man nicht …

Hier soll man …

7   **Hörspiel: In der Bar**

Pia und Yasemin sind mit ihrem neuen Freund in der Disko-Bar.

Beantworte die Fragen auf Englisch.

1 What are Tim, Pia and Yasemin drinking?

2 Why should Pia not have a vodka?

3 Which three hobbies does Tim like? What does he not like?

4 Which instruments do Pia and Tim play?

5 What are Yasemin's hobbies?

6 Which hobby do all three share?

> **Erste Hilfe**
>
> | | |
> |---|---|
> | *Alkohol trinken* | to drink alcohol |
> | *ich bin erst 17* | I'm only 17 |
> | *verboten* | forbidden, not allowed |

Einheit B   Einladungen

Lernziele

In dieser Einheit wirst du
- **lesen** und **hören**, wie Leute Einladungen aussprechen und annehmen
- Einladungen aussprechen und annehmen und mehr über deine Freizeit **schreiben** und **sprechen**.

---

1   **Lies was! Eine Einladung**

Sandra	Möchtest du morgen in die Stadt gehen?
Martin	Ja, gerne.
Sandra	Wann treffen wir uns?
Martin	Wie wäre es mit morgen um zehn Uhr?
Sandra	Nein, leider geht das nicht. Ich muss meine Hausaufgaben machen. Kannst du etwas später kommen?
Martin	Ja, sicher. Um elf Uhr?
Sandra	Das geht prima.
Martin	Gut – bis dann. Tschüss!

Beantworte diese Fragen:

a Wohin will Sandra gehen?

b Wann will Martin Sandra treffen?

c Was muss Sandra um 10 Uhr machen?

d Wann wollen sie sich treffen?

Vokabeltipp   **Hast du Lust …? Einladungen aussprechen und annehmen**

Gehen wir ins Kino?	Shall we go to the cinema?
Möchtest du in die Stadt gehen?	Would you like to go to town?
Hast du Lust, ins Kino zu gehen?	Do you feel like going to the cinema?
Ja, gerne.	Yes, I'd like that.
Hast du morgen Zeit?	Have you any time tomorrow?
Nein, ich habe keine Zeit.	No, I'm too busy.
Ich habe keine Lust.	I don't feel like it.
Wann ist das Hallenbad auf?	When is the swimming pool open?
Wann treffen wir uns?	When shall we meet?
Ich möchte gern zur Diskothek gehen.	I would like to go to the disco.
Es wäre toll dich wiederzusehen.	It would be very nice to see you again.

Es tut mir Leid,	*aber*	*es geht nicht.*	I am very sorry, but	I cannot make it.
Ich bedauere es sehr,		*ich kann nicht kommen.*		I cannot come.
		ich muss deine Einladung ablehnen.		I have to turn down your invitation.

2 **Hörspiel: Tims Dilemma**

A **Die erste Einladung**

Die Band sucht einen neuen Musiker. Tim hat Pommes einen Brief geschrieben.
Jetzt ruft Pommes Tim an.

Wann und wo treffen sich Tim und Pommes?

Freitag?   14:00   im Irish-Pub _____

Samstag?   15:00   bei Pommes _____

Sonntag?   16:00   bei Tim _____

_____   20:00

B **Die zweite Einladung**

Ein paar Minuten später ruft Pia bei Tim an. Lies die Sätze. Richtig oder falsch?

> **Beispiel**   Pia ruft bei Tim an.   *R*

1 Pia will mit Tim Sport treiben.
2 Yasemin kommt mit.
3 Pia will Samstag Squash spielen gehen.
4 Pia kann am Nachmittag nicht.
5 Tim muss am Abend arbeiten.
6 Pia hat am Sonntag keine Zeit.
7 Tim will lieber mit Yasemin Squash spielen gehen.
8 Pia will mit Yasemin und Tim Squash spielen.
9 Tim ruft Pia nächste Woche an.
10 Pia ruft Tim nächste Woche an.

3 **Rollenspiel**

Sag was! Hast du Lust?

David möchte sich mit Pia verabreden. Er ruft sie an.

Partner A Davids Rolle
1 Call Pia and say hello.
3 Answer Pia's question. Ask if she would like
   to play squash with you.
5 Say you would like that. Ask her when
   you will meet.
7 Say you are busy that day. Suggest another day.
9 Suggest to meet at her place.

Partner B Pias Rolle
2 Reply to his greeting and ask him how he is.
4 Say you don't feel like it. Suggest going to the
   cinema instead.
6 Suggest meeting on Friday evening.
8 Say that is fine and ask where you will meet.
10 Say that is fine and good bye.

Kulturtipp — Dein Sternzeichen

Wie ist dein Sternzeichen? Ich bin Stier.

21.3. – 20.4.	**Widder**	Aries
21.4. – 21.5.	**Stier**	Taurus
22.5. – 21.6.	**Zwillinge**	Gemini
22.6. – 22.7.	**Krebs**	Cancer
23.7. – 23.8.	**Löwe**	Leo
24.8. – 22.9.	**Jungfrau**	Virgo

23.9. – 23.10.	**Waage**	Libra
24.10. – 22.11.	**Skorpion**	Scorpio
23.11. – 22.12.	**Schütze**	Sagittarius
23.12. – 20.01.	**Steinbock**	Capricorn
21.1. – 19.2.	**Wassermann**	Aquarius
20.2. – 20.3.	**Fische**	Pisces

4 Lies was! Horoskop

Deine Sterne für die Woche von 28.2.-3.3.2000

JOB & SCHULE
- Erfolg auf der ganzen Linie
- Lohn für Deine Mühen
- Achtung! Du hast Neider

HERZ & LIEBE
- Die große Liebe
- Beste Flirtchancen
- Eifersucht droht

GLÜCK & SCHICKSAL
- Wichtige Nachricht
- Gewinnchancen
- Vorsicht! Der Schein trügt

FREUNDE & FAMILIE
- Harmonie zu Hause
- Ein Problem wird gelöst
- Es geht heiß her

Beantworte die Fragen auf Deutsch: Widder, Stier, Zwillinge, Krebs, Löwe, Jungfrau, Waage, Skorpion, Schütze, Steinbock, Wassermann oder Fische? Es gibt manchmal mehrere Möglichkeiten.

Beispiel Wer wird am Samstag Erfolg haben? *Löwe*

a Wer wird am Sonntag Erfolg haben?

b Wer bekommt am Montag Gewinnchancen?

c Wer bekommt am Mittwoch eine wichtige Nachricht?

d Wer wird am Mittwoch die große Liebe finden?

e Wer wird am Donnerstag Harmonie zu Hause haben?

f Wer hat am Freitag die besten Flirtchancen?

g Wer muss am Montag vorsichtig sein?

h Wer wird am Mittwoch Lohn für seine Mühen bekommen?

i Wer muss bis Dienstag warten, um das Problem zu lösen?

j Für wen wird es am Donnerstag heiß hergehen?

Erste Hilfe

Lohn für Deine Mühen.	A reward for your trouble.
Du hast Neider.	People are envious of you.
Eifersucht droht.	Jealousy looms.
Der Schein trügt.	Appearances are deceptive.
Ein Problem wird gelöst.	A problem is solved.
Es geht heiß her.	Things are hotting up.

5 **Hör zu! Die telefonische Kinoauskunft**

Du hörst die Telefonansage für das Kinoprogramm. Ergänze die Tabelle.

Datum:		vom 23.10.		bis	…
Kino 1 : Batman 7					
Uhrzeiten:		18.30			…
Spätvorstellung: Tage:				und Samstag	
Uhrzeit:		…			
Kino 2 / 3: Star Wars					
Uhrzeiten:	17.30		…	20.20	…
Spätvorstellung: Tage:		…			…
Uhrzeiten:		23.00			…
Kino 4: Die rote Rose von Kairo					
Uhrzeiten:		…	21.00		…
Kino 5: Die grüne Treppe					
Uhrzeiten:		…			…
Kindervorstellung: Jeti					
Tage:		…			…
Uhrzeit:		…			
Kinoclub: Casablanca					
Tag:		…			
Uhrzeit:		…			

6 **Hör noch mal zu und schau dir die Tabelle an!**

1 Which films are set in the future?

2 You want to take your 10 year old cousin to the cinema. Which films are suitable for him? When can you see them?

3 You want to see a romantic film. Which ones could you choose from?

4 Which film is by a German film maker?

5 You want to go to the cinema. The earliest you can make is 7.30 p.m. You don't want to go later than 8.30 p.m. Which films can you see?

6 It is Sunday 10 p.m. Which films can you watch?

www. **Kino und Fernsehen**

Look up the latest films and tv news:
● http://www.CyberKino.de

7   **Was läuft im Fernsehen?**

UNTERHALTUNG	SPORT	KINDER

19.00 **blitz Boulevardmagazin**
Tina Turner startet in Hannover ihre Deutschlandtour.

19.40 *Live* *neu* **Die Quiz Show**
Comeback des Jahres: die gute alte Quizshow. Mit einfachen Mitteln wird höchste Spannung erzeugt.

21.05 **Rudis Suchmaschine**
Show: Rudi verspricht Spaß mit dem Internet
Zu Gast bei Rudi Carrell sind Noah Sow und Smudo von den Fantastischen 4.

14.03 *Live* **Tour de France**
4. Etappe: Team-Zeitfahren
Rad: In unregelmäßigen Abständen gehört auch ein Mannschafts-Zeit-fahren zum Tour-Programm.

20.00 **EURO 2000**
Fußball: die besten Szenen des Turniers

20.15 **Wimbledon**
Tennis: Gern würden die zumeist männlichen Zuschauer ihren Liebling Anna Kurnikowa bei deren Auftritten länger anhimmeln.

09.00 **Blinky Bill**
Zeichentrick Blinky und seine Freunde wollen das Auto von Mr. Possum kaufen.

12.50 **Hubert und die wilden Tiere**
Puppentrick Hubert und Otto wollen auch mal einen Rekord aufstellen. Edith zeigt ihnen Filme tierischer Rekordhalter: schnelle Geparden, große Wale und kleine Mäuse.

16.35 **Abeltje, der fliegende Liftboy**
Abenteuerserie 3. Folge: Abeltje gerät in New York in die Fänge einer Mutter, die ihn für ihren verlorenen Sohn hält.

Beantworte die Fragen auf Deutsch.

Beispiel   Um wie viel Uhr kann Pia eine Quiz Show sehen?   *19.40*

1   Tennis ist Silkes Leidenschaft. Um wie viel Uhr sollte sie anschalten?

2   Annalise und Thomas (5 und 6 Jahre alt) sehen gern Puppenspiele. Wann kann ihre Mutter endlich ein bisschen Ruhe haben?

3   Heinz' Leidenschaft ist das Internet. Was sollte er ansehen?

4   Pierres Leidenschaft ist Rad fahren in Frankreich. Was sollte er ansehen?

5   Tom ist 10 Jahre alt und sieht gern Abenteuerserien. Was wird er vielleicht anschauen?

8   **Sag was! Fernsehen**

1 Siehst du gern fern?
    Ja ☐   Nein ☐

2 Wie oft siehst du fern?
    Ich sehe jeden Tag ☐ Stunden fern.

3 Wann siehst du fern?
    Vor der Schule ☐ Nach der Schule ☐ Abends ☐

4 Mit wem siehst du fern?
    Allein ☐ Mit meiner Familie ☐ Mit meinen Freunden ☐

5 Welche Sendungen siehst du gern?

6 Welche Sendungen siehst du nicht gern?

7 Was ist deine Lieblingssendung im Fernsehen?

Fülle den Fragebogen aus und vergleiche mit einem Partner / einer Partnerin.

9 Hörspiel: Tim trifft die Band

Tim besucht Pommes und trifft die Band.

Beantworte die Fragen auf Deutsch.

Beispiel Wie viele Leute sind in der Band? *vier*

1 Was für Instrumente spielen die Jungen?
2 Was für Instrumente spielen die Mädchen?
3 Warum sind die Mädchen emanzipiert?
4 Wie oft spielt die Band?
5 Wann treffen sie sich?
6 Was macht Tim an diesem Abend?
7 Warum ist Tim so erstaunt, als er die Mädchen trifft?

Erste Hilfe
der Probekeller — the band's practice room in the cellar
proben — to practice

Vokabeltipp — Gäste begrüßen

Setz dich! — Have a seat.
Möchtest du etwas trinken? — Would you like something to drink?

10 Hör zu! Bist du in einem Verein?

Schreib die richtigen Namen auf!

Beispiel Wer spielt Fußball? *Thomas*

Thomas Fehringer
(16)

Bettina Lehmann
(14)

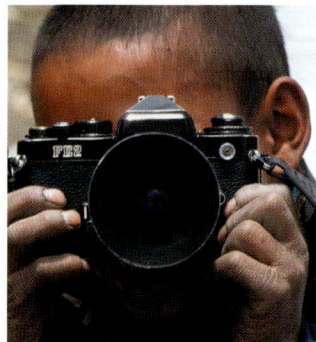

Mohammed Fazal
(15)

Dana Jablonka
(16)

1 Wer macht Fotos?
2 Wer ist in der Tennismannschaft?
3 Wer ist nicht in einem Sportverein? Zwei Namen.
4 Wer geht zweimal pro Woche in den Verein? Zwei Namen.
5 Wer geht nicht am Wochenende zum Verein?
6 Wer geht alle vierzehn Tage in den Verein?
7 Wer geht abends in den Verein? Zwei Namen.
8 Wer geht vormittags in den Verein?

Vokabeltipp   Bist du Mitglied in einem Verein?

Ich gehe	abends	in den Verein	I go	to the club	in the evening
	vormittags	zum Verein			in the morning
	am Wochenende				at the weekend
	zweimal pro Woche				twice a week
	alle vierzehn Tage				every two weeks

Ich mache Fotos.	I am taking some photos.
Ich bin in einer Tennismannschaft.	I am in a tennis team.
Ich bin in einem Sportverein.	I am in a sports club.
Ich singe im Chor.	I sing in a choir.
Ich sammle Briefmarken.	I collect stamps.

---

11   **Hör zu! Interview mit einem Sportler**

Pias Bruder Markus hat ein ganz besonderes Hobby. Radio Harlekin macht ein Interview. Beantworte die Fragen auf Deutsch.

Beispiel   Welche Sportart treibt Markus? *Rollstuhlbasketball*

1 Was kann Markus nicht?
2 Was ist der Verein geworden?
3 Wie oft trainiert der Verein?
4 Wann trainiert Markus allein?
5 Wie lange macht er jeden Tag Konditionstraining?
6 Wo trainiert der Verein?
7 Können Mädchen auch mitspielen?
8 An welchen Tagen ist das Training?
9 Um wie viel Uhr beginnt das Training an Wochentagen?
10 Um wie viel Uhr endet das Training am Wochenende?

Erste Hilfe

(geh)behindert	disabled
der Rollstuhl	the wheelchair
deutscher Meister	German champion
trainieren	to train
das Konditionstraining	the fitness training
die Sporthalle	the gym
die Mannschaft	the team

---

12   **Sag was! Vereine**

Mach ein Interview mit deinen Klassenkameraden.

- Wer ist in einem Verein?
- Was für ein Verein ist es?
- Was machst du da?
- Wie oft gehst du in den Verein?
- Wann und wo trefft ihr euch?
- Macht es Spaß?

www.

Sportvereine

Hier bekommst du Informationen über deutsche Fußballvereine:
- 1 FC Kaiserslautern:
  http://fck.de
- Borussia Dortmund:
  http://www.borussia-dortmund.de
- Werder Bremen:
  http://werder-online.de

Grammatik

II   The dative case

In German we use the dative case when we want to say **to some-one** or **to somewhere**. We do not have to add a word for **to** with the dative case – the ending on the word before the noun includes the sense of **to** something or someone,

e.g. Ich schicke meinem Brieffreund ein Computerspiel.
    I am sending a computer game to my penfriend.

- The subject (nominative) of the verb is **Ich** – I am doing the sending.
- The verb is **schicken** (to send).
- The direct object (accusative) of the verb is **ein Computerspiel** – it is being sent.
- **Meinem Brieffreund** tells us to whom I am sending the computer game. My friend is indirectly involved – but he is not being sent anywhere! He is the indirect object (dative).

The following table sums up the possible dative endings:

	Masculine	Feminine	Neuter	Plural	Meaning
the	dem	der	dem	den*	to the
a, an	einem	einer	einem	–	to a
my	meinem	meiner	meinem	meinen*	to my

* In the dative plural we add **-n** or **-en** to the plural of the noun unless it already ends in **-s** or **-n**.

Pass auf!

Adjectives following the above dative words always have the ending **-en**. If an adjective is in the dative case but stands alone with no article or possessive noun in front of it, the adjective itself adds the dative ending.

More examples of the dative:

Ich gebe **meiner Schwester** ein Geschenk.	*I give **my sister** a present.*
Ich zeige **meinen Freunden** die Fotos.	*I show **my friends** the photographs.*

Although the English sentences do not include the word **to**, it is clearly meant to be **to my sister** and **to my friends**.

II–1   Übung: Fülle die Lücken aus!

a   Ein Mann gibt sein__ Tochter eine Armbanduhr.
b   Ich schenke mein__ Vater Handschuhe.
c   Sag d___ Polizisten, was los ist.
d   Sie zeigt ihr__ Großeltern die Fotos.
e   Ich schreibe mein__ Brieffreund einen langen Brief.
f   Sie geben d___ Busfahrer das Geld.

II–2   Übung: Davids Einkaufsliste.
Was schenkt er seiner Familie?

Beispiel   *Er schenkt seinem Vater eine Hose.*

Weihnachtsliste

Vater:	*Hose*	*Opa:*	*Zigarren*
Mutter:	*Halskette*	*Oma:*	*Blumen*
Laura:	*Pralinen*	*Pommes:*	*CDs*

Lerntipp   Was für …?

Was and **für** as individual German words have their own meanings.
Was means 'what' and **für** means 'for'.

Beispiel   *Was ist das? Es ist ein Geschenk für meinen Bruder.*
           What is that? It is a present for my brother.

But when **was** and **für** appear together they mean 'what sort of' or 'what kind of':

Was für Hobbys hast du?	*What sort of hobbies have you got?*
Was für ein Instrument spielt Dave?	*What sort of an instrument does Dave play?*

⚠   **Was für** does not mean: What for?   It means: What sort of …

Vokabeltipp   Verabredungen

Wann fängt das an?	When does it start?
Kannst du mich hinfahren?	Can you give me a lift there?
Kannst du mich abholen?	Can you pick me up?
Was machst du Montagabend?	What are you doing on Monday evening?
Was ist mit Dienstagabend?	What about Tuesday evening?
Kannst du …	Can you …
Tu mir den Gefallen …	Do me a favour …
Montag geht nicht.	I cannot make Monday.
Ich mache meine Hausaufgaben.	I am doing my homework.
Ich hole dich ab.	I'll pick you up.

---

13   **Hörspiel: Pia hat keine Zeit**

Hier sind drei Szenen mit Pia und ihren Eltern. Richtig oder Falsch?

Beispiel   Pia probt Montagabend mit der Band.   *R*

Szene 1:
1. Pia soll auf die Geschwister aufpassen.
2. Pias Eltern wollen essen gehen.
3. Pia hat Dienstag Zeit.

Szene 2:
1. Pias Bruder muss zum Schwimmen gehen.
2. Pia arbeitet für die Schule.
3. Pias Vater will fernsehen.
4. Pias Vater will Fußball spielen gehen.

Szene 3:
1. Pia will Freitagabend ins Kino.
2. Pias Mutter möchte Freitagabend mit Tante Renate ins Kino.
3. Es gibt eine Party bei David.
4. Pias Vater wird Pia zu der Party fahren.
5. Pia will nicht mit dem Fahrrad fahren.

Pass auf!   **Aussprache: ie / ei**

ei in German is pronounced like **I** or **eye** in English.

e.g.   Eins, zwei, drei

ie in German is pronounced like **ee** in English.

e.g.   sieben, Dienstag

---

14   **Hör zu! ie oder ei?**

Fülle die Tabelle aus! Trag die Tabelle in dein Heft ein.

ei	ie
Freitag	Dienstag

---

www.   **Was möchtest du heute Abend machen?**

Here you can order tickets for all kinds of events from theatre to rock music:
- http://www.tix-online.de
- http://theaterkasse.de
- http://www.ticketworld.de

Grammatik

Pronouns are used to replace nouns in order to make sentences less repetitive. We would not say:

Pia hat keinen Spitznamen. **Pia** heißt mit Nachnamen Klein. **Pia** ist 16 Jahre alt.

We would replace the noun **Pia** with the pronoun **sie** in the second and third sentences:

Pia hat keinen Spitznamen. **Sie** heißt mit Nachnamen Klein. **Sie** ist 16 Jahre alt.

The first pronouns we used in German were those with parts of the verb, e.g. **ich** spiele, **du** spielst, **er** spielt, **sie** spielt, **es** spielt, **wir** spielen, **ihr** spielt, **Sie** spielen, **sie** spielen. These pronouns all tell us who is doing the action of the verb and are all in the nominative case.

As in English, pronouns change in German depending upon what case they are in, **e.g.**

Nominative: Ich sehe den Mann. *I see the man.*
Accusative: Der Mann sieht **mich**. *The man sees me.*
Dative: Der Lehrer gibt **mir** das Buch. *The teacher gives the book to me.*

> **Pass auf!**
>
> The German word **sie** can have different meanings:
> **Sie**   you (polite, to someone you do not know very well)
> <u>sie</u>   she (for a girl or woman)
>   'it' (for a **die** word)
>   they

III-1   Übung: What does the *sie* mean in these sentences?

Beispiel   Das ist Steffi. Sie ist nett.
                That is Steffi. She is nice.

1 Herr Müller, wo wohnen **Sie**?
2 Ich habe eine Katze und **sie** heißt Mausi.
3 Das sind meine Eltern. **Sie** sind geschieden.
4 Herr und Frau Smith, kommen **Sie** aus Amerika?
5 Jon und Dave kommen aus Wales und **sie** sprechen kein Deutsch.
6 Meine Mutter wohnt in Wien und **sie** ist Österreicherin.
7 Mein Bruder hat eine Ratte. Ich mag **sie** nicht.

Which pronoun should you use?

Nominative		Accusative		Dative	
ich	I	mich	me	mir	to me
du	you	dich	you	dir	to you
er	he, it	ihn	him, it	ihm	to him, to it
sie	she, it	sie	her, it	ihr	to her, to it
es	it	es	it	ihm	to it
wir	we	uns	us	uns	to us
ihr	you	euch	you	euch	to you
sie	they	sie	them	ihnen	to them
Sie	you	Sie	you	Ihnen	to you

> **Pass auf!**
>
> The word for **it** in German will change depending upon whether the noun it replaces is masculine, feminine or neuter. So if you are referring to **der Stuhl** you would use **er** even though you are not dealing with a person.
>
> Hans hat einen Tennisschläger.   *Er gibt **ihn** seinem Bruder.*
> Hans has a tennis racket.   *He gives **it** to his brother.*
> Peter hat eine Gitarre.   ***Sie** ist sehr alt.*
> Peter has a guitar.   ***It** is very old.*
> Klaus hat ein Fahrrad.   ***Es** ist rostig.*
> Klaus has a bicycle.   ***It** is rusty.*

III-2   Übung: Ersetze die unterstrichenen Wörter mit einem Pronomen!

1 Ich sehe <u>den Stuhl</u>.
2 Ich sehe <u>die Katze</u>.
3 Wir schicken <u>eine Karte</u>.
4 Ich esse <u>einen Keks</u>.
5 Ich kaufe <u>das Haus</u>.

Pass auf!

We have to be careful with the dative pronouns because in English we often say **me**, **you**, **him**, **her**, **it**, **us** or **them** when we actually mean **to me**, **to you**, **to him**, **to her**, **to it**, **to us** or **to them**. We must use the dative pronoun in German if that is what is meant:

e.g. Der Lehrer gibt **ihm** das Buch. (German uses the dative)
The teacher gives him the book. (**him** really means **to him**)

Remember: There are three words for **you** in German – **du**, **ihr** and **Sie**. There are therefore three corresponding sets of pronouns in the table.

III-3 Übung: Ersetze die unterstrichenen Wörter mit einem Pronomen!

a Er hört <u>seinen Freund</u> im Wohnzimmer singen.

b <u>Seine Mutter</u> arbeitet in einer Konditorei.

c <u>Die drei Teenager</u> geben <u>ihren Brieffreundinnen</u> Geschenke.

d <u>Herr Schmidt</u> ruft <u>die Kellnerin</u>.

e <u>Meine Oma</u> schenkt <u>meinem Bruder</u> Geld.

f Ich kaufe <u>das Buch</u> für meinen Vater.

g Das Kino interessiert <u>meine Familie</u> nicht.

IV   Possessive adjectives

Possessive adjectives tell us to whom something belongs. They have also been used throughout the chapter.

mein	my	**unser**	our
dein	your	**euer**	your (informal)
sein	his, its	**Ihr**	your (polite)
ihr	her, its, their	**ihr**	their

Possessive adjectives add endings, depending upon the gender or case of the noun following. They all follow the same pattern of endings. These are the same as those for **ein / eine / ein**. This table will help you to choose the correct ending:

	Masculine	Feminine	Neuter	Plural
Nominative	mein	mein**e**	mein	mein**e**
Accusative	mein**en**	mein**e**	mein	mein**e**
Genitive	mein**es**[1]	mein**er**	mein**es**[1]	mein**er**
Dative	mein**em**	mein**er**	mein**em**	mein**en**[2]

[1] After meines we add **-s** or **-es** to the noun that follows.

[2] After the dative plural, **meinen**, the noun that follows must end in **-n** or **-en**, except if the plural ends in **-s**, e.g. **den Büros**.

If you use an adjective after a possessive adjective, it would also have the same ending as if it were following a form of **ein / eine / ein**, e.g. **mein schönes Haus**.

Pass auf!

There are three ways of saying **your** because there are three ways of saying **you**.

1 **dein** comes from **du** (you – friendly).

2 **euer** comes from **ihr** (you – friendly plural).

3 **Ihr** comes from **Sie** (you – polite) but **ihr** comes from **sie** (she, it or they).

Remember: Do not confuse **Ihr** (with the capital letter) and **ihr** (with the small letter)!

IV-1 Übung: Vervollständige die Possessivadjektive!

a M_____ Vater wurde 1960 geboren.

b Wie alt ist d_____ Freundin?

c Ich habe i___ Telefonnummer.

d Sie schenken i_____ Großeltern eine Wanduhr.

e M_____ Tante Gisela ist die Schwester m_____ Vaters.

Einheit A — Ein Zimmer in Mainz

Lernziele

In dieser Einheit wirst du
- **lesen** und **hören**, *wie Leute sich vorstellen und beschreiben, wo und wie sie wohnen*
- *darüber* **schreiben** *und* **sprechen**, *wie und wo du selbst wohnst.*

1 Hör zu! Wie wohnen Sie?

Sechs Leute sagen, wie sie wohnen. Wer wohnt wo?
Schreib a, b, c, d, e oder f neben die Namen.

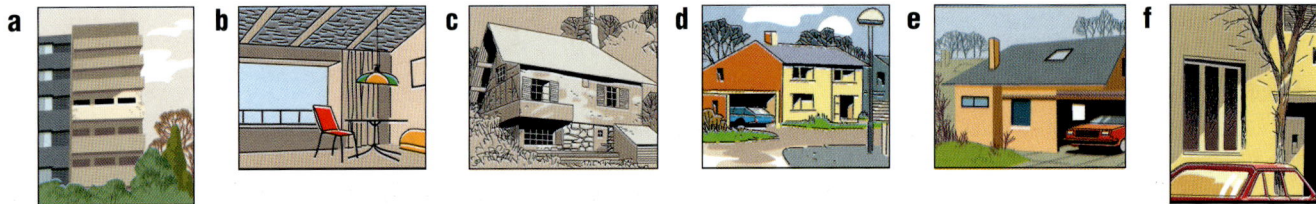

a b c d e f

Beispiel **1** Dorothee   *b*

2	Herr Schmitz	**5**	Lisa und Klaus
3	Frau Kemper	**6**	Ehepaar Scholte
4	Martin		

2 Hör noch mal zu! Wo wohnen sie?

Wer wohnt in der Innenstadt, in einem Vorort oder auf dem Land?

Beispiel   in der Stadtmitte   *Dorothee*

a   in einem Vorort

b   auf dem Land

3 Sag was!

Wie wohnen Dorothee, Herr Schmitz, Frau Kemper und die anderen Leute?
Mach Sätze.

Beispiel   *Dorothee wohnt in einem Appartement in der Stadtmitte.*

a   Herr Schmitz wohnt …

b   Und wie wohnst du? Ich wohne …

Vokabeltipp — Wohnung oder Haus?

Beschreib dein Zuhause.		Describe your home.	
Was für ein Haus / eine Wohnung hast du?		What kind of house / flat have you got?	
Ich wohne in	*einer Wohnung*	a flat	
I live in	*einem Zimmer*	a room	
I am living in	*einem Wohnblock*	a block of flats	
	einem Reihenhaus	a terraced house	
	einem Doppelhaus	a semi-detached house	
	einem Einfamilienhaus	a detached house	
	einem Bungalow	a bungalow	
	einem Appartement	an apartment	

Pass auf!
Nach ‚in' kommt der Dativ!

Hat das Haus	*einen Garten?*	a garden?
Has the house got	*einen Balkon?*	a balcony?
	eine Garage?	a garage?
	Zentralheizung?	central heating?

Pass auf!
Nach ‚haben' kommt der Akkusativ!

---

4 **Hörspiel: Ein Zimmer, Küche, Bad**

Tim wohnt in der Jugendherberge. Er sucht ein Zimmer. David und Pia helfen ihm. Hier sind ein paar Anzeigen aus der Zeitung. Leider sind da ein paar Kaffeeflecken. Kannst du die Lücken ergänzen?

Zi. Haus, ⬛, Garten, ⬛ Keller
60437 Frankfurt , Nieder-Eschbach
5 Zimmer ca ⬛ qm Wohnfläche
Miete: 1.100,00 € zzgl. ⬛ € NK

ZKDB in Nieder-Olm bei Mainz
55286 Mainz, Nieder-Olm
2 Zimmer ⬛ qm Wohnfläche, Kabel-TV
Miete: ⬛ € zzgl. 50,00 € NK

1 ZKB, ⬛, Mainz-Hechtsheim
55129 Mainz , Hechtsheim
1 Zimmer ⬛ qm Wohnfläche, Zentral
Miete: ⬛50,00 € zzgl. 60,00 € NK

Erste Hilfe
die Wohnungsanzeige — the property ad
Quadratmeter — square metre
die Wohnfläche — the floor space
die Miete — the rent
die Nebenkosten — the bills
die Nachbarn — the neighbours

www. **Häuser und Wohnungen**
Find more advertisements for flats and houses to buy and rent here:
● www.wohnanzeiger.de
● www.homecompany.de
● www.mitwohnzentrale.de

Vokabeltipp   Zimmer im Haus

Wie wohnst du?	What sort of a house do you live in?
Wie viele Etagen / Stockwerke hat das Haus?	How many floors / storeys does the house have?
Wie viele Zimmer hat das Haus?	How many rooms does the house have?

im Keller	in the cellar	die Toilette	the toilet
im Erdgeschoss	on the ground floor	das WC	the toilet
im ersten Stock	on the first floor	die Treppe	the staircase
in der ersten Etage	on the first floor	das Schlafzimmer	the bedroom
unter dem Dach	in the attic	das Büro	the study
der Flur	the hall	das Bad / Badezimmer	the bathroom
das Wohnzimmer	the living room / lounge	das Gästezimmer	the guestroom
das Esszimmer	the dining room	mein Zimmer	my room
die Küche	the kitchen		

ZIMMER UND MÖBEL BESCHREIBEN

Wie groß ist dein Zimmer?	How big is your room?

Beschreib	dein Zimmer	your room
Describe	deine Möbel	your furniture

Es ist	bunt	colourful
It is (das words)	einfarbig	all one colour
Sie ist	schön / hässlich	pretty / ugly
She / it is (die words)	alt / neu	old / new
Er ist	ruhig / laut	quiet / noisy
He / it is (der words)	modern / altmodisch	modern / old fashioned
Sie sind	hell / dunkel	light / dark
They are	gemütlich / ungemütlich	comfortable / uncomfortable

EIGENES ZIMMER

Ich habe mein eigenes Zimmer.	I have a room of my own.
Ich teile mein Zimmer mit meiner Schwester.	I share my room with my sister.
Ich teile mein Zimmer mit meinem Bruder.	I share my room with my brother.
Ich kann machen, was ich will.	I can do as I please.
Es ist (nie) langweilig.	It is (never) boring.
Wir machen viel gemeinsam / zusammen.	We do lots of things together.
Wir haben (nicht) den gleichen Geschmack.	We (don't) have the same taste.
Ich interessiere mich (nicht) für das Gleiche wie …	I'm (not) interested in the same things as …
Ich interessiere mich für andere Sachen als …	I'm interested in different things than …
Wir haben die gleichen Interessen.	We have the same interests.
Wir haben unterschiedliche Interessen.	We have different interests.
Er / Sie stört mich (nicht).	He / She (doesn't) bother(s) me.
Ich bin (nicht) gern allein.	I (don't) like being on my own.

5 | **Hörspiel: Pommes streicht sein Zimmer**

Pommes redet mit seinen Eltern. Er will sein Zimmer streichen.
Was bekommt welche Farbe? Ergänze die Tabelle. Schreib Sätze.

Erste Hilfe

streichen	to paint
der Fußballverein	the football club
ich bin ein	
Fan von ...	I am a fan of ...
die Wand	the wall
die Decke	the ceiling

	⬤ rot	⬤ schwarz	◯ weiß
Teppich	✔		
Schreibtisch			
Bett			
Tür			
Decke			
Stuhl			
Kleiderschrank			
Wände			
Lampe			

Beispiel   Der Teppich ist rot.   *Es gibt einen roten Teppich.*

6 | **Hörspiel: Lauras Zimmer**

Tim kann kein Zimmer finden. David hat eine Idee.

1 Sieh dir den Plan von Familie Millers Wohnung an.
Wo ist Lauras Zimmer? Mache ein Kreuz.

2 Sieh dir den Plan von Lauras Zimmer an.
Zeichne die Möbel an die richtige Stelle.

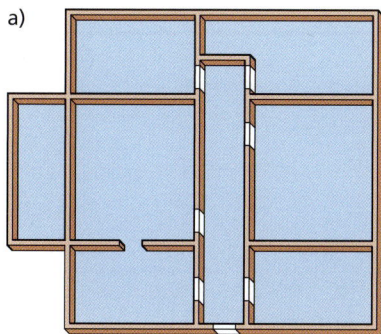

a)

Familie Miller - Wohnung

b)

Lauras Zimmer

Erste Hilfe

Hast du schon ein Zimmer gefunden?	Have you found a room yet?
Lauras Zimmer ist frei	Laura's room is free.
die Miete	the rent

Vokabeltipp   **Was ist in deinem Zimmer?**

In meinem Zimmer	steht	ein Bett, ein Sofa, ein Fenster, ein Regal, eine Dusche, eine Lampe, eine Tür
In meinem Zimmer	gibt es	einen Tisch, einen Teppich, einen Wecker, einen Sessel, einen Kleiderschrank, einen Fernseher, einen CD-Spieler
In der Küche	ist	ein Herd, ein Kühlschrank, eine Waschmaschine, ein Schrank

7   Evas Zimmer

Ich wohne in einem großen orangen Haus. Hinter dem Haus liegt der Garten mit Teich und Gartenhäuschen. Mein Zimmer ist direkt unterm Dach:

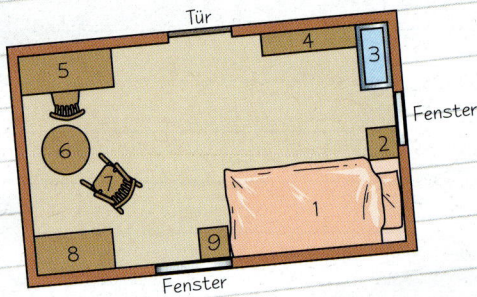

Tür

4

3

5

Fenster

6

2

7

1

8

9

Fenster

1 Bett
2 Nachttisch
3 Aquarium (Schildkröten)
4 großes Regal
5 Schreibtisch
6 Tisch (rund)
7 Schaukelstuhl
8 kleiner Schrank
9 Kommode

Sieh dir den Plan von Evas Zimmer an. Beschreib das Zimmer.

Beispiel   *Der Nachttisch steht neben dem Bett. Rechts an der Wand ist ein Aquarium für ihre Schildkröte.*

8   Mein Zimmer

Beschreib dein Zimmer! Du musst folgende Informationen auf Deutsch geben:

- Hast du dein eigenes Zimmer?
- Wie groß ist dein Zimmer?
- Welche Farbe ist das Zimmer?
- Was für Möbel hast du?
- Was für Bilder / Poster hast du?

Vokabeltipp   Richtungen

Wo ist …?	Where is…?	*neben*	next to
rechts / links (von)	on the right / left (of)	*in*	in
vorne / hinten	at the front / back	*vor / hinter*	in front / behind
oben	at the top / upstairs	*zwischen*	between
unten	at the bottom / downstairs	*an*	at
ganz rechts	on the far right	*auf*	on
über / unter	above / below		

---

www.   **Möbel**
Find some furniture for your dream home:
- www.rolfbenz.de
- www.ikea.de

Vokabeltipp — Wo liegt Hamburg?

Wo ist / liegt Hamburg?	Where is Hamburg?
Hamburg liegt im Norden von Deutschland.	Hamburg is in the North of Germany.
im Süden / Westen / Osten / Nordosten	in the South / West / East / Northeast
Bremen liegt südwestlich von Hamburg.	Bremen lies to the Southwest of Hamburg.
südlich / nördlich / westlich / östlich	to the South / to the North / to the West / to the East
Bremen liegt in der Nähe von Hamburg.	Bremen is near Hamburg.
Bremen ist 120 km von Hamburg entfernt.	Bremen is 120 km (away) from Hamburg.
Bremen liegt an der Küste / am Meer.	Bremen is on the coast / by the sea.
Salzburg ist in den Bergen.	Salzburg is in the mountains.
Wie weit ist dein Haus von der Schule entfernt?	How far is your house from school?

9 **Hörspiel: Stadtbummel mit Tim**

Tim will Mainz besser kennenlernen. Was sieht er in Mainz?

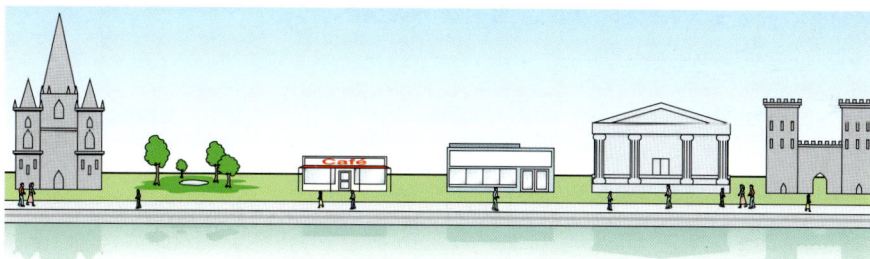

Pass auf!

Für diese Substantive brauchst du den Akkusativ. Pass bei den ‚der'-Wörtern gut auf!

der Dom	die Brücke	das Theater
der Park	die Fußgängerzone	das Café
der Zoo	das Restaurant	das Geschäft
der Flughafen	das Rathaus	das Krankenhaus
der Fluss	das Schloss	das Museum
der Marktplatz		

Vokabeltipp — Informationen über deine Stadt oder Gegend

Wo liegt deine Stadt?	Where is your town situated?
In welcher Region liegt das?	In which area is that?
Wie viele Einwohner hat deine Stadt?	How many inhabitants does your town / city have?
Beilngries hat 8.400 Einwohner.	Beilngries has 8,400 inhabitants.
Was gibt es in deiner Stadt?	What is there in your town?
In meiner Stadt gibt es ein Museum.	There is a museum in my town.
Was kann man in deiner Stadt machen?	What can you do in your town?
Was für Sehenswürdigkeiten gibt es?	What sort of sights are there?
Wie ist deine Stadt?	What is your town like?
Wie gefällt dir deine Stadt?	How do you like your town?
In … kann man schwimmen und reiten.	In … you can go swimming and riding.

Grammatik

I 　,Man' + ,es gibt'

Man

The pronoun **man** is the German equivalent to our English word **one** and can refer to males or females. In English we prefer to use **you**, **they** or **people**, but in German **man** is used a great deal.

e.g. Was macht **man** in den Ferien? *What does one do / What do they do / What do people do in the holidays?*

Pass auf! 　**Mann/man?**

Be careful of the spelling: man 　　means 'one / you / they / people'

　　　　der Mann 　　means 'the man' or 'husband'

Remember: Man uses the same verb forms as **er / sie / es**.

,Es gibt' + accusative

The most common way of saying **there is** or **there are** in German is by using **es gibt**. The accusative case follows this construction.

e.g. Es gibt genug zu essen. 　　*There is enough to eat.*
Es gibt viel Verkehr in der 　*There is a lot of traffic in* Stadtmitte. 　　　　　　*the town centre.*

I-1 　Übung: ,Man' und ,es gibt'

Mach Sätze. Was gibt es hier? Was kann man hier machen?

Beispiel 　**P** 　*Hier gibt es einen Parkplatz.*
　　　　　　　Hier kann man parken.

1 　**2** 　**3**

4 　**5** 　**6**

II 　Dative verbs

There are a few verbs that are always followed by the dative case. The five most common verbs are:

danken (to thank), **folgen** (to follow), **gefallen** (to like / appeal to), **gratulieren** (to congratulate), **helfen** (to help).

Ich danke **meinem Vater** 　　*I thank my father for the* für das Geschenk. 　　　　　*present.*
　　　　　　　　　　　　(I thank to my father …)

Ich helfe **meiner Mutter** 　　*I help my mother with the* im Haushalt. 　　　　　　　*housework.*
　　　　　　　　　　　　(I help to my mother …)

Das Kleid gefällt **meiner** 　　*My sister likes the dress.* **Schwester** gut. 　　　　　*(The dress appeals to*
　　　　　　　　　　　　my sister.)

II-1 　Übung: Fülle die Lücken aus!

a 　Hilf dein__ Bruder, die Hausaufgaben zu machen.

b 　Die Schuhe gefallen d__ Dame.

c 　Die Jacke gefällt m___ Bruder.

d 　Der Polizist folgt d__ Mann.

e 　Er gratuliert s____ Schwester.

f 　Peter dankt s___ Bruder für das Geschenk.

III Prepositions with the dative

The dative case is is also always used with the following prepositions:

aus	out of
bei	by, with, at the house of
mit	with
nach	after
seit	since, for (with an expression of time)
von	from, by
zu	to
gegenüber*	opposite

*gegenüber** often goes after the noun it governs, e.g. **gegenüber der Schule** or **der Schule gegenüber**

Look at the following sentences: **Uschi kommt aus der Schule. Sie wohnt bei ihrem Bruder.**

You can see that in these examples a dative word has been used after the preposition. This shows that it doesn't matter whether the noun is the indirect object or not, it is the preposition which acts as a 'trigger' to switch the noun or pronoun following it into the dative.

Sometimes we can use a shortened or contracted form:

e.g. Willst du morgen zur Party gehen?

Zur is actually a shortened version of **zu + der**.
Other examples of prepositions with the dative are:

zum (zu +dem)

beim (bei + dem)

vom (von + dem)

III-1 Übung: Prepositionen mit dem Dativ. Fülle die Lücken aus!

a Ich gehe ___ meiner Freundin ins Kino.

b Madeleine kommt ____ dem Süden Frankreichs.

c Ich kenne sie ____ den Sommerferien vor zwei Jahren.

d Ich habe das Geschenk ___ meiner Tante bekommen.

e Um ein Uhr komme ich ____ der Schule und gehe nach Hause.

f Meine Eltern sind geschieden. Ich wohne ___ meinem Vater.

g Nach der Schule gehe ich ___ Steffen. Er hat mich eingeladen.

h Im September, ___ den Sommerferien, lerne ich in der Schule Französisch.

> nach von mit bei aus zu seit aus

III-2 Übung: Ergänze den Text!

Torsten arbeitet als Mechaniker bei d__ Firma Schmidt in Berlin. Er muss morgens um halb sieben aus d__ Haus gehen. Er fährt mit d__ Wagen z__ Arbeit. Er arbeitet seit e___ Jahr dort, die Arbeit ist ganz gut.

Nach d__ Arbeit spielt er Fußball oder er trinkt ein Glas Bier mit s___ Freunden. Es gibt eine gute Kneipe gegenüber d___ Fabrik.

Seit

Seit is a preposition which normally means **since**. It always has the dative case following it. **Seit** can also mean **for** with an expression of time and describes an action which started at some time in the past and is still continuing now. In this situation we use a past tense in English, as we're thinking back over the past.

e.g. *I've been learning German for two years.*

In German, however, the present tense is used, because the action is still going on in the present.

e.g. Ich lerne seit zwei Jahren **Deutsch**.
I've been learning German for two years – and still am now.

III-3 Übung: Beantworte die Fragen!

Beispiel Wie lange lernst du schon Deutsch?
Ich lerne schon seit vier Jahren Deutsch.

a Wie lange lernst du schon Mathematik? Ich lerne ...

b Wie lange gehst du schon zur Schule? Ich gehe ...

c Wie lange bist du schon in dieser Schule?

d Wie lange kennst du schon deinen Deutschlehrer?

e Wie lange studierst du schon Erdkunde?

10 Mülheim an der Ruhr

Hallo!

Ich heiße Lena und bin 16 Jahre alt. Zusammen mit meiner fünf Jahre jüngeren Schwester und meinen Eltern lebe ich in Mülheim an der Ruhr. Mülheim (ca. 176.000 Einwohner) liegt mitten im Ruhrgebiet, dem größten europäischen Ballungsraum. Hier grenzt eine Stadt an die nächste. Mit Bussen und Bahnen kann man die vielen Veranstaltungen in der Umgebung erreichen, wie zum Beispiel Konzerte, Musicals, Theater, Festivals und Diskos.

In der Nachbarstadt Oberhausen entstand vor wenigen Jahren ein riesiges Einkaufs- und Vergnügungszentrum, das CentrO. In Mülheim konnten deshalb nur wenige Geschäfte bestehen bleiben und die Innenstadt ist leider nur wenig belebt. Für Jugendliche ist Mülheim nicht besonders attraktiv, denn es gibt kaum Freizeitangebote für sie.

Ich verbringe viel Zeit in der städtischen Musikschule, an der ich Klavier- und Cellounterricht nehme und im Jugendsinfonieorchester spiele. Außerdem spiele ich Basketball in einem Sportverein und treffe mich gerne mit Freunden. Die meisten deutschen Schüler besuchen Halbtagsschulen. Deshalb haben sie mehr Freizeit als englische Schüler. Ich finde es gut, dass wir über unsere Aktivitäten am Nachmittag selbstständig entscheiden können.

Lena

Hallo!

Mülheim ist eine kleine Stadt mit 176.000 Einwohnern mitten im Ruhrgebiet. Durch Mülheim fließt die Ruhr. Mir gefällt es hier gut, denn es gibt tolle Sehenswürdigkeiten, wie das Schloss Broich, das Kloster Saarn und einen Wasserturm. Im Sommer blühen überall Blumen und die Cafés an der Ruhr sind immer voll.

Leider gibt es in Mülheim nicht so viele Diskos. Am Wochenende fahre ich dann mit meinen Freunden nach Essen oder Oberhausen. Leider sind die Zugverbindungen nicht so gut, so dass wir immer früh nach Hause müssen.

Eva

Erste Hilfe

der Ballungsraum	the conurbation
grenzen	to border on
die Einwohner	the inhabitants
die Veranstaltung(en)	event(s)
belebt	lived in
das Freizeitangebot(e)	leisure attraction(s)
das Kloster	the monastery
der Wasserturm	the water tower
blühen	to bloom
die Zugverbindung(en)	train connection(s)

Wer sagt was? Schreib die richtigen Namen auf: Lena, Eva, oder Lena und Eva?

a Mülheim liegt in einem Ballungsraum.

b Mülheim ist an der Ruhr.

c Oberhausen ist in der Nähe von Mülheim.

d Mülheim hat Sehenswürdigkeiten.

e Mülheim hat ein Schloss.

f Oberhausen hat ein Vergnügungszentrum.

g In Mülheim gibt es für Jugendliche nicht viel zu tun.

h Am Samstag fahren viele Jugendliche nach Essen oder Oberhausen.

i Am Abend gibt es wenige Zugverbindungen.

j Deutsche Schüler besuchen meistens Halbtagsschulen.

11 **Hör zu! Mainz oder Manchester?**

Pommes und Tim vergleichen ihre Städte.

Was sind die Vorteile? Was sind die Nachteile? Mach eine Liste.

Beispiel

	Nachteile	**Vorteile**
Manchester	*nicht viele Sehenswürdigkeiten*	…
Mainz	…	*gut essen*

Schreib einige Sätze über Manchester und Mainz:

Beispiel *In Manchester gibt es nicht viele Sehenswürdigkeiten.*
In Mainz kann man gut essen.

12 **Sag was! Was gefällt dir an deiner Heimatstadt?**

Schreib drei Vorteile und drei Nachteile deiner Heimatstadt auf. Vergleiche mit deinem Partner.

13 **Schreib was! Meine Stadt**

Beschreib deine Stadt / Gegend für eine Zeitschrift deiner Partnerstadt. Du musst folgende Informationen auf Deutsch geben:

● Wo liegt deine Stadt / dein Dorf?

● Wie viele Einwohner hat deine Stadt?

● Was kann man in deiner Stadt machen? (Sport, Kultur, Restaurants, Nachtleben)

● Was gibt es in der Gegend zu besichtigen?

● Wie gefällt dir deine Stadt?

Vokabeltipp **Vergleiche**

Was sind die Vorteile / Nachteile von …?	What are the advantages / disadvantages of …?
Was gefällt dir an … (nicht)?	What do you (not) like about …?
Was gefällt dir besser?	What do you like better?
Mir gefällt … besser als …	I like … better than …
Ich finde … besser als …	
Ich finde … nicht so schön wie …	I think … is not as nice as …
Es gibt nicht so viele Restaurants.	There are not as many restaurants.
Das finde ich gut.	I like that.
Das gefällt mir.	

Einheit B   Mein Tag

Lernziele

In dieser Einheit wirst du
- *lesen* und **hören**, *wie Leute ihr Alltagsleben beschreiben*
- *über dein eigenes Alltagsleben* **schreiben** *und* **sprechen**.

---

1   **Hör zu! Was machen sie?**

Hör dir die folgenden Geräusche an. Was machen die Leute?

Beispiel   **1**   *Auto fahren*

Auto fahren	das Haus verlassen	essen
Radio hören	schlafen	sich waschen

Vokabeltipp   **Mein Tag**

Ich wache auf.   *Ich wasche mich.*   *Ich ziehe mich an.*
Ich stehe auf.   *Ich rasiere mich.*

Was machst du an einem normalen Tag?	What do you do on a normal day?
Was machst du jeden Tag?	What do you do each day?
Wie sieht dein Tag aus?	What is your day like?
Beschreib deinen Alltag.	Describe your daily routine.
Wann wachst du auf?	When do you wake up?
Wann stehst du auf?	When do you get up?
Wann frühstückst du?	When do you have breakfast?
Wann isst du zu Mittag?	When do you eat your lunch?
Wann gehst du ins Bett?	When do you go to bed?

Ich gehe in die Küche.
Ich frühstücke.

Ich schlafe.   *Ich verlasse die Arbeit.*   *Ich gehe aus dem Haus.*
Ich gehe ins Bett.   *Ich fahre zur Arbeit.*
Ich sehe fern.   *Ich fahre nach Hause.*   *Ich esse mein Mittagessen.*   *Ich arbeite.*
Ich esse zu Abend.   *Ich mache Pause.*

Vokabeltipp   **Wie spät ist es? Wie viel Uhr ist es?**

Es ist ein Uhr.   `1:00`   *Es ist fünf nach sieben.*   `7:05`   *Es ist viertel vor drei.*   `02:45`

Es ist Mittag.   `12:00`   *Es ist viertel nach drei.*   `3:15`   *Es ist halb zwei.*   `1:30`

Es ist Mitternacht.   `24:00`   *Es ist zwanzig vor elf.*   `10:40`   *Es ist 21 Uhr.*   `21:00`

Grammatik

IV   Reflexive verbs

Reflexive verbs are verbs whose action reflects back on the person doing the action:

e.g. ich wasche **mich**   *I get washed (I wash **myself**)*

     du rasierst **dich**   *you get shaved (you shave **yourself**)*

You will see that there is an extra word when we use a reflexive verb – the reflexive pronoun (**mich**, **dich**, etc.), which is equivalent to 'myself', 'yourself' etc.

In the infinitive the reflexive pronoun sich is always put first:

e.g. sich waschen   *to wash oneself / have a wash*

In the present tense of a reflexive verb, always put the reflexive pronoun immediately after the verb:

e.g. sich wiegen   *to weigh oneself*

ich wiege **mich**	I weigh *myself*
du wiegst **dich**	you weigh *yourself*
er wiegt **sich**	he weighs *himself*
sie wiegt **sich**	she weighs *herself*
es wiegt **sich**	it weighs *itself*
wir wiegen **uns**	we weigh *ourselves*
ihr wiegt **euch**	you weigh *yourselves*
Sie wiegen **sich**	you weigh *yourself / selves*
sie wiegen **sich**	they weigh *themselves*

Pass auf!

Be careful when you ask a question using a reflexive verb, or when you need to turn the subject and verb round to keep the verb second,

e.g.   Interessierst du dich für Sport?

     Are you interested in sport?

     Heute langweile ich mich in der Deutschstunde.

     Today I am getting bored in the German lesson.

Vokabeltipp   Reflexive verbs

Here are a few more reflexive verbs that you may need to use:

e.g. *Ich (sich interessieren) sehr für Musik.*

     Ich interessiere mich sehr für Musik.

     Ich (sich anziehe) morgens.

     Ich ziehe mich morgens an.

sich abtrocknen	to get dried / dry oneself
sich amüsieren	to enjoy oneself
sich ärgern	to get annoyed
sich ausruhen	to have a rest
sich ausziehen	to get undressed
sich beeilen	to hurry
sich entschuldigen	to apologise
sich erinnern (an)	to remember
sich erkälten	to catch a cold
sich freuen	to be pleased
sich fühlen	to feel
sich hinlegen	to lie down
sich interessieren (für)	to be interested (in)
sich kämmen	to comb one's hair
sich langweilen	to be / become bored
sich rasieren	to have a shave
sich schminken	to put on one's make up
sich setzen	to sit down
sich sonnen	to sunbathe
sich treffen	to meet (each other)
sich umziehen	to get changed
sich verstehen (mit)	to get on (with)
sich waschen	to wash oneself / get washed

IV-1   Übung: Put reflexive verbs into the correct form ✏

Beispiel   Ich (sich interessieren) sehr für Musik.

     Ich interessiere mich sehr für Musik.

a   Helga (sich verstehen) gut mit ihrem Bruder.

b   (Sich erinnern) du an deinen ersten Schultag?

c   Ich (sich fühlen) furchtbar müde.

d   Um acht Uhr (sich waschen) er im Badezimmer.

e   Wir (sich sonnen) im Sommer in Ibiza.

f   Die Schülerinnen (sich umziehen) immer gleich nach der Schule.

g   Uschi (sich kämmen) vor dem Spiegel.

h   Wo (sich treffen) ihr?

V   Sprachtipp   Separable verbs

Separable verbs consist of two parts – a verb and a prefix.
In English we have similar verbs:

e.g. She **goes out** with her friends at the weekend. (to go out)

For the infinitive of a separable verb the two parts are put together as one word.

e.g. ausgehen   *to go out*

   aufstehen   *to get up / stand up*

In a German sentence the two parts often separate, with the verb staying second in the sentence and the prefix at the end:

e.g. Uschi **ruft** aus Italien **an**.

   (**anrufen** to call / telephone)   *Uschi is calling from Italy.*

   Sie **wachen** spät **auf**.

   (**aufwachen** to wake up)   *They wake up late.*

If a separable verb is used after a modal verb, the two parts join together again at the end of the sentence in the infinitive form:

e.g. Ich **mache** die Tür **auf**.   *I open the door.*

   (aufmachen to open)

   Ich **will** die Tür **aufmachen**.   *I want to open the door.*

V-1   **Übung: Was machst du morgens, bevor du zur Schule kommst?**

Beispiel   um sieben Uhr aufwachen
   *Ich **wache** um sieben Uhr auf.*

a   schnell aufstehen
b   Schuluniform anziehen
c   Zeitungen austragen
d   das Frühstück vorbereiten
e   eine halbe Stunde fernsehen
f   das Geschirr abspülen
g   abtrocknen
h   Freunde anrufen

2   Hörspiel: Ärger mit Tim

Frau Miller (Davids Mutter) und Frau Schuh (Pommes' Mutter) reden über Tim und David. Bringe die Bilder in die richtige Reihenfolge.

Tim

A

B

C

D

E

F

G

H  I J

David

K L M N

Uhrzeit	Tim	David	Du
04:00-05:00			
06:00			
08:00			
09:00			
12:00			
12:00-13:00			
13:00			
14:00			
15:00			
18:00			
22:00			
23:00-24:00			

Erste Hilfe

Es gibt Probleme.
Sein Tag ist ganz
anders als unserer.
Hausaufgaben machen
zu müde für die Schule
Das ist schrecklich!
Furchtbar!
Er ist ein schlechter
Einfluss.

There are problems.
His day is quite
different from ours.
to do homework
too tired for school
That's terible!
Terrible!
He is a bad
influence.

3 Hör noch mal zu! Wann machen sie was?

Hör noch mal zu. Wann machen sie was? Schreib die Uhrzeiten auf.

Beispiel *Tim steht um 12 Uhr auf. David steht um sechs Uhr auf.*

4 Sag was! Und was machst du um sechs Uhr morgens?

Sieh dir die Tabelle oben noch mal an. Was machst du zu diesen Uhrzeiten?

5 Beschreib deinen Alltag!

- Was machst du an einem normalen Schultag?
- Wann wachst du auf? / Wann stehst du auf?
- Wann frühstückst du?
- Was ziehst du an?

- Wann gehst du zur Schule?
- Wann und wo isst du zu Mittag?
- Wann gehst du ins Bett?

Grammatik

VI   Word order

A   Sentences and clauses

A sentence consists of one or more clauses. A clause normally contains at least a verb and its subject. It may only be two words in length, **e.g. Er trinkt.**

B   Verb second

In main clauses the verb is always the second element in the sentence (but not necessarily the second word!),

e.g. Heute **fahre** ich mit Hans in die Stadt.

Nach dem Mittagessen **spielen** sie im Jugendklub Tischtennis.

In both examples an expression of time begins the sentence, but it could have been the subject:

Ich **fahre** heute mit Hans in die Stadt.

It doesn't matter how you begin the sentence, the verb should remain the second element.

VI-1 Übung: Wortstellung

Schreib den Satz um, so dass er mit dem fettgedruckten Wort / Wörtern beginnt.

Beispiel   Jeden Dienstag gehe **ich** einkaufen.
Ich gehe jeden Dienstag einkaufen.

1   Am Montag besuchen **wir** Frau Schulze.
2   Nach den Winterferien lerne **ich** Tennis spielen.
3   Gegenüber der Schule ist **die Post**.
4   Im Sommer fahre **ich** mit meinen Eltern nach Italien.
5   Ina wohnt **seit einem Jahr** in Wien.
6   Auf der Schlossstraße lebt **mein Onkel Klaus**.

C   Time–Manner–Place (TMP)

English is quite flexible with word order, e.g. Today, I'm going to town with Hans. / I'm going to town with Hans today.

But in German there is a definite rule, the **TMP** rule – if more than one of these expressions occur together they must appear in the order of Time–Manner–Place, **e.g.**

Wir fahren <u>nächste Woche</u> <u>mit der Familie</u> <u>nach Frankreich</u>.
               T   M   P

<u>Jeden Tag</u> komme ich <u>zu Fuß</u> <u>zur Schule</u>.
   T   M   P

VI-2   Übung: Bringe die Objekte in die richtige Reihenfolge

Beispiel   Ich wohne   in der Hafengasse / seit einem Jahr.
Ich wohne seit einem Jahr in der Hafengasse.

1 Wir fahren	mit dem Auto / in den Sommerferien / nach Frankreich.
3 Ich gehe	zu Fuß / jeden Samstag / zum Markt.
4 Steffen wohnt	in Wien / seit drei Jahren.
5 Wann beginnt	morgen / die Schule?
6 Ich gehe	mit meiner Freundin / heute Abend / ins Kino.
7 Ich spiele	Tischtennis / jeden Freitag.

D   Rules for the order of objects

It is quite common to have a direct object (accusative) and an indirect object (dative) together in the same sentence.

1   When both objects are nouns, the dative comes before the accusative:

e.g. Der Lehrer gibt **dem Jungen das Buch**. (dative + accusative)
Remember: DAN (**D**ative before **A**ccusative with **N**ouns)

VI-3   Übung: Ordne die Elemente in jedem Satz!

a	gibt	die Blumen	Die Tochter	der Mutter
b	seiner Mutter	Karl	eine Armbanduhr	gibt
c	eine Kassette	seiner Frau	gibt	Onkel Stefan

2   When both objects are pronouns, the accusative comes before the dative:

e.g. Er gibt **es ihm**. (accusative + dative)
Remember: PAD (**P**ronouns: **A**ccusative before **D**ative)

VI-4   Übung: Ordne die Elemente in jedem Satz!

a	gibt	sie	Die Tochter	ihr	
b	ihr	Karl	sie	gibt	nicht
c	Onkel Stefan	es	gibt	ihm	

3   When one object is a pronoun and one a noun, the pronoun goes before the noun:

e.g. Der Lehrer gibt es dem Jungen. (pronoun + noun)
Der Lehrer gibt ihm das Buch. (pronoun + noun)
Remember: PIN (**P**ronoun **I**n front of **N**oun)

VI-5   Übung: Ordne die Elemente in jedem Satz!

a	gibt	sie	der Tochter	Die Mutter
b	Karl	ihr	eine Armbanduhr	gibt
c	eine Kassette	gibt	Onkel Stefan	ihm

Vokabeltipp **Helfen**

Hilfst du zu Hause?	Do you help at home?
Was musst du im Haushalt machen?	What housework do you have to do?
Welche Arbeiten musst du zu Hause machen?	What jobs do you have to do in the house?
Wie oft machst du das?	How often do you do that?
Ich muss jeden Tag abspülen.	I have to wash the dishes every day.
Ich muss jede Woche staubsaugen.	I have to do the vacuuming every week.

Ich muss …

 **I** einkaufen

 **B** das Essen kochen

F abspülen

A abtrocknen

 **L** aufräumen

 **E** meine Kleidung waschen

 **L** bügeln

 **O** putzen

 **V** staubsaugen

 **U** den Rasen mähen

---

6   **Hör zu! Hilfst du zu Hause?**

Katarina und Mario müssen beide zu Hause helfen. Sieh dir den Vokabeltipp ‚Helfen' an. Was machen sie? Schreib die Buchstaben auf und finde zwei neue Wörter!

Beispiel   Mario: staubsaugen   *V*

---

7   **Hör noch mal zu! Wie oft helfen sie?**

Wie oft müssen Katarina und Mario mithelfen? Antworte auf deutsch.

Beispiel   *Mario muss jeden Tag staubsaugen.*

---

8   **Schreib was! Und du? Wie oft hilfst du zu Hause?**

Sieh dir den Vokabeltipp ‚Helfen' an.

- Welche Arbeiten musst du zu Hause machen?
- Wie oft machst du das?

Einheit C | In der Schule

Lernziele

In dieser Einheit wirst du
- **lesen** und **hören**, wie Leute sich vorstellen und ihre Schule beschreiben
- über deine eigene Schule **schreiben** und **sprechen**.

1 **Hör zu! Welche Fächer beschreiben die Schüler?**

4+5=9

Beispiel **1** *Englisch*

Vokabeltipp **Meine Schulfächer**

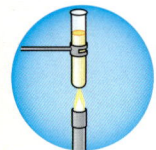

a	Deutsch	j	Mathe
b	Biologie	k	Musik
c	Chemie	l	Physik
d	Englisch	m	Religion
e	Erdkunde	n	Sozialkunde
f	Französisch	o	Sport
g	Geschichte	p	Technologie
h	Informatik	q	Naturwissenschaft
i	Kunst		

1	2	3	4	5	6
d					

Vokabeltipp **Wie gefällt dir …?**

Wie gefällt dir … Mathe?	What do you think of … Maths?
Wie findest du … Deutsch?	What do you think of … German?
Welches Fach gefällt dir (nicht)?	Which subject do you (not) like?
Was ist dein Lieblingsfach?	What is your favourite subject?
Mein Lieblingsfach ist …	My favourite subject is …

	👍	👎
Mir gefällt Mathe	gut	nicht
Ich mag Sport …	gern	nicht so gern
Ich finde Musik …	toll	doof
	einfach	schwierig
	interessant	langweilig
		nicht so gut

Deutsch ist in Ordnung.	German is OK.
Es geht.	It's OK.

2 **Schreib was! Wie finden sie die Fächer? Mach Sätze**

Beispiel *Ich finde Mathe toll!*

1

2 *Deutsch!*

3

4

3   Sag was! Wie gefällt dir ...?

Welche Fächer findest du gut? Welche findest du doof? Was ist dein Lieblingsfach? Mach eine Liste und vergleiche deine Meinungen mit denen deiner Freunden.

Vokabeltipp   **Was hast du in der ersten Stunde?**

Was	hast du	am Montag	in der ersten / zweiten / letzten Stunde?
	habt ihr	heute	in der Vorstunde?
	haben wir	morgen	um 10 Uhr?
Ich habe	am Donnerstag		Mathe
Ihr habt	in der ersten Stunde		Deutsch
Wir haben	um 10 Uhr		eine Doppelstunde Sport

4   Hörspiel: Schule ist nicht so wichtig!

Es ist ein schöner, sonniger Tag. Tim besucht Yasemin in der Schulpause. Ergänze Yasemins Stundenplan.

		Dienstag	Mittwoch	Donnerstag
1	8.10 – 9.00	Deutsch		
2	___ – 9.50	Englisch	– Freistunde –	
3	10.00 – 10.50	Mathe		
4		Musik		
5	___ – 12.50			
6				

Schulsport: Donnerstag um ___ Uhr

5   Hör zu! Welches Bild passt?

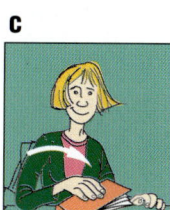

a

Beispiel   **1** *g*

b   c   d   e   f   g

Vokabeltipp   **In der Klasse**

Ich habe	meine Hausaufgaben	vergessen.
	mein Buch	
	mein Heft	
	mein Lineal	
	meine Tasche	
	meinen Kugelschreiber / Kuli	

Kannst du mir	ein Buch	leihen?
	ein Blatt Papier	
	einen Stift	

Darf ich	ein Fenster aufmachen?
	zur Toilette gehen?
	etwas fragen?

Komm / Kommt an die Tafel!
Lies / Lest Seite 3, Aufgabe 7 vor!
Öffne / Öffnet das Buch auf Seite 36.
Schließ / Schließt das Buch.
Setz dich / Setzt euch!
Steh / Steht auf!
Lass deinen Nachbarn in dein Wörterbuch schauen!

Grammatik

VII Imperatives

The imperative tells someone to do something – it can be a command or just a polite request. As there are three ways of saying **you** in German, there are three ways of giving a command.

A To form the **du** form, take the **du** form of the present tense and take off the **-st** ending. Verbs with a vowel change in the **du** / **er** / **sie** / **es** parts of the verb, keep that change in the imperative.

kommen	du kommst	Komm!	Come!
bleiben	du bleibst	Bleib!	Stay!
nehmen	du nimmst	Nimm!	Take!
geben	du gibst	Gib!	Give!

Some verbs only lose the **-t**, but do still look like the present tense:

lesen	du liest	Lies!	Read!
essen	du isst	Iss!	Eat!

However, verbs that add an umlaut with **du** / **er** / **sie** / **es** in the present tense drop it in the imperative:

fahren	du fährst	Fahr!	Go!
laufen	du läufst	Lauf!	Run!

Some verbs whose infinitives end in **-den**, **-len**, **-nen** and **-ten** have imperatives ending in **-e**:

finden	du findest	Finde!	Find!
zeichnen	du zeichnest	Zeichne!	Draw!

B The **ihr** form of the imperative is formed from the **ihr** form of the present tense:

kommen	ihr kommt	Kommt!	Come!
finden	ihr findet	Findet!	Find!
schlafen	ihr schlaft	Schlaft!	Sleep!
nehmen	ihr nehmt	Nehmt!	Take!

C The **Sie** form of the imperative is formed by turning the words around:

kommen	Sie kommen	Kommen Sie!	Come!
nehmen	Sie nehmen	Nehmen Sie!	Take!

Pass auf!

Sein (to be) is an exception:

du bist	Sei!	Be!
ihr seid	Seid!	Be!
Sie sind	Seien Sie!	Be!

Separable verbs have the separable prefix at the end of the sentence:

aufstehen	du stehst auf	Steh auf!
		Get / stand up!
abspülen	ihr spült ab	Spült ab!
		Wash up!
hereinkommen	Sie kommen herein	Kommen Sie herein!
		Come in!

Reflexive verbs keep the reflexive pronoun at the end of the clause:

sich waschen	du wäscht dich	Wasch dich!
		Get washed!
sich beeilen	ihr beeilt euch	Beeilt euch!
		Hurry up!
sich setzen	Sie setzen sich	Setzen Sie sich!
		Sit down!

VII-1 Übung: Wie ist das richtig?

Write out the correct command you would use to each person/group of people,

Beispiel   jetzt aufwachen (dein Bruder)
        Wach jetzt auf!

a ins Wohnzimmer kommen (Frau Braun)   K_ S_ i_ W_ !
b gut schlafen (Mutti)   S_ _ !
c nicht so faul sein (deine Freunde)   S_ _ _ _!
d nicht zu spät zurückkommen (Karl)   K_ _ _ _ _ !
e sich beeilen (Herr und Frau Schuh)   B_ _ _ !
f kein Eis essen (Katja)   I_ _ _!

6 | **Hörspiel: Schule in Deutschland / Schule in England**

Pommes erklärt Tim, was in Deutschland anders ist. Sind diese Sätze richtig oder falsch?

Beispiel   Die Schulsysteme in England und Deutschland sind gleich. *F*

1   In Deutschland beginnt die Schule früher als in England.
2   In England bleiben die Kinder nachmittags länger in der Schule.
3   Man kann in Deutschland nicht in der Schule zu Mittag essen.
4   Es gibt in Deutschland eine Stunde Pause.
5   Man muss in Deutschland keine Schuluniform tragen.
6   Alle Kinder in Deutschland müssen mit zwei Jahren in den Kindergarten.
7   Deutsche Kinder gehen in die Grundschule, wenn sie sechs Jahre alt sind.
8   Yasemin geht in die 11. Klasse.

Vokabeltipp   **Schulen vergleichen**

anders als	different from
besser als	better than
schlechter als	worse than
nicht so gut wie	not as good as
der Stundenplan	the timetable
die Pausen	the breaks
die Fächer	the subjects
die Ferien	the holidays
die Schularten	the types of schools
die Schuluniform	the school uniform
die Prüfungen	the exams
die Klubs	the clubs

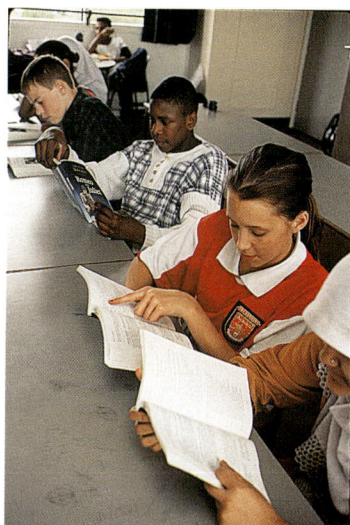

Vergleiche deine Schule mit einer deutschen Schule. Beschreib die Unterschiede zwischen deutschen und englischen Schulen. Was ist anders in deutschen Schulen? Was ist gleich?

Vokabeltipp   **Hoffnungen und Sorgen**

Ich hoffe	I hope
Hoffentlich	Hopefully
Ich habe Angst.	I am scared / worried.
Ich mache mir Sorgen.	I'm worried.
Ich freue mich auf	I'm looking forward to
Vielleicht	Perhaps

7　Evas Stundenplan

Lies Evas Stundenplan und beantworte die Fragen.

Ich gehe auf das Gymnasium Broich in Mülheim an der Ruhr. Meine Lieblingsfächer sind Sport, Deutsch und Bio-Chemie. Sport ist ein tolles Fach, weil man da verschiedene Sportarten macht und nicht in der Klasse sitzen muss. Deutsch macht mir Spaß, weil wir oft Geschichten und Bücher lesen und lesen ist nun mal mein Hobby. In Bio-Chemie haben wir einen sehr guten Lehrer, der den Unterricht immer lustig gestaltet.

Auf meiner Schule gibt es viele ältere Lehrer, die sehr altmodisch unterrichten. Am Anfang der Stunde müssen wir dann immer aufstehen.

Hier ist mein Stundenplan:

	Montag	Dienstag	Mittwoch	Donnerstag	Freitag
1	Englisch	Bio-Chemie	Sport	Geschichte	Kunst
2	Mathe	Bio-Chemie	Deutsch	Chemie	Kunst
3	Französisch	Mathe	Geschichte	Deutsch	Französisch
4	Chemie	Religion	Englisch	Musik	Englisch
5	Politik	Französisch	Physik	Mathe	Sport
6	Bio-Chemie	Deutsch	Französisch	Politik	Sport
7		Physik			

1 Was für eine Schule besucht Eva?

2 Was sind ihre Lieblingsfächer? Warum?

3 Was für Lehrer gibt es in der Schule?

4 Was müssen sie am Anfang jeder Stunde machen?

5 Welches Fach hat sie montags in der dritten Stunde?

6 Welches Fach hat sie dienstags in der siebten Stunde?

7 Welches Fach hat sie mittwochs in der ersten Stunde?

8 Wann ist Sportunterricht?

9 Wie viele Stunden Politik hat sie pro Woche?

10 Wie viele Stunden Chemie hat sie pro Woche?

8　Sag was! Beschreib einen Tag in deinem Stundenplan

Dein Partner macht Notizen.

Beispiel	Was hast du am Freitag in der ersten Stunde?
	In der ersten Stunde habe ich Sport.

9　Schreib was!

Schreib einen Brief an einen Brieffreund / eine Brieffreundin, um dein Schulleben zu beschreiben. Schreib über mindestens drei der Punkte unten.

- der Stundenplan
- die Klubs
- die Ferien
- die Pausen
- die Fächer
- die Prüfungen
- die Schularten
- die Schuluniform

www·

Lernen im Netz

Have a look at a web site where German pupils get help with German, English and Maths and meet them in the chat room.

- http://www.learnetix.de

Einheit A Verkehrs-Chaos

Lernziele

In dieser Einheit wirst du
- **lesen** *und* **hören**, *wie Leute reisen, Fahrten organisieren und den Weg beschreiben*
- *über Reisen und Verkehr schreiben und* **sprechen** *und Wege* **beschreiben**.

1 Hör zu! Welche Verkehrsmittel benutzt du?

Welche Verkehrsmittel verwendet die Familie Schmidt? Sieh dir den Vokabeltipp an und schreib die Buchstaben auf.

| **Beispiel** | Herr Schmidt fährt ___ zur Arbeit. | *(F) mit dem Zug* |

1 Herr Schmidt fährt am Wochenende ___ und er ___
2 Frau Schmidt fährt ___ zur Arbeit.
3 Sie fährt ___ zum Supermarkt.
4 Olaf Schmidt geht ___ zur Schule.
5 Seine Schwester fährt ___ und ___ zur Schule.
6 Die Familie Schmidt fliegt ___ in den Urlaub.

Vokabeltipp **Wie fährst du …?**

Pass auf! **mit + Dativ!**

Wie fährst du	*zur Schule?*	to school?
How do you travel	*zur Arbeit?*	to work?
	in den Urlaub?	to your holiday destination?
	nach Hause?	home?

A *Ich gehe zu Fuß./ Ich laufe.*

B *Ich fahre mit dem Fahrrad. / Ich fahre Rad.*

C *Ich fahre mit dem Mofa.*

D *Ich fahre mit dem Motorrad.*

E *Ich fahre mit dem Auto. / Ich fahre mit dem Wagen.*

F *Ich fahre mit dem Zug. / Ich fahre mit der Bahn.*

G *Ich fahre mit der Straßenbahn. Ich fahre mit der Tram.*

H *Ich fahre mit der S-Bahn.*

I *Ich fahre mit dem Bus.*

J *Ich nehme die Fähre.*

K *Ich fliege. / Ich reise mit dem Flugzeug.*

L *Ich fahre mit der U-Bahn.*

2 **Lies was! Wie kommt Juliana zur Schule?**

Lies Julianas Brief und beantworte die Fragen auf Deutsch.

Hallo!

Ich heiße Juliana und bin 16 Jahre alt. Zusammen mit meinen Eltern und meinen jüngeren Geschwistern Rouven und Charlotta wohne ich in einem Haus in der beschaulichen Stadt Mülheim an der Ruhr.

Ich besuche zur Zeit die zehnte Klasse des Gymnasiums Broich. Da meine Schule mehr als 3,5 km von unserem Haus entfernt ist, bekomme ich von der Stadt eine kostenlose Schülerbusfahrkarte gestellt. Diese Regelung finde ich sehr gut, denn dadurch kann ich viel Geld sparen.

Manchmal fahre ich jedoch mit dem Fahrrad zur Schule, mit dem ich auch nachmittags gerne unterwegs bin. Ist das Wetter schlecht, so kann ich aber auch mit dem Bus oder der Bahn zu meinen Verabredungen gelangen, denn das Ruhrgebiet hat ein außerordentlich gutes öffentliches Verkehrsnetz.

Viele Grüße,

eure Juliana

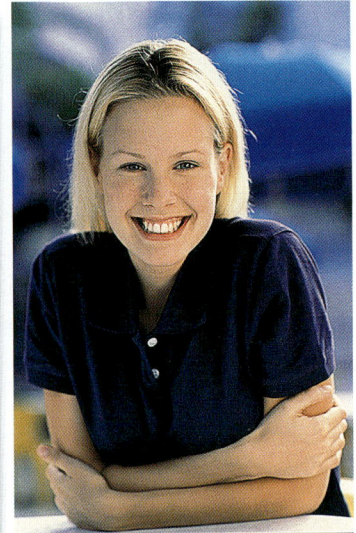

Dieses Foto wurde von meiner französischen Freundin, Aurélie, in Paris aufgenommen

Beantworte diese Fragen:

1 Wie alt ist Juliana?

2 Wo wohnt sie?

3 Wie weit ist die Schule von ihrem Haus entfernt?

4 Was bekommt sie von der Stadt?

5 Wie fährt sie manchmal zur Schule?

6 Wie fährt sie zur Schule, wenn das Wetter schlecht ist?

7 Und du, wie fährst du zur Schule?

Erste Hilfe

eine kostenlose Schülerbusfahrkarte	free pupils' bus pass (can be used on any regular bus)
das öffentliche Verkehrsnetz	the public transport system
die Regelung	the regulation

Kulturtipp **Führerschein**

How old do you have to be to drive a certain kind of vehicle?
How fast can you go and what kind of licence do you need?
You have a two year probation period on your full licence.

Alter	Fahrzeug	Höchstgeschwindigkeit	Führerscheinprüfung
ab 15 Jahre	Mofa	25 km/h	nur Theorie
ab 16 Jahre	Leichtkraftrad	80 km/h	Theorie und Praxis
ab 18 Jahre	Auto und Motorrad	keine	Theorie und Praxis

3 **Hörspiel: Wir fahren zum Endspiel**

Pommes will zum Endspiel der Deutschen Fußballmeisterschaft. Eintracht Frankfurt spielt gegen Bayern München. Beantworte die Fragen auf Deutsch.

Beispiel Wann ist das Endspiel? *Am Donnerstag.*

1 Wer fährt mit Pommes zum Spiel?
2 Wo findet das Spiel statt?
3 Wie fährt Pommes zum Endspiel?
4 Wie weit ist das Stadion von Mainz entfernt?
5 Welche Autobahn muss man nehmen?
6 Was darf auf der Autobahn *nicht* fahren?

Erste Hilfe

die Karte	the ticket
Wie weit ist es von … bis …?	How far is it from … to …?
die Anfahrtsbeschreibung	instructions to get there
Folgen Sie die Richtung	follow the direction (of)
das Hinweisschild	the sign
die Autobahn	the motorway
die Landstraße	the ordinary road (not a motorway)

www. **Verkehr in Frankfurt**
For more information on public transport, travel and street maps visit this site:
● http://www.frankfurt.de

Kulturtipp **Wie schnell darf ich fahren?**

Hier sind die Geschwindigkeits-beschränkungen (**speed limits**) in Deutschland, Österreich und der Schweiz in Stundenkilometern (**km/h**). So schnell darf man fahren:

Es gibt keine Geschwindigkeitsbeschränkung auf der Autobahn in Deutschland. 130 km/h ist die empfohlene Höchstgeschwindigkeit. Man darf auch schneller fahren. Wie schnell darf man in Großbritannien fahren?

	in der Stadt	auf der Landstraße	auf der Autobahn
AU	50	100	130
CH LIE	50	80	120
D	50	100	130

Grammatik

I Comparison of adjectives and adverbs

We already know that adjectives give us more information about nouns. Adverbs work in the same way for verbs. Many German adjectives can also act as adverbs,

e.g. Er ist ein guter Spieler.

(**gut** is an adjective, describing **Spieler**)

Er spielt gut.

(**gut** is an adverb, describing *how* he plays)

Sie hat ein **schnelles** Auto.

(**schnell** is an adjective, describing **Auto**)

Sie fährt **schnell**.

(**schnell** is an adverb, describing *how* she drives)

Note that, because they are describing an action, and are not masculine, feminine, neuter or plural, adverbs differ from adjectives in that they are invariable and do *not* add an ending.

The comparative

The comparative is where we compare one thing (or action) with *one* other. In English we do this either by adding the ending **-er** to short adjectives or by using the word **more**:

e.g. Angela is **older** than Peter, but also **more intelligent**.

In German we always add **-er**,

e.g. Angela ist **älter** als Peter und auch **intelligenter**.

NB: **als** is used to mean **than**.

nicht so … wie is used to mean **not so … as**.

genauso … wie is used to mean **just as … as**.

Some short adjectives and adverbs add an umlaut (¨) in the comparative form as well as **-er**, **e.g.**:

alt / älter	*old / older (elder)*
groß / größer	*big / bigger, tall / taller*
jung / jünger	*young / younger*
kalt / kälter	*cold / colder*
kurz / kürzer	*short / shorter*
lang / länger	*long / longer*
stark / stärker	*strong / stronger*
warm / wärmer	*warm / warmer*

Some adjectives and adverbs do *not* add an umlaut as we might have expected:

froh / froher	*happy / happier*
faul / fauler	*lazy / lazier*
klar / klarer	*clear / clearer*
schlank / schlanker	*slim / slimmer*

Some adjectives and adverbs have irregular forms of the comparative:

gut / besser	*good / better*
hoch / höher	*high / higher*
viel / mehr	*much / more*

When an adjective in its comparative form appears before a noun, it must still have its normal ending, which is added *after* the **-er**:

e.g. Wir haben jetzt ein kleineres Haus.

Das ist mein älterer Bruder.

The superlative

The superlative is where we compare one thing or action with *all* others. In English we do this either by adding **-est** to the end of the adjective or adverb, or use **most**.

e.g. Hans is the **laziest** boy in the class, but he has the **most intelligent** friend.

German only adds **-st**.

e.g. Er ist der **faulste** Junge in der Klasse, aber er hat auch den **intelligentesten** Freund.

Adjectives and adverbs which add an umlaut (¨) in the comparative also do so in the superlative:

e.g. Conrad ist der st**ä**rkste Spieler in der Mannschaft.

Some adjectives and adverbs add **-est** to form their superlative. They are mainly those ending in **-d**, **s**, **-ß**, **-sch**, **-t** and **-z**. It is mainly to make them easier to pronounce.

Other superlatives are irregular and must be remembered separately:

groß / größer / der größte	
or am größten	*big / bigger / the biggest*
gut / besser / der beste	
or am besten	*good / better / the best or best*
hoch / höher / der höchste	
or am höchsten	*high / higher / the highest*
viel / mehr / der meiste	
or am meisten	*much / more / the most or most*

gern / lieber / am liebsten

The adverb **gern** and its comparative **lieber** and superlative **am liebsten** help us to say what we like doing, what we prefer doing and what we like doing best of all,

e.g. Ich sehe gern fern.

Ich spiele lieber Tennis.

Ich gehe am liebsten ins Kino.

Ending or no ending?

If the superlative of an adjective appears *before* the noun it is describing, it must add an appropriate ending. Otherwise its usual form is **am -sten**.

e.g. Herr Schmidt ist dick, Herr Braun ist dicker, aber Herr Eckhardt ist **am dicksten**.

Inge läuft schnell, Heidi läuft schneller, aber Anja läuft **am schnellsten**.

Adverbs do not add endings because they do not describe nouns.

I-1   Übung: Schreib die Adjektive oder Adverbien im Komparativ und Superlativ auf!

Beispiel   Katja ist intelligent. Und Dorit? Und Uschi?

Dorit ist intelligenter und Uschi ist am intelligentesten!

a Karl ist alt. Und Peter? Und Uwe?

b Mathe ist einfach. Und Englisch? Und Erdkunde?

c Frau Schmidt hat ein neues Auto. Und Frau Schwarz? Und Herr Vogel?

d Uwe spielt gut Fußball. Und Karl? Und Franz?

e Ben Nevis ist ein hoher Berg. Und Mont Blanc? Und Everest?

f Ich esse gern Wurst. Und Schokolade? Und Eis?

I-2   Übung: Komparativ und Superlativ

Beantworte die Fragen. Schreib Sätze.

1 Was isst du am liebsten?

2 Welche Schauspielerin findest du am schönsten?

3 Welcher deutsche Fluss ist länger, der Rhein oder die Mosel?

4 Welche Stadt hat mehr Einwohner, Köln oder Berlin?

5 Welches Schulfach kannst du am besten?

6 Welcher deutsche Berg ist am höchsten?

II   Um . . . zu . . . + infinitive

Um . . . zu . . . is the German way of saying **in order to**,

e.g. . . . um Geld zu sparen. . . . *in order to save money.*

Ich gehe in die Stadt, **um** das Rathaus zu besichtigen.

Ich gehe in die Stadt, **um** dort einzukaufen.

Um Kleidung zu kaufen, fährt man in die Stadt.

You can see from the final example that it is possible to start a sentence with **um . . . zu . . .**, but normally it is used as in the other three sentences, where **um** follows a comma and **zu** stands at the end with the infinitive of the verb.

Note that when a separable verb is involved, the **zu** is sandwiched between the two parts of the infinitive:

Beispiel   . . . , um fern**zu**sehen. . . . *in order to watch TV.*

In English we often miss out **in order** and say: I'm staying at school to *do my homework*.

In German, if the underlying meaning is *in order to*, you must use **um . . . zu . . .** + infinitive:

e.g. Ich bleibe in der Schule, um meine Hausaufgaben zu machen.

II-1   Übung: Verbinde die zwei Sätze mit ,um … zu …'

Beispiel   Ich bleibe zu Hause. Ich schreibe einen Brief.

Ich bleibe zu Hause, um einen Brief zu schreiben.

a Ich gehe zur Bäckerei. Ich hole Brötchen.

b Sie essen in einem Restaurant. Sie feiern Uschis Geburtstag.

c Ich spare Geld. Ich kaufe ein neues Auto.

d Wir fahren nächste Woche nach London. Wir kaufen ein.

e Du musst früh aufstehen. Du kommst rechzeitig in Berlin an.

f Wir fahren nach Bern. Wir essen in einem guten Restaurant.

g Wir machen eine Rundfahrt. Wir sehen die Sehenswürdigkeiten.

h Ich fahre nach Kitzbühl. Ich laufe Ski.

i Sie fahren nach Altschen. Sie schwimmen dort.

4 **Hörspiel: Auf dem Weg nach Frankfurt zum Endspiel**

Pommes und David haben sich verfahren. Sie fragen nach dem Weg. Sieh dir den Stadtplan an und folge ihnen. Zu welchen Nummern fahren sie? Was ist da?

X	Pommes ist hier
1	Bahnhof
2	Kirche
3	Theater
4	Krankenhaus
5	Parkplatz
6	Park
7	Post
8	Museum

der Bahnhof	das Museum	die Kirche
das Theater	der Parkplatz	der Park
das Krankenhaus	die Post	

5 **Sag was! Verirrt in Frankfurt**

Spiele mit einem Partner. Benutze die Karte oben. Welche Nummern sind übrig? Wähle einen Ort und beschreib deinem Partner den Weg.

Grammatik

III　Referring to the future

A　The future tense

The future tense in German consists of the present tense of the verb **werden** and an infinitive (which goes to the end of the sentence).

e.g. Ich **werde** morgen in die Stadt **fahren**.

*I **will** go into town tomorrow.*

Wir **werden** unsere Schularbeit **machen**.

*We **will** do our homework.*

You will notice that **werden** works very much like a modal verb.

Pass auf!

Werden normally means **to become**, but in the future tense it has the meaning of **will** or **shall**.

werden	to become
ich werde	wir werden
du wirst	ihr werdet
er / sie / es / man wird	sie / Sie werden

III-1　Übung: Schreib den Text im Futur auf!

Nächstes Jahr fahren wir nach Italien auf Urlaub. Wir fliegen von Heathrow ab und verbringen die ersten vier Tage in den Bergen. Wir wohnen in einem kleinen Gasthaus. Dann fahren wir an die Küste. Dort wohnen wir in einer Luxuswohnung direkt am Strand. Meine Eltern machen ein paar Ausflüge, aber ich bleibe die ganze Woche am Meer! Hoffentlich komme ich schön braun wieder nach Hause!

B　Using the present tense to refer to the future

You do not have to use the future tense. When it is quite clear that you are talking about the future, because of some other word(s) in the sentence, you can simply use the present tense instead:

e.g. Kommst du **nächste Woche** mit?

Are you coming with us next week?

Morgen gehen wir einkaufen.

We'll go shopping tomorrow.

The two expressions of time, **nächste Woche** and **Morgen**, set the scene in the future, and therefore the future tense is not necessary.

🔶 *Vokabeltipp*　**Wege beschreiben**

Entschuldigung … / Entschuldigen Sie, bitte …			Excuse me,	
Ich habe mich verfahren. / verlaufen.			I am lost (by car). / I am lost (on foot).	
Wo ist (hier) der Bahnhof?			Where is the station (here)?	
Wie komme ich (am besten) zum Bahnhof?			What is the (best) way to the station?	
Ich suche den Bahnhof.			I'm looking for the station.	
Gehen Sie	*geradeaus …*	straight on		
Go	*hier links …*	left here		
Fahren Sie	*hier rechts …*	right here	*… und dann wieder links*	and left again.
Go / Drive	*zurück …*	back		
Nehmen Sie die	*erste zweite (Straße)*		*links / rechts*	Take the first / second (road) on the left / right.
Biegen Sie an der Ampel in die Hauptstraße ab.			At the traffic light turn into Main Street.	
Fahren Sie die Waldstraße entlang.			Go along Waldstraße.	
Fahren Sie	*bis zum Ende der Straße / über die Brücke /*		Go to the end of the road / over the bridge	
	am Dom vorbei / über die Kreuzung /		past the cathedral / over the crossroads /	
	bis zum Park		as far as the park	
und der Bahnhof ist	*auf der linken / rechten Seite.*		on your left / right.	
and the station is	*gegenüber der Post / neben dem Museum.*		opposite the post office / next to the museum.	

6　**Schreib was! Wegbeschreibungen**

Pommes und die Band wollen dich besuchen. Schreib ihnen eine Email und beschreib den Weg vom Bahnhof oder von der Bushaltestelle zu deinem Zuhause.

7　**Hörspiel: Pia will zur Love Parade**

DEUTSCHE BAHN – EXTRAZÜGE ZUR LOVE PARADE

Es ist wieder soweit: Unter dem Motto 'One world – one Love Parade' tanzt am 8. Juli ganz Berlin – und wir bringen Euch hin, mit dem Raver-Ticket ab 39 Euro hin und zurück.
Wenn Ihr aus einer Entfernung über 600 Kilometer anreist, zahlt Ihr 59 Euro.

Pia, Markus und Yasemin reden über die Love Parade. Beantworte die Fragen auf Englisch.

Beispiel　　*What is the Love Parade?*
It is an open-air rave festival in the streets of Berlin.

1　When is the Love Parade taking place?
2　How much is the train ticket?
3　What is included in the price?
4　When does the train to Berlin leave?
5　When does it arrive in Berlin?
6　How long does the trip last?
7　When does the return train leave Berlin?
8　When does it arrive in Mainz?
9　Who doesn't want to go to the Love Parade?

Erste Hilfe
Das halte ich nicht aus!　I couldn't bear that!
der Spielverderber　the spoilsport

Grammatik

IV   Prepositions with the accusative case

These prepositions take the accusative case :

für	for
um	around
durch	through
gegen	against
entlang*	along
bis	until, as far as
ohne	without
wider	against

* **entlang** usually goes after the noun, **e.g.** Ich gehe die Straße **entlang**.

The initial letters of each preposition spell **FUDGEBOW**, which may help you remember them!

e.g. Das ist ein Geschenk **für** deinen Vater.
That is a present for your father.
Ich laufe **durch** die Stadtmitte.
I am running through the town centre.

Prepositions with the accusative or dative cases

We have seen two groups of prepositions, one which governs the dative case and another which governs the accusative case. There is another group which can govern *either* the accusative or the dative case:

an	at, on, up to
auf	on, on top of
hinter	behind
in	in, into, to
über	over, above, across
unter	under, among
neben	next to, beside
vor	in front of, outside, before
zwischen	between

Dative or accusative?

You do not have a choice as to which case you use with these prepositions – there is a rule!
See if you can decide what it is by looking at the following examples:

1a) Der Mann wohnt **in der** Stadt.   *The man lives in the town.*
  b) Der Mann fährt **in die** Stadt.   *The man drives into town.*
2a) Sie stehen **hinter dem** Baum.   *They stand behind the tree.*
  b) Sie gehen **hinter den** Baum.   *They go behind the tree.*

The two pairs of sentences are very similar, but in the a-sentences the dative is used, and in the b-sentences the accusative is used. Can you see why?

Dative   In 1a, the man is living in the town. (position!)
        In 2a, they are standing behind the tree. (position!)
Accusative In 1b, the man is travelling into town. (movement!)
        In 2b, they are going behind the tree. (movement!)

So the rule that decides which case we use after these prepositions is **dative** for **position** and **accusative** for **movement**.

Some of these prepositions also combine with words meaning **the** to make contracted forms:

e.g. Wir sonnen uns am Strand.
  Am is a shortened form of **an** + **dem**.

Other contracted forms you will see with the accusative or dative prepositions are:
ans (an + das)
aufs (auf + das)
ins (in + das)
im (in + dem)

IV-1   Übung: Fülle die Lücken aus!

a Entschuldigen Sie, bitte. Wie komme ich z__ Museum?
b Die Flasche Wein ist für mein____ Onkel.
c Samstags spiele ich Fußball. Heute spielen wir gegen ein___ Klub aus Italien.
d Wir kommen erst um vier Uhr aus d___ Schule.
e Heute habe ich Geburtstag. Hoffentlich bekomme ich etwas von mein___ Vater.
f Meine Großeltern wohnen nicht weit von uns___ Haus.
g Du musst über d__ Brücke gehen.
h Kannst du die Gläser in d__ Küche bringen?
i Willst du in d__ Garten gehen?
j Ich möchte eine Radtour i___ Wald machen.

Vokabeltipp　Fahrkarten kaufen

DER PREIS / DIE KOSTEN

Was kostet eine Fahrkarte nach Berlin?	How much is a ticket to Berlin?
Das kostet 59 Euro.	That's 59 Euro.

DIE ABFAHRT / DIE ANKUNFT

Wann fährt der Zug ab?	When does the train leave?
Der Zug fährt um neun Uhr ab.	The train leaves at nine o'clock.
Wann kommt der Zug an?	When does the train arrive?
Der Zug kommt um 22 Uhr an.	The train arrives at 10 pm.
Wann fährt der Zug zurück?	When does the train return?
Der Zug fährt am Montag um 10 Uhr zurück.	The train returns on Monday at 10 o'clock.

DIE FAHRTDAUER

Wie lange dauert die Fahrt?	How long does the trip take?
Die Fahrt dauert drei Stunden.	The trip takes three hours.

ZIEL DER REISE UND ABFAHRTSORT

Wohin möchten Sie fahren?	Where would you like to travel to?
Ich möchte nach London fahren.	I would like to travel to London.
Eine Fahrkarte nach London, bitte.	A ticket to London, please.
Einmal / Zweimal nach London, bitte.	One / two ticket(s) to London, please.
Von wo möchten Sie abfahren?	Where would you like to start your journey?
Ich möchte von Wien abfahren.	I would like to leave from Vienna.

DAS DATUM

Am Wievielten möchten Sie fahren?	On which date would you like to travel?
Ich möchte am 17. Januar fahren.	I would like to travel on 17th January.

DIE ZÜGE

der Nahverkehrszug / der Regionalzug	the local train
der InterCity (IC)	the InterCity train
der D-Zug / der Schnellzug	the express train
Muss ich (für diesen Zug) Zuschlag bezahlen?	Do I have to pay a supplement on this train?

DAS GLEIS

Auf welchem Gleis fährt der Zug ab?	From which platform does the train leave?
Er fährt auf Gleis 1 ab.	It leaves from platform 1.

UMSTEIGEN

Ist der Zug direkt?	Is it a direct train?
Muss ich umsteigen?	Do I have to change trains?
Ja, Sie müssen zweimal umsteigen.	Yes, you have to change twice.

HIN UND ZURÜCK?

Möchten Sie eine Einzelfahrt oder eine Rückfahrt?	Would you like a single or a return ticket?
Hin und zurück, bitte.	Return, please.

KLASSE

Erster oder zweiter Klasse?	First or second class?
Raucher oder Nichtraucher?	Smoking or non-smoking?

8 | **Hörspiel: Die Rückfahrt**

Pommes und David haben die zweite Halbzeit des Endspiels gesehen. Aber jetzt ist das Mofa kaputt. Was müssen sie tun? Fasse alles zusammen. Es gibt ein Beispiel.

Erste Hilfe

der Informationsschalter	the information desk
wir haben ein Problem	we have a problem
die öffentlichen Verkehrsmittel	public transport
die Haltestelle	the stop

Verkehrsmittel	S-Bahn
Haltestelle	
Richtung	
Linie	
Wie oft?	
Geld	

9 | **Hör zu! Die Verkehrsnachrichten**

Hier sind die Verkehrsnachrichten. Was passt zusammen?

Beispiel   A10, gesperrt, ein Unfall

Straße / Ort	Problem	Grund
A10	Stau	Bauarbeiten
A13	gesperrt	technische Probleme
Felbertauerntunnel	5 km Stau	ein Unfall
A22	gesperrt	ein Unfall

Vokabeltipp   **Probleme im Straßenverkehr**

die Verkehrsmeldung / die Verkehrsnachrichten	the traffic news	der Unfall	the accident
gesperrt	closed	die Panne	the breakdown
der Stau	the traffic jam	die Baustelle / die Bauarbeiten	road works
in Richtung	in the direction of	die technischen Probleme	technical problems

www.

Reiseinformationen und Fahrpläne

Mit dem Zug
- http://www.bahn.de (die Webseite der Deutschen Bahn)
- http://www.railtour.ch (die Webseite für Bahnreisen in der Schweiz)

Mit dem Flugzeug
- http://www.lufthansa.de (die Lufthansa Homepage)
- http://www.swissair.com (die SwissAir Homepage)

Nahverkehrsverbindungen
- http://www.rmv.de (für Frankfurt)
- http://mailbox.univie.ac.at (die Webseite für die Wiener U-Bahn)

Verkehrsnachrichten

Find more travel news here:
- http://www.austriatouris.at/verkehrsline/home.htlm
- http://adac.de

Einheit B   Erste Hilfe

Lernziele

In dieser Einheit wirst du
- etwas über die Post, Banken und Fundbüros sowie über Ärzte, Unfälle, Telefonieren und Auto- und Bootsverleihe **lesen** und **hören**
- über diese Dinge **schreiben** und **sprechen**.

1   Hörspiel: Wie kommt die Wurst nach Manchester?

Tim möchte seine Weihnachtsgeschenke verschicken. Fülle die Tabelle aus.
Was muss Tim bezahlen?

2	Postkarten	x 0,51 EUR	= 1,02 EUR
__	Briefe	x ____ EUR	= ____ EUR
1	Paket		= ____ EUR
	Gesamtpreis:		____ EUR

Vokabeltipp   Auf der Post

das Postamt	the post office	*der Brief*	the letter
der Schalter	the counter	*die Postkarte*	the postcard
der Beamte / die Beamtin	the clerk (m / f)	*das Päckchen*	the small packet
der Postbote / die Postbotin	the postman (m / f)	*das Paket*	the parcel
der Briefkasten	the letter box	*die Größe*	the size
die Briefmarke(n)	the stamp(s)	*das Gewicht*	the weight

Ich möchte einen Brief nach England schicken.	I would like to send a postcard to England.
Was kostet eine Postkarte nach Irland?	How much is a postcard to Ireland?
Eine Briefmarke für 0,50 Euro, bitte.	One stamp for 0,50 Euro, please.
Wie lange dauert das?	How long does it take?
Können Sie das wiegen, bitte?	Could you weigh it, please?

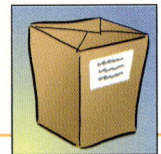

www.   Die Post

Die Post in   der Schweiz: www.post.ch/
Österreich: www.post.at/
Deutschland: www.post.de/

2   **Hör zu! Geldwechsel**

Nürgül muss Geld wechseln. Welche Antwort ist richtig?

Beispiel   Man kann a) auf der Bank b) in der Wechselstube
c) im Touristenbüro Geld wechseln.   *a) b)*

1   Nürgül möchte a) Reiseschecks b) Kreditkarten c) Bargeld.
2   Sie will a) 100 Euro b) 200 Euro c) 300 Euro wechseln.
3   Der Wechselkurs ist a) 100:61 b) 1000:60 c)100:6.

Vokabeltipp   **Geld Wechseln**

das Bargeld	the cash	*die Bank*	the bank
das Kleingeld	the small change	*die Kreditkarte*	the credit card
der Geldschein	the bank note	*die Münze*	the coin
der Wechselkurs	the exchange rate	*die Sparkasse*	the (savings) bank
der Reisescheck	the traveller's cheque	*die Währung*	the currency
der Scheck	the cheque	*die Wechselstube*	the exchange office

Ich möchte 100 Pfund in Euro wechseln.   I would like to change £100 into Euro.
Wie ist der Umrechnungskurs?   What is the exchange rate?
Wie viel Euro bekomme ich für £100?   How many Euros do I get for £100?

3   **Sag was! Geld wechseln**

Partner A
- Guten Tag, wie kann ich Ihnen helfen?
- Wie viel Geld möchten Sie wechseln?

Partner B
- Say you would like to change some traveller's cheques.
- Say you want to change £50 into Euros.

Kulturtipp   **Münzen und Banknoten**

€ Die europäischen Banknoten wurden vom österreichischen Designer Robert Kalina entworfen.

€ Münzen wird es zu einem Wert von 1, 2, 5, 10, 20 und 50 Cent sowie 1 und 2 Euro geben.

€ Die Banknoten werden einen Wert von 5, 10, 50, 100, 200 und 500 Euro aufweisen.

w w w .   **Wechselkurse**
How many pounds to the Euro? Find out in these sites:
- http://www.reisenet.de – 'Devisenrechner'
- http://reisebank.de – 'Reisegeld'

Vokabeltipp — Der Körper

1	*der Arm(e)*	the arm
2	*das Auge(n)*	the eye
3	*der Bauch (Bäuche)*	the stomach, belly
4	*das Bein(e)*	the leg
5	*die Brust (Brüste)*	the chest, breast
6	*der Daumen (–)*	the thumb
7	*der Finger (–)*	the finger
8	*der Fuß (Füße)*	the foot
9	*das Gesicht(er)*	the face
10	*der Hals (Hälse)*	the neck
11	*die Hand (Hände)*	the hand
12	*das Knie(–)*	the knee
13	*der Knöchel(–)*	the ankle
14	*der Kopf (Köpfe)*	the head
15	*der Magen (Mägen)*	the stomach
16	*der Mund (Münder)*	the mouth
17	*die Nase(n)*	the nose
18	*das Ohr(en)*	the ear

4 **Sag was! Was tut weh?**

| **Beispiel** | Hals | *Mein Hals tut mir weh.* |

a Arm   **c** Knie   **e** Rücken   **g** Zähne

b Fuß   **d** Kopf   **f** Zunge

5 **Hör zu! Beim Arzt**

Martin ist beim Arzt. Was tut ihm weh?
Was braucht er? Kreuze an.

die Tabletten   *der Tee*
der Hustensaft   *das Obst*
die Spritze   *der Gips*
die Salbe   *der Verband*
das Pflaster   *das Thermometer*
das Bett   *das Krankenhaus*
der Schal

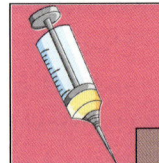

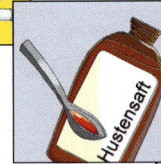

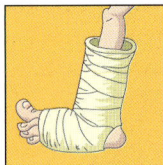

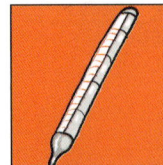

Erste Hilfe

| *vitaminreich* | full of vitamins |
| *Gute Besserung!* | Get well soon! |

Vokabeltipp — Beim Arzt

der Arzt / die Ärztin	the doctor
der Zahnarzt / die Zahnärztin	the dentist
die Praxis	the surgery
die Apotheke	the dispensing chemist
die Drogerie	the non-dispensing chemist / health food shop
die Sprechstunde	the surgery times
der Termin	the appointment

> **Pass auf!**
>
> | | |
> |---|---|
> | das **Rezept** | prescription, recipe |
> | die **Quittung** | receipt |
>
> Don't take your **Rezept** to the **Drogerie**. Take it to the **Apotheke**. A **Drogerie** sells health foods and hygiene products, such as herbal teas, soaps and shampoo.

Was fehlt Ihnen? / Was haben Sie? / Was ist los?	What's the matter?
Wo haben Sie Schmerzen?	Where does it hurt?
Was tut Ihnen weh?	What hurts?
Wie lange haben Sie die Symptome schon?	How long have you had the symptoms?
Ich verschreibe Ihnen etwas. / Ich gebe Ihnen ein Rezept.	I'm going to give you a prescription.
Nehmen Sie dreimal täglich einen Löffel.	Take one spoonful three times a day.

Ich möchte bitte einen Termin.	I would like an appointment, please.
Ich brauche …	I need …
Es ist ein Notfall.	It is an emergency.

Ich habe Schmerzen im Bauch.	
Mein Bauch tut (mir) weh.	
Ich habe Bauchschmerzen.	I've got a pain in my stomach.

Mein Kopf tut mir weh.	My head hurts.

Ich habe			Ich bin		
I have	Zahnschmerzen	a toothache	I am	krank	ill
	Fieber	a temperature		gesund	well
	Schnupfen	a head cold		müde	tired
	eine Erkältung	a cold		schwach	weak
	Husten	a cough		verletzt	injured
	Grippe	the flu		allergisch gegen	allergic to
	einen Sonnenbrand	a sunburn		seekrank	seasick
	Durchfall	diarrhoea			

Mein Arm ist			Mir ist		
	verstaucht	twisted	I'm feeling	kalt	cold
	gebrochen	fractured		heiß	hot
				warm	hot
				schlecht / übel	sick
				schwindelig	dizzy

Ich habe seit zwei Tagen Zahnschmerzen.	I have had toothache for two days.

Remember: seit takes the present tense – you still have toothache!

6 **Sag was! Am Telefon. Sie möchten einen Termin?** 😃😃

Spiele mit einem Partner. Benutze die Informationen ‚Beim Arzt'.

Partner A

1 Guten Tag. Kann ich Ihnen helfen?

3 Ja. Wann möchten Sie kommen?

5 Nein, zehn Uhr geht leider nicht.

7 Geht es um halb zwei?

9 Gut. Ihr Name, bitte?

11 Vielen Dank. Auf Wiederhören.

Partner B

2 Say you would like an appointment.

4 Say you would like to come tomorrow morning at 10.00·

6 Ask when you can come.

8 Agree to the time.

10 Give your name and spell your surname.

7 **Hörspiel: Tim, der Retter in der Not**

Yazzi und Pia haben Tim im Irish-Pub besucht. Es ist spät und Yazzi muss nach Hause. Was passt zusammen?

Beispiel **1** *b*

1 Tim muss bis Mitternacht

2 Yasemin muss um elf Uhr

3 Tim will ein Taxi

4 Pia und Yazzi wollen

5 Ein Auto hat Yazzi

6 Yazzi sitzt

7 Yazzi ist

8 Yazzi kann

9 Yazzi braucht

10 Pia ruft einen

a einen Arzt.

b arbeiten.

c Krankenwagen

d auf dem Boden.

e zu Fuß gehen.

f nicht laufen.

g nass und kalt.

h überfahren.

i nach Hause.

j bestellen.

Erste Hilfe
ein Taxi bestellen — to order a taxi
jemanden überfahren — to run somebody over
nass — wet
die Pfütze — the puddle
gebrochen — fractured
das Handy — the mobile phone

8 **Hörspiel: Ein Notruf**

Pia ruft den Krankenwagen.

Fasse die wichtigsten Informationen auf Deutsch zusammen:

Unfallbericht

Wo ist der Unfall passiert?

Wie viele Verletzte gibt es?

Was für Verletzungen haben sie?

Wo ist die Verletzte?

Wie ist der Unfall passiert?

Wann ist der Unfall passiert?

Erste Hilfe
einen Unfall melden — to report an accident
der Zustand — the condition

9 **Schreib was! Ein Zeitungsbericht**

Sieh dir noch einmal den Unfallbericht an und schreib einen kurzen Artikel für die Lokalzeitung.

Vokabeltipp   Unfälle

einen Unfall melden	to report an accident	der Notruf	the emergency call
der Polizeibeamte, der Polizist	the policeman	der Erste-Hilfe-Kasten	the first aid kit
die Polizeibeamtin, die Polizistin	the policewoman	der / die Verletzte	the injured person
die Polizei	the police	der / die Tote	the dead person
die Feuerwehr	the fire brigade	der Zustand	the condition
der Unfall	the accident	betrunken	drunk
die Panne	the breakdown	Es brennt.	There is a fire.

Es ist ein Unfall passiert.	There has been an accident.
Wir müssen die Polizei anrufen.	We must call the police.
Er ist überfahren worden.	He has been run over.
Sie ist leicht / schwer verletzt.	She is slightly / badly injured.
Mein Auto ist kaputt.	My car is damaged.
Wie und wo ist das passiert?	How and when did it happen?

Telefonieren

das Telefon / der Fernsprecher / der Apparat	the telephone
die Telefonzelle / der Münzfernsprecher	the public phone (box)
Können Sie mir Geld wechseln?	Could you change some money for me, please?

außer Betrieb	out of order	die Telefonkarte	the phone card
jemanden anrufen	to call someone	eine Nummer wählen	to dial a number
telefonieren	to telephone	die Taste	the key / the button
den Hörer abheben	to pick up the receiver	die Leitung ist besetzt	the line is busy
das Geld einwerfen	to insert money	falsch verbunden	wrong number

---

10   **Hörspiel: Ihre Tochter ist im Krankenhaus**

Yazzi und Tim sind im Krankenhaus. Pia ist schon nach Hause gefahren.
Vervollständige die Sätze mit den Wörtern aus der Kiste.

Beispiel   (1)   *gebrochen*

Yasemin hat den Knöchel (1). Sie bekommt einen (2). Sie muss im (3) schlafen.
Tim will Yasemins Eltern (4). Die (5) steht in der Eingangshalle.
Man muss zuerst den (6) abheben. Dann muss man das Geld (7). Man kann auch
eine (8) benutzen. Danach hört man einen (9). Nun kann man (10).
Tim hat kein (11). Die Rezeption ist (12). Ein Mann (13) ihm einen 10 DM-Schein.
Das Telefon (14) bei Herrn Akbar. Herr Akbar geht an den (15). Er macht sich große
(16) um seine Tochter.

anrufen	Apparat	einwerfen	gebrochen	geschlossen
Gips	Hörer	klingelt	Kleingeld	Krankenhaus	Signalton
Sorgen	Telefonkarte	Telefonzelle	wählen	wechselt

LIVERPOOL HOPE UNIVERSIT

11　Sag was!　Telefonieren

Erkläre deinem Austauschpartner, wie man telefonieren kann.

1 pick up receiver

2 insert money or card

3 wait for dial tone

4 dial number

12　Hörspiel: Mein Auto ist gestohlen worden

Matthias hat gerade seinen Führerschein bekommen. Mit seinem neuen Auto besucht er David. Beantworte die Fragen auf Deutsch.

Beispiel　Wo hat Matthias sein Auto geparkt?　*Um die Ecke.*

1　Was denkt Matthias, was ist passiert?

2　Matthias braucht Hilfe. Wohin geht er?

3　Woher kommt er?

4　Welche Marke hat sein Auto? Welche Farbe hat es?

5　Wann hat er sein Auto zuletzt gesehen?

6　Was war im Auto?

7　Beschreibe die Tasche.

8　Beschreibe den Inhalt der Tasche.

Vokabeltipp　Polizei und Fundbüro

das Fundbüro	the lost property office
die Polizei rufen	to call the police
Ich möchte eine Meldung machen.	I'd like to make a report.
Ich habe meine Tasche verloren.	I have lost my bag.
Ich habe meinen Fotoapparat im Zug liegen gelassen.	I have left my camera on the train.
der Führerschein	the driver's licence
die Fahrzeugpapiere	the car registration documents
die Ausweispapiere	personal identification
der Pass	the passport
Wann / Wo haben Sie Ihr Auto zuletzt gesehen?	When / Where did you last see your car?
Wie sieht Ihre Tasche aus?	What does your bag look like?
Können Sie Ihre Tasche beschreiben?	Can you describe your bag?
Material:	material:
aus Stoff / aus Leder / aus Kunststoff	made from fabric / leather / synthetics
die Größe / die Form / die Farbe	the size / shape / colour
Welche Marke war der Fotoapparat?	Which make was the camera?
der Inhalt	the contents
Was war / befand sich in Ihrem Portemonnaie?	What did your purse contain?
Unterschreiben Sie bitte hier.	Please sign here.

die Polizeiwache	the police station
ein Protokoll aufnehmen	to take down a statement
Mein Auto ist gestohlen worden.	My car has been stolen.

Vokabeltipp — Mieten und leihen

die Autovermietung	the car hire	*der Fahrradverleih*	the bike hire
Wo kann man hier	*ein Fahrrad*	a bike	*leihen?*
Where can you hire	*ein Boot / ein Paddelboot*	a boat/ a paddle boat	*mieten?*
	ein Zelt	a tent	
	einen Schlafsack	a sleeping bag	
Was kostet das	*pro Stunde?*	How much is it per hour?	
	pro Tag?	per day?	
	für drei Tage?	for three days?	
Welche Bedingungen gibt es?		What are the conditions?	
Ist das Fahrrad versichert?		Is the bike insured?	
Ist die Versicherung im Preis inbegriffen?		Is the insurance included in the price?	

13 Hörspiel: Matthias will ein Auto mieten

Richtig oder falsch?

1 Die Autovermietung ist ganz in der Nähe.
2 Matthias will das Auto für eine Woche mieten.
3 Matthias will ein blaues Auto.
4 Ein kleines Auto kostet 520 Euro.
5 Matthias hat seinen Führerschein seit drei Jahren.
6 Matthias ist noch nicht 21 Jahre alt.
7 In der Nähe von Davids Haus findet Matthias sein eigenes Auto wieder.
8 Matthias' Auto ist kaputt und die Tür ist offen.
9 Matthias hat vergessen, wo er es geparkt hat!

14 Sag was! Beim Bootsverleih

Partner A

1 Ask where you can hire a boat.

3 Say you would like to hire a boat.

5 Say a paddle boat. Ask how much it costs per hour.

7 Ask if insurance is included.

Partner B

2 Beim Bootsverleih, dort drüben.

4 Was für ein Boot?

6 Fünf Euro.

8 Ja, die Versicherung ist im Preis inbegriffen.

Autos mieten
Find out rates and conditions for hiring cars in Germany.
Try some more dialogues like the one above.
● www.avis.de   ● www.hertz.de
● www.europcar.de   ● www.sixt.de

Grammatik

V   The genitive case

The genitive case is the least common of the four German cases and shows possession – it means **of something** or **of someone**.

e.g. Das ist ein Foto **des alten Hauses**.

> *That is a photo **of the** old house.*

Here the genitive **des** means **of the**, so there is no need for an extra word for **of**.

e.g. Das ist das Auto **meiner Mutter**.

> *That is my mother's car. (the car **of my** mother)*

Here **meiner** doesn't just mean **my** – it is in the genitive case and means **of my**.

The genitive can be used in German where in English we would use **'s**.

When a person is referred to by name, the genitive is similar to the English, but there is no apostrophe, except when the name ends in an **s**:

e.g. Das ist Karl**s** Auto. Das ist Frau Schmidt**s** Haus.

> Das ist Matthia**s'** Wohnung.

This table sums up the possible genitive endings:

Masculine	Feminine	Neuter	Plural	Meaning
d**es***	d**er**	d**es***	d**er**	*of* the
ein**es***	ein**er**	ein**es***	–	*of* a
mein**es***	mein**er**	mein**es***	mein**er**	*of* my

N.B. *With masculine and neuter genitive singular nouns we also add -**s** or -**es**. Short nouns usually add -**es** and nouns of more than one syllable add -**s**.

e.g. Das ist ein Foto des Mann**es**.

> Das ist der Eingang des Bahnhof**s**.

> **Pass auf!**
>
> Adjectives following these genitive words always have the ending -**en**.
>
> **e.g.** Das ist der Pulli meines **neuen** Freundes.
>
> If an adjective is in the genitive case but stands alone with no article or possessive in front of it, the endings are as follows:
>
> | masculine | feminine | neuter | plural |
> |-----------|----------|--------|--------|
> | -en* | -er | -en* | -er |
>
> **e.g.** Fahrer **neuer** Autos (pl.) müssen vorsichtig sein.
>
> * Add -**s** or -**es** to the end of the noun that follows.

V-1   Übung: Fülle die Lücken aus!

a Die Atmosphäre d__ Stadt ist prima.

b Ich versuche, das Haus mein___ Freund__ zu finden.

c Ich habe den Schuh d__ Kind__ gefunden.

d Der Polizist hat den Familiennamen d__ zwei Schwestern aufgeschrieben.

e Katja ist die Freundin sein___ Bruder__.

N.B. Genitive or **von + dative**?

In German the genitive is very often replaced by **von + dative**, especially when talking about people.

> **Beispiel**   Das ist der Hund des Nachbars.
> > *Das ist der Hund von den Nachbarn.*

Prepositions with the genitive

The genitive is also used after a few prepositions:

statt	instead of
trotz	in spite of
wegen	because of
während	during (in the course of)

There is no sign of possession here, but the word **of** in English often reminds us to use the genitive!

Wegen des Wetters blieben wir zu Hause.

Because of the weather we stayed at home.

Trotz der Hitze arbeiteten sie.

In spite of the heat they were working.

Statt eines Pullovers trage ich eine Jacke.

Instead of a pullover I wear a jacket.

Während der Ferien spielte ich oft Tennis.

During the holidays I often played tennis.

V-2   Übung: Fülle die Lücken aus!

> **Beispiel**   Statt e_ Freund_, nehme ich meine Schwester mit.
> > *Statt eines Freunds, nehme ich meine Schwester mit.*

a Trotz d__ Wetter_ , werde ich in die Stadt gehen.

b Statt d__ Jacke, werde ich einen Anorak kaufen.

c Während d__ Ferien, werde ich arbeiten.

d Wegen d__ Hausaufgaben, muss ich zu Hause bleiben.

Einheit A — Was machen wir in den Ferien?

Lernziele

In dieser Einheit wirst du
- etwas über das Wetter **lesen** und **hören**, und wie Leute ihren Urlaub planen, organisieren und darüber reden
- über diese Dinge **schreiben** und **sprechen**.

1 **Gruppenarbeit: Postkarten**

Yasemin, Pommes, Pia und Matthias waren im Urlaub. Sie haben euch diese Ansichtskarten geschrieben. Was für eine Art Urlaub machen sie?

einen Urlaub am Meer   einen Campingurlaub   einen Urlaub in den Bergen
einen Skiurlaub   Ferien auf dem Bauernhof   eine Städtereise

2 **Lies was! Vier Postkarten**

Lies die vier Postkarten und sieh die Ansichtskarten auf Seite 79 an.
Welches Bild gehört zu welcher Karte?

Hallo Leute!

Hier auf dem Bauernhof in Beilngries ist es doch nicht so langweilig wie ich gedacht hatte. Der Bauer ist echt nett. Ich durfte schon Traktor fahren und die Kühe melken! Das ist gar nicht so einfach. Das Essen ist spitze und das Wetter ist auch ziemlich geil – jeden Tag Sonne.
Macht's gut,

Euer Pommes

An Pia Klein

Barbarastr. 34

8744 Mainz

Lieber Pommes!

St. Tropez ist klasse! Ich liege den ganzen Tag in der Sonne und werde braun. Das Wasser ist total warm, so 25 grad. Das Hotel ist riesig und hat 3 Sterne! Es hat 2 Schwimmbäder, eines auf dem Sonnendach und eines im Keller. Es gibt auch eine Bar, ein Bistro und eine Disko. Nur die Männer nerven ein bisschen! Ich hoffe, du hast Spaß auf dem Bauernhof. Liebe Grüße,

Deine Pia

An Pommes Schuh
Wiesenweg 13
D- 8571 Mainz

Allemagne

Hallo Dave!

Wie geht's zu Hause? Hier in der Schweiz ist es leider nicht so gut. Wir haben zu viel Wind zum Ski fahren. Wandern kann ich im Moment auch nicht, weil es seit 3 Tagen schneit.

Ich habe aber auf der Hütte drei italienische Mädchen kennengelernt. Die bringen mir gerade bei, wie man Spaghetti kocht!

Servus,

dein

Matthias

An David Miller

Königstr. 254

D- 8780 Mainz

Deutschland

Lieber Tim!

Berlin ist total gut! Leider aber auch sehr teuer. Mir tun die Füße weh vom vielen Einkaufen und Sehenswürdigkeiten ansehen, aber das Brandenburger Tor und die Reste von der Mauer waren echt interessant. Ich habe auch checkpoint Charlie gesehen. In der Jugendherberge habe ich eine Menge nette Leute getroffen. Wir unternehmen viel zusammen.
Bis bald!

Yasemin

An
Tim Curtis
bei Miller
Königstraße 254
87801 Mainz

Beantworte die Fragen mit Yasemin, Pommes, Pia oder Matthias:

Beispiel Wer war in Berlin? *Yasemin.*

a Wer war in der Schweiz?

b Wer hat Kühe gemolken?

c Wer hat das Brandenburger Tor gesehen?

d Wer war in einem Hotel mit drei Sternen?

e Wer hat drei italienische Mädchen
   kennen gelernt?

f Wer war in einer Jugendherberge?

Vokabeltipp — Urlaubsaktivitäten

am Strand liegen	to lie on the beach	reiten	to ride
bergsteigen	to climb a mountain	Sehenswürdigkeiten ansehen	to look at the sights
Boot fahren	to go boating	sich sonnen	to sunbathe
braun werden	to get a tan	Ski fahren	to go skiing
einen Ausflug machen	to go on a trip	Snowboard fahren	to go snowboarding
einen Freizeitpark besuchen	to go to an amusement park	spazieren gehen	to go for a walk
im Meer schwimmen	to swim in the sea	eine Stadtrundfahrt machen	to go for a trip around the town
ins Freibad gehen	to go to the swimming baths	surfen	to go surfing
ins Museum gehen	to go to the museum	tanzen gehen	to go dancing
Rad fahren	to travel by bike	wandern	to go walking

3 **Welche Aktivität passt zu welchem Urlaub?**

Mach eine Liste:

- Urlaub am Meer
- Urlaub in den Bergen
- Skiurlaub
- eine Städtereise

Beispiel Urlaub am Meer *surfen*

4 **Sag was! Was kann man hier machen?**

Im Urlaub am Meer	kann man …
Im Skiurlaub	
Bei einem Urlaub auf dem Bauernhof	
Auf einer Städtereise	

Vokabeltipp — Wie ist das Wetter?

Die Sonne scheint.
Es ist sonnig und heiß.
Das Wetter ist heiter.
Es ist warm und trocken.

Es ist bedeckt / bewölkt.
Es ist wolkig.
Das Wetter ist kühl und nass.
Es regnet und es ist nebelig.

Es gibt ein Gewitter
mit Blitz und Donner.
Es ist windig und stürmisch.
Es friert und es schneit.
Es ist sehr kalt.

im Norden

im Westen — im Osten

im Süden

5 Hör zu! Die Wettervorhersage

Du hörst drei Wettervorhersagen. Schreibe die Tabelle in dein Heft.
Trage die Temperatur ein und kreuze die richtige Spalte an.

°C	A	B	C	D	E	F	G	H
1								
2								
3								

6 Wettervorhersage

Beantworte die Fragen auf Deutsch.

1 Wie ist das Wetter im Norden?
2 Wie ist das Wetter im Westen?
3 Wo wird es etwas kälter sein?
4 Wird es in der kommenden Nacht kalt oder warm sein?
5 Wird es am Samstag kälter oder wärmer sein?

Wettervorhersage für Donnerstag bis Freitag früh: Heute im äußersten Norden anfangs noch bewölkt, sonst viel Sonne, nur westlich des Rheins nachmittags mehr Wolken und gegen Abend ein paar Regentropfen. Erwärmung auf frühlingshafte Temperaturwerte zwischen 14 Grad im Norden und 20 Grad im Rhein-Neckar-Raum, nur auf den Inseln etwas kälter. In der kommenden Nacht im Westen Wolkenfelder und etwas Regen. Im Osten gering bewölkt oder klar. Temperaturrückgang auf Werte zwischen 9 Grad am Niederrhein und 2 Grad südlich der Donau. Schwacher, nach Norden hin etwas lebhafterer Wind um Süd.

Weitere Aussichten für Freitag und Samstag: Am Freitag im Westen, ab Samstag auch im Osten auf kommende Schauer und Regen, dazwischen aber auch noch etwas Sonne. Etwas zurückgehende Temperaturen.

Vokabeltipp Wettervorhersage

*Die Temperaturen liegen zwischen ...
und ... Grad Celsius.
Das Wetter ist heute ...*

*Es ist ...
Morgens / Mittags / Abends / Nachts ist mit
... zu rechnen.*

Grammatik

I   Das Perfekt (1)

The perfect tense is a *past tense*, used to describe things that have happened in the past. In English we can say: **I played** or **I have played**. This can be translated as: **Ich habe gespielt**.

A   Formation

The perfect tense is made up from two parts:

1 the present tense of **haben** or **sein**

2 the past participle

The correct form of **haben** or **sein** takes the normal verb position in the sentence (second), while the past participle is at the end (or as near as possible to the end):

e.g. Ich **habe** meine Mutter über Mathematik **gefragt**.

Sie **sind** früh **gestartet**.

Here is an example of a complete verb, using **haben**:

e.g. spielen – *to play*

ich habe gespielt	I played / have played
du hast gespielt	you played / have played
er / sie / es / man hat gespielt	he / she / it / one played / has played
sie haben gespielt	they played / have played
wir haben gespielt	we played / have played
ihr habt gespielt	you played / have played
Sie haben gespielt	you played / have played

N.B. Note that **haben** or **sein** change with the subject of the verb, but the past participle always remains the same.

Most verbs are weak and form their perfect tense in a similar way to **spielen**. The past participle of regular weak verbs like **spielen** is formed from the present tense stem. We simply add **ge-** to the front of the stem and **-t** to the end.

e.g. fragen   (to ask)   **ge**fragt

machen   (to do, make)   **ge**macht

B   Inseparable verbs

These are verbs with a prefix which never separates from the verb. For this reason the **ge-** is not added to their past participle. The inseparable prefixes are: **be-**, **ver-**, **er-**, **ent-**, **zer-**, **emp-**, **miss-**, **ge-**.

e.g. Ich habe meine Oma **be**sucht.

Er hat die ganze Geschichte **er**zählt.

C   Verbs ending with -*ieren*

Many of these verbs are of foreign origin and are weak verbs. They do not have a **ge-** on their past participles.

e.g. Ich habe das alte Rathaus **fotografiert**.

Sie hat ein großes Essen in einem Restaurant **organisiert**.

D   Separable verbs

Separable verbs form their past participles with the **-ge-** in the middle:

e.g. Sie hat das Fenster auf**ge**macht.

Wir haben im Einkaufszentrum ein**ge**kauft.

I-1   Übung: Bringe das Verb ins Perfekt

Beispiel   Was (machen) gestern?

Was hast du gestern gemacht?

1 Wo (verletzen) du dich?

2 Wie (passieren) der Unfall?

3 Wie bitte? Was (fragen) du mich?

4 Ich (kaufen) eine neue Tasche.

5 Gestern (besuchen) ich Oma.

6 Ich (verlaufen) mich.

7 Ich (rasieren) mich heute noch nicht.

8 (Zumachen) du die Tür?

9 Ich (einkaufen) im Supermarkt.

10 Wann (aufhören) der Sportunterricht?

I-2   Übung: Was hat Klaus gestern gemacht?

Er ist auf Urlaub in Spanien. Hier ist eine Seite aus seinem Tagebuch. Du musst Sätze schreiben! Es gibt ein Beispiel.

SONNTAG, 16. AUGUST

Spaziergang am Fluss	*Ich habe einen Spaziergang am Fluss gemacht.*
Fußball mit Peter	*Ich habe* _____ *ge* _____
fernsehen	*Ich* _____
mit Mutti telefonieren	*Ich* _____
Ausflug nach Barcelona	_____
Brieffreundin besuchen	_____

II　Das Perfekt (2)

A　Strong verbs

The past participles of strong verbs begin with **ge-** and end in **-en**. Many common verbs are strong and irregular, and need to be learned individually.

There are, however, some groups of strong verbs that behave in similar ways and learning them together may help us to remember them, **e.g.**:

Infinitive	Past participle
beginnen (to begin)	begonnen
beschließen (to decide)	beschlossen
Other similar verbs: gewinnen, helfen, nehmen, sprechen, treffen, verlieren, werden	

Infinitive	Past participle
finden (to find)	gefunden
Other similar verbs: singen, trinken	

B　Irregular verbs

These verbs are different from strong verbs in that their past participles end in **-t**.

e.g. infinitive	past participle
bringen (to bring)	gebracht
haben (to have)	gehabt

All the strong and irregular verbs you will need for GCSE are listed in the verb table at the back of the book.

II-1　Übung:　Setz die Verben ins Perfekt!

Beispiel　Er ___ den Film __ (sehen).
Er hat den Film gesehen.

a　Sie __ Julia __. (einladen)
b　Wir __ den Zug __. (nehmen)
c　Ihr __ den Direktor __. (treffen)
d　Ich __ dieses Buch __. (lesen)
e　Er __ eine Flasche Wein __. (trinken)
f　Sie __ ihre Eltern __. (anrufen)
g　Du __ einen Freund __. (mitbringen)
h　Er __ die Karte vor dem Kino __. (verlieren)

7　Schreib was!　Ergänze Brigittes Postkarte

gestern
der Schweiz
machen
spazieren gegangen
Rad fahren
Sonne
Jugendherberge
herrlich

Viele Grüße aus _____. Ich bin _____ mit Susi angekommen. Wir übernachten in einer _____. Wir sind schon _____. Das Wetter ist _____. Man kann in der _____ liegen und nichts _____. Morgen wollen wir _____.
Deine Brigitte

_____
_____
_____

8　Deine eigene Postkarte

Schreib eine Postkarte. Brigittes Postkarte und der Vokabeltipp werden dir helfen.

Spanien	vor zwei Tagen	mit einer Freundin	auf einem Campingplatz
schwimmen gegangen	schön	Sonne　segeln	einen Ausflug machen

Vokabeltipp Postkarten aus dem Urlaub

WIE MAN SICH GRÜßT

Viele	Grüße	aus	Deutschland / Österreich / Frankreich / Spanien / Italien
Beste			der Schweiz
Schöne			dem Schwarzwald / dem Rheinland
			den Alpen
		vom	Bodensee
		von der	Nordseeküste

WO UND WIE LANGE MAN DORT GEWOHNT HAT

Ich habe / wir haben	einen Tag / zwei Tage	in …	verbracht
	eine Woche / zwei Wochen	in der Nähe von …	übernachtet
	einen Monat / zwei Monate		gezeltet
Ich habe / wir haben	in einer Pension	gewohnt
	in einer Jugendherberge	übernachtet
	in einem Wohnwagen	
	in einem Hotel	
	auf einem Campingplatz	

WIE IST / WAR DAS WETTER?

Die Sonne scheint / hat geschienen.

Es regnet / hat geregnet.

Es schneit / hat geschneit.

WAS MAN DORT GEMACHT HAT

Ich habe / wir haben	einen Spaziergang	
	einen Ausflug nach …	
	ein Picknick	gemacht
	eine Rundfahrt	
	nichts	
Ich habe / wir haben	in der Sonne	gelegen
	die Stadt	besichtigt
	die Burg / das Schloss	
	das Museum	
	die Sehenswürdigkeiten	
	viele Burgen / Schlösser	
	Museen	
Ich bin / wir sind	spazieren gegangen	
	Rad gefahren	
	geschwommen	

www. **Das Wetter**

Hier kannst du nachsehen, wie das Wetter ist:
- http://de.weather.yahoo.com
- http://www.wetter?.de
- http://www.wetteronline.de

9 **Hörspiel: Mein Traumurlaub**

Radio Harlekin hat ein Interview mit der Band gemacht. Was ist ihr Traumurlaub? Achte auf die Schlüsselwörter. Fülle dann die Tabelle aus. Bitte nicht ins Buch schreiben!

Wer?	Wo?	Was?
Pia		
Yasemin		
Pommes		

Wo?	Was?
In der Stadt	aktiv sein, lesen, ins Museum gehen
InterRail	viel sehen, Musik hören
Am Meer	sich sonnen, einkaufen

10 **Gruppenarbeit: Wie sagen sie es?**

Hör noch mal die Interviews an. Wie sagen Pia, Yasemin und Pommes ihre Meinung? Sammle die Ausdrücke. Fallen dir selber noch mehr ein?

Fragen	Positive Antworten	Negative Antworten
Was machst du am liebsten …?	… ist das beste für mich	Für mich ist das nichts.

11 **Sag was! Mein Traumurlaub**

Rede mit deinem Partner.
- Was ist dein Traumurlaub? Warum?
- Welchen Urlaub findest du nicht so gut? Warum?

Vokabeltipp **Meine Meinung**

Was gefällt dir am besten / am wenigsten?
Was findest du am besten / am schlechtesten?
Was machst du am liebsten?
Was ist dein Lieblingsurlaub?
Was interessiert dich am meisten / am wenigsten?

☺ *Mir gefällt … am besten.*
Ich finde … am besten.
Ich mache am liebsten …
Mein Lieblingsurlaub ist …
Ich interessiere mich am meisten für …

☹ *Mir gefällt … am wenigsten.*
Ich finde … am schlechtesten.
Mich interessiert … am wenigsten.
Ich interessiere mich am wenigsten für …

Pass auf! **Weil**

Nach ‚weil' kommt das Verb ans Ende!

eg. Ich **schwimme** gern. Ich gehe oft ins Freibad.
Ich gehe oft ins Freibad, weil ich gern schwimme.

12 **Hör zu! Fahren Sie ins schöne Zillertal!**

Hier ist fünfmal Radiowerbung für einen Urlaub. Hilf der Band. Welcher Urlaub passt zu wem?

	... möchte im Urlaub ...	Hier kann man das machen
Matthias	windsurfen, Camping machen	
David	Snowboard fahren, skilaufen	
Pia	sich sonnen, schlafen, lesen	
Pommes	Fussball spielen, tanzen	
Yasemin	einkaufen, Sehenswürdigkeiten sehen	

13 **Hörspiel: Nie wieder!**

Die Bandmitglieder reden über ihre letzten Urlaube. Kreuze in der Tabelle an.

	Pommes	**Matthias**	**Yasemin**	**Tim**
Wo?				
A Paris				
B an der See				
C am Bauernhof	✗			
Mit wem?				
D Eltern	✗			
E der Schule				
F allein				
Wie lange?				
G 3 Tage				
H 1 Woche				
I 2 Wochen				
J 4 Wochen	✗			
Wann?				
K im Februar				
L letztes Jahr				
M vor zwei Jahren		✗		
N im Sommer		✗		

Grammatik

III Das Perfekt (3)

A Verbs that use *sein* to form the perfect

Some verbs form their perfect tense with sein instead of haben.

e.g. gehen – *to go*

ich bin gegangen	I went / have gone
du bist gegangen	you went / have gone
er / sie / es / man ist gegangen	he / she / it / one went / has gone
wir sind gegangen	we went / have gone
ihr seid gegangen	you went / have gone
Sie sind gegangen	you went / have gone
sie sind gegangen	they went / have gone

The verbs that take **sein** in the perfect tense can be of any type – weak, strong, separable, inseparable, or irregular. What they have in common is that they are all *intransitive* verbs (they cannot have a direct object). Nearly all of them also express *motion* from one place to another or a *change of state*.

e.g. Wir **sind** zu Fuß nach Hause **gekommen**. (motion)
Sein Vater **ist** letztes Jahr **gestorben**. (change of state)

Two important verbs which do not fall into these categories also use sein. They are: **sein** (to be) and **bleiben** (to stay):

e.g. Ich **bin** in Urlaub **gewesen**.
Sie **ist** zu Hause **geblieben**.

Here is a list of the most common verbs that use **sein** in the perfect tense. You will find their meanings and their past participles in the back of the book.

abfahren, ankommen, aufstehen, einschlafen, einsteigen, erscheinen, erschrecken, fahren, fallen, fliegen, fliehen, fließen, gefallen, gehen, gelingen, geschehen, gleiten, kommen, kriechen, laufen, passieren, Rad fahren, reisen, reiten, rennen, schwimmen, sein, sinken, springen, steigen, sterben, umziehen, verschwinden, wachsen, wandern, werden

Some verbs have more than one meaning and may use **haben** with one meaning and **sein** with another

e.g. Gestern **bin** ich nach London **gefahren**. (intransitive, motion)
Yesterday I travelled to London.
Mein Vater **hat** mich zur Schule **gefahren**.
(transitive – direct object = mich).
My father drove me to school.

B Reflexive verbs

In German **all** reflexive verbs must use **haben** to form the perfect.

e.g. Ich **habe mich** im Badezimmer **rasiert**.

III-1 Übung: Haben oder sein? Fülle die Lücken aus!

Beispiel   Ich ___ viel zu Fuß gegangen.   *bin*

1 ___ du schon eingeschlafen?
2 ___ du gut geschlafen?
3 Wo ___ du im Urlaub gewesen?
4 ___ du einen Ausflug gemacht?
5 Wir ___ viel gesehen.
6 Wir ___ Rad gefahren und Emma ___ viel gewandert.
7 Die Sonne ___ den ganzen Tag geschienen.
8 Hallo Julia! Du ___ aber groß geworden, mein Kind!
9 Herr und Frau Frankenheim ___ nach Halle umgezogen.
10 Wir ___ sie seit drei Wochen nicht mehr gesehen.

III-2 Übung: Setze die Verben ins Perfekt!

Beispiel   Meine Oma kommt nach Deutschland.
Meine Oma ist nach Deutschland gekommen.

a Sie bleibt bei ihrer Schwester.
b Mein kleiner Neffe wird jetzt groß.
c Die Familie wandert in den Bergen.
d Ich ziehe mich schnell an.
e Wir sind in Spanien.
f Die Schüler langweilen sich in der Deutschstunde.
g Wir fliegen nach Amerika.
h Der Zug fährt um neun Uhr ab.

III-3 Übung: Setze die Postkarte ins Perfekt

Hallo!
*Ich **fahre** nach Wien. Ich **schlafe** in einer Jugendherberge. Ich **treffe** viele nette Leute. Ich **sehe** viele Sehenswürdigkeiten. Ich **esse** jeden Tag Wiener Kuchen! Es **gefällt** mir hier sehr gut, aber ich **beschließe** , nächstes Jahr nach Basel zu fahren. Ich **lese** ein Buch über die Schweiz. Es **ist** sehr interessant. Ein Mädchen aus der Jugendherberge **lädt** mich ein.*
Alles Liebe,
Aishe

14 Hörspiel: Anruf bei der Touristeninformation

Yasemin ruft bei der Touristeninformation in Brüssel an. Welche der folgenden Dinge wird man ihr schicken?

- eine Landkarte von Belgien
- einen Stadtplan von Brüssel
- einen Stadtführer über Brüssel
- Informationen über Sehenswürdigkeiten und Museen
- einen Restaurantführer
- eine Broschüre über Hotels und Herbergen
- einen Prospekt über Campingplätze

15 Lies was! Ein Brief aus Kitzbühl

Lieber Richard,

Entschuldige bitte, dass ich so lange nicht geschrieben habe. Wie geht es dir und deiner Familie?

Im Winter sind wir nach Österreich gefahren. Wir sind mit dem Auto nach Kitzbühl gefahren und haben vierzehn Tage dort verbracht. Es war toll! Wir sind alle Ski gelaufen und einmal sind wir auch Schlittschuh gelaufen.

Wir haben auch einen Ausflug nach Wien gemacht. Dort haben wir eine Stadtrundfahrt gemacht, um die Sehenswürdigkeiten zu sehen. Wir haben das Schloss Schönbrunn besichtigt. Warst du schon einmal in Wien? Wir haben viele Souvenirs gekauft. Das Wetter war schön - kalt, aber sonnig. Das Essen hat mir wirklich geschmeckt und die Ferien haben mir besonders gut gefallen. Dieses Jahr wollen wir unsere Ferien in der Schweiz verbringen, weil man dort sehr gut Ski laufen kann.

Schreib bald wieder!

dein
Thomas

Ergänze die Sätze mit den Wörtern aus der Kiste.

a Thomas ist im __ nach Österreich gefahren.

b Er hat __ Tage dort verbracht.

c Er hat einen __ nach Wien gemacht.

d Er hat eine Stadtrundfahrt gemacht, __ die Sehenswürdigkeiten __ sehen.

e Er hat das __ Schönbrunn besichtigt.

f Er hat viele Souvenirs __ .

g Das Wetter war kalt, __ sonnig.

h Das Essen hat ihm __ .

i Die Ferien haben ihm __ .

j Dieses Jahr will er die Ferien in der Schweiz verbringen, weil man dort Ski __ kann.

> laufen   gekauft   zu   Ausflug
> vierzehn   Urlaub   Schloss   um
> aber   gefallen   geschmeckt

16 Sag was! Schreib was!

Schreib einen Brief an einen Freund / eine Freundin auf Deutsch. Beantworte diese Fragen auf Deutsch:

- Wo hast du letztes Jahr deine Ferien verbracht?
- Mit wem bist du gefahren?
- Wie bist du gefahren?
- Wie war das Wetter?
- Was hast du dort gemacht?
- Wie hat es dir dort gefallen?
- Wo willst du dieses Jahr deine Ferien verbringen?

Sprachtipp

A Adjectival nouns

Adjectival nouns are nouns, but they have endings like adjectives.

e.g. der Deutsch**e** – ein Deutsch**er**   a German man

die Deutsch**e** – eine Deutsch**e**   a German woman

der Verwandt**e** – ein Verwandt**er**   a male relative

die Bekannt**e** – eine Bekannt**e**   a female acquaintance

The endings on the nouns are the same as the adjective endings after **der/die/das** and **ein/eine/ein**.

The pattern is also followed in other cases:

e.g. Ich sehe d**en** Beamt**en** im Büro.   I see the official in the office. (masc. acc.)

Du gibst d**er** Deutsch**en** eine Karte.   You give the German lady a ticket. (fem. dat.)

B Information

Die Information (singular) always means **one piece of information**. If you want to say **several pieces of information** you have to use the plural **Informationen**.

e.g. Können Sie mir Informationen über   Can you give me *some information* on holidays

Urlaub in der Schweiz geben?   in Switzerland?

---

17   **Gruppenarbeit!** ☺☺☺

Diskutiere: Was kann man in der Touristeninformation nicht machen?

Beantworte diese Frage: Kann man in der Touristeninformation

… *ein Fahrrad leihen?*

✔ Ja, das kann man. / Ja, das geht. / Ja, man kann ein Fahrrad leihen.

✗ Nein, das kann man nicht. / Nein, das geht nicht.

? Ich weiß nicht. / Vielleicht. / Ich bin nicht sicher.

---

ein Fahrrad leihen   Eintritt bezahlen   ein Souvenir kaufen   eine Postkarte abschicken

eine Broschüre finden   eine Wanderkarte kaufen   eine Unterkunft buchen

die Abfahrtszeiten für einen Ausflug finden   eine Stadtrundfahrt machen   einen Prospekt bekommen

ein Brötchen essen   ein Museum besichtigen   ein Boot mieten   die Landschaft ansehen

einen Festivalkalender finden   Briefmarken kaufen

---

www.

Urlaub

Hier sind Internet-Adressen, die dir Informationen über Urlaubsziele geben.

- www.tournet.de – allgemeine Informationen
- www.interrail.net – Infos und Tipps für Interrailer
- www.berlin.de/home/TouristCenter/ – Infos über Berlin
- www.holidaynet.ch – Infos über Zermatt und Skiurlaube in der Schweiz

18   Lies was! Ein Brief

An das Verkehrsamt   Cardiff, den 10. Dezember
Königstraße 4
D-55129 Mainz
Deutschland

Sehr geehrte Damen und Herren!

Ich habe vor, im August mit meiner Familie
nach Mainz zu fahren, und ich möchte Sie um
Auskunft bitten.
Wir möchten fünfzehn Tage in der Gegend
verbringen. Könnten Sie uns ein preiswertes
Hotel in der Stadtmitte empfehlen?
Könnten Sie mir auch folgende Informationen
zuschicken:
- eine Liste von den Museen
- einen Stadtplan
Ich bedanke mich im voraus für Ihre
Bemühungen.

Mit freundlichem Gruß

Jennifer Jones

19   Schreib was! Ein Brief

Schreib einen Brief an das Berliner Verkehrsamt und bitten Sie um einige Informationen.

- You want to go to Berlin in October.
- You need a list of hotels and excursions.
- You want to know if there is anything to do if it rains.

20   Hörspiel: Kommt nach Salzburg!

Matthias' Mutter lebt auf einem Bauernhof in Salzburg.
Sie lädt die Band ein. Beantworte die Fragen auf Deutsch.

Beispiel   Wo ist Salzburg?   *In Österreich.*

1   Was kostet die Unterkunft auf dem Bauernhof?
2   Was für Feste und Festivals gibt es?
   (Nenne mindestens zwei.)
3   Was für Ausflüge kann man machen?
   (Nenne mindestens zwei.)
4   Was ist noch gut in Österreich?

21   Hör noch mal zu! Was ist richtig?

Manchmal ist mehr als eine Lösung richtig.

Beispiel   **1** *c*

1	Wann ist das Weinfest?	**a)** Im Juni **b)** im Juli **c)** im August.
2	Auf der Kirmes kann man	**a)** tanzen **b)** einkaufen **c)** Musik hören.
3	Auf den Mozartfestspielen gibt es	**a)** Rockmusik **b)** klassische Musik **c)** moderne Musik.
4	Das Open-Air Festival ist in	**a)** Kufstein **b)** Wien **c)** Italien.
5	Ausflüge gibt es am	**a)** Montag **b)** Dienstag **c)** Mittwoch **d)** Donnerstag.
		e) Freitag **f)** Samstag.
6	Die Ausflüge kosten ungefähr	**a)** 5 Euro **b)** 10 Euro **c)** 20 Euro **d)** 50 Euro.

Einheit B   Unterkunft gesucht

Lernziele

In dieser Einheit wirst du

● *lesen und **hören**, wie Leute sich über Urlaubsunterkünfte informieren und Unterkunft buchen*

● *über Urlaubsunterkünfte **schreiben** und **sprechen** und Hotels und Ähnliches buchen.*

1   **Hörspiel: Unterkunft gesucht**

Die Band will zusammen nach Dresden fahren. Pommes ruft bei der Touristeninformation an. Welche Aussagen gehören zu welcher Unterkunft?

Beispiel   **1** *b*

1 der Campingplatz   **a** kostet nur 17 Euro pro Nacht

2 die Pension   **b** ist am billigsten.

3 die Jugendherberge   **c** kostet 60 bis 80 Euro

4 die Übernachtung mit Frühstück   **d** kostet zwischen 40 und 60 Euro

5 das billige Hotel   **e** kostet zirka 40 Euro pro Person

2   **Hörspiel: Ein Zimmer für sechs, bitte**

Pommes ruft bei der Jugendherberge an. Kreuze an, welche Zimmer Pommes braucht und wie lange er in der Jugendherberge bleiben will.

Zimmer	♂	♂
⌐⌐		
⌐⌐⌐⌐		
⌐⌐⌐⌐⌐⌐		
Dauer des Aufenthalts		

Vokabeltipp   **Unterkunft buchen**

Ich möchte	*einen Wohnwagen / einen Zeltplatz /*	*vom ... bis zum ...*	*reservieren*
Wir möchten	*einen Wohnwagenplatz*		
Wir haben	*ein Zelt / zwei Zelte / ein Auto / ein Fahrrad / ein Motorrad*		
Ich möchte	*ein Einzelzimmer / ein Doppelzimmer /*	*mit* *Dusche*	*reservieren*
Wir möchten	*Vollpension / Halbpension*	*Bad*	
		Balkon	
Wir sind zwei Personen / Erwachsene			
Wir haben	*ein Kind / zwei Kinder / keine Kinder*		
Gibt es in der Nähe	*ein Restaurant? / Duschen? / ein Schwimmbad? / ein Hallenbad? /*		
	einen Tennisplatz? / eine Diskothek?		
Könnten Sie mir	*die Reservierung bestätigen? / eine Preisliste schicken? / eine Bestätigung schicken?*		

3 **Lies was! Ferien in Österreich**

den 6. Januar

Campingplatz Biedermeyer
Königstraße 23
A – 6352 Ellmau
Österreich

Sehr geehrte Damen und Herren,

Wir sind eine Gruppe von sechs Jugendlichen und haben die Absicht, unsere Ferien in Österreich zu verbringen. Wir möchten vom 1. August bis zum 29. August einen Platz für ein Zelt auf Ihrem Campingplatz reservieren.

Wir sind sechs Personen im Alter von 16 Jahren und möchten wissen, was es kosten wird.

Bitte teilen Sie mir auch mit, ob ein Schwimmbad in der Nähe liegt.

Mit freundlichem Gruß

Heinz Schuh

4 **Schreib was!**

Schreib einen Brief an:

Herrn Keller
Ferienheim Leistkamm
Jurastr. 20
4600 Olten
Schweiz

Du kannst folgende Informationen und den Vokabeltipp benutzen:

- Ihr seid zu viert.
- Ihr seid zwei Erwachsene und zwei Kinder.
- Die Kinder tanzen gern und die Erwachsenen essen gern.
- Ihr kommt am 2. August an. Ihr bleibt bis zum 9. August.

5 **Hör zu! Jugendherberge Paradiso**

An der Rezeption der Jugendherberge Paradiso wollen sich einige Gäste beschweren. Richtig oder falsch?

Beispiel Es gibt kein Frühstück mehr. *Richtig*

1 Der erste Junge ist hungrig.
2 Der Junge ist zu früh.
3 Das erste Mädchen möchte heiß duschen.
4 Um acht Uhr muss man schlafen.
5 Der zweite Junge möchte einen warmen Schlafsack.
6 Der dritte Junge möchte ein Buch.
7 Die Frau ist von der Touristeninformation.
8 Die Frau findet die Jugendherberge schön.

Erste Hilfe

Es ist alle.
Der Nächste, bitte.
Verschwinde!
einen Bericht über etwas schreiben
die Bruchbude
Das ist ja das Allerletzte!

It's all gone.
Next, please.
Go away!
to write an article / report on something
hovel, dump
This is the pits!

Grammatik

IV　Das Präteritum

The simple past (also called the imperfect tense) consists of only one word. It is not used as much in spoken German as its English equivalent, but it does correspond to a number of English past tenses:

e.g.　ich wohnte can mean: I lived / I was living / I used to live / I did live

A　Weak verbs

Most German verbs are weak and follow the pattern of **wohnen** (to live):

ich	wohn**te**	wir	wohn**ten**
du	wohn**test**	ihr	wohn**tet**
er / sie / es / man	wohn**te**	Sie / sie	wohn**ten**

The weak verb endings highlighted are added to the stem. Just take the -n or -en off the infinitive of the verb and add the appropriate ending. Here are some more examples:

Ich spiel**te** im Park Fußball.　　*I played football in the park.*
Er glaub**te** ihm nicht.　　*He didn't believe him.*

Verbs ending in **-ten**, **-den** and **-nen** have to add an extra **e** before the ending to make pronunciation easier:

ich arbeit**e**te　　*I worked*
wir red**e**ten　　*we were talking*
sie zeichn**e**te　　*she was drawing*

B　Strong verbs

Strong verbs do not take their stems from the infinitive – they have irregular stems and so we have to learn them individually. You will find the stems listed in the verb tables at the back of the book. They also use a different set of endings, **e.g. trinken** (to drink):

ich	trank	(no ending)
du	trank**st**	
er / sie / es / man	trank	(no ending)
wir	trank**en**	
ihr	trank**t**	
Sie / sie	trank**en**	

C　Modal verbs

In the simple past tense, modal verbs use the weak verb endings, but some do make minor changes to their stem too.

dürfen (to be allowed to)	ich **durfte**
können (to be able to)	ich **konnte**
mögen (to like)	ich **mochte**
müssen (to have to)	ich **musste**
sollen (to be supposed to)	ich **sollte**
wollen (to want to)	ich **wollte**

e.g.　Wir **mussten** unsere Hausaufgaben machen.
　　　Du **solltest** früh ins Bett gehen.
　　　Ich **mochte** als Kind keinen Senf.

D　Irregular or 'mixed' verbs

These verbs are called 'mixed' because they have an irregular stem and use the endings for the weak verbs, **e.g.**:

infinitive	simple past tense
brennen (to burn)	ich **brannte**
bringen (to bring)	ich **brachte**

Other similar verbs are: denken, haben, kennen, nennen, rennen, wissen, verbringen

E　werden, haben, sein

Werden (to become), **haben** (to have) and **sein** (to be) are very important verbs in German and also irregular:

	werden	haben	sein
ich	wurde	hatte	war

IV-1　Übung: Schreib die Sätze im Präteritum!

Beispiel　　Ich (haben) keine Zeit.　*Ich hatte keine Zeit.*

a　Mein Freund Hans (sein) nicht zu Hause.
b　Ich (wollen) zur Party gehen.
c　Wir (wissen) nicht, was wir machen (sollen)
d　Uschi (fahren) letzte Woche nach Frankreich.
e　Er (anrufen) seine Mutter.
f　Peter und Katrin (fernsehen) im Wohnzimmer.
g　Der Lehrer (geben) ihm eine schlechte Note.
h　Du (gehen) mit deiner Freundin ins Kino.

Einheit C   Hunger!

Lernziele

In dieser Einheit wirst du
- **lesen** und **hören**, was Leute über Essen und Restaurants denken und was sie im Restaurant machen
- über Essen und Restaurants **schreiben** und **sprechen**.

Vokabeltipp   **Hast du Hunger? Hast du Durst?**

SPEISEN

A	der Apfel	
B	die Bockwurst	
C	die Bratwurst	
D	das Brot	
E	das Brötchen	
F	das Ei	
G	das Eis	
H	die Erdbeere	
I	das Hähnchen	
J	der / das Joghurt	
K	der Käse	
L	der Ketchup	

M	die Kirsche	
N	der Kuchen	
O	die Pommes	
P	der Pfeffer	
Q	das Salz	
R	der Schinken	
S	die Schokolade	
T	der Senf	
U	die Suppe	
V	die Torte	
W	die Wurst	
X	das Würstchen	
Y	der Zucker	

GETRÄNKE

A	der Apfelsaft	
B	das Bier	
C	der Kaffee	
D	die Limonade	
E	die Milch	
F	das Mineralwasser	
G	der Orangensaft	
H	der Tee	

1   Hörspiel: Frühstück

Die Band hat im Jugendhotel übernachtet. Sie treffen sich am nächsten Morgen. Schreib die richtige Zahl auf. Es gibt ein Beispiel.

Wie viele …

… wollen Frühstück essen?   *6*

… trinken Kaffee?

… trinken Tee?

… brauchen einen Teller?

… brauchen ein Messer?

… möchten noch einen Tee?

2   Hörspiel: Wie war das Essen?

Matthias, Tim und Dave unterhalten sich über das Frühstück im Hotel. Wer mag was? Wer mag was nicht?

Matthias

Tim

David

3   Schreib was! Bilde Sätze. Wer mag was (nicht)?

Matthias **mag** Brötchen (**gern**).

Matthias **schmecken** Brötchen (**gut**).

Matthias **isst** gerne **Brötchen**.

Matthias **Lieblingsessen sind** Brötchen.

Matthias **mag** Tee **nicht**.

Matthias **schmeckt** Tee **nicht**.

Matthias **trinkt nicht gerne** Tee.

4   Sag was! Essen und trinken

A   Was magst du? Was magst du nicht?

Mache eine Liste und vergleiche mit deinem Partner.

Ich mag … (nicht)

Ich esse (nicht) gern …

Mein Lieblingsessen ist / sind …

Ich trinke (nicht) gern …

B   Fragebogen

Stelle deinem Partner diese Fragen. Tausche dann die Rollen.

Wo warst du in den Ferien?

Was hast du in … gegessen?

Was hast du dort getrunken?

Wie hast du das Essen dort gefunden?

5   Hörspiel: Einen Tisch für zwei, bitte

David findet Pia nett. Er bestellt einen Tisch in einem romantischen Restaurant. Fülle das Buchungsformular aus.

Tischreservierung:

Tag:

Uhrzeit:

Anzahl der Personen:

Sonderwünsche:

6 **Gruppenarbeit: Was passt zusammen?** ☺☺☺

Es gibt mehrere Möglichkeiten.

ein Kilo
ein Paar
ein Stück
einen Teller
eine Tasse
ein Glas
eine Flasche
einen Liter
eine Tafel
eine Packung
einen Becher
eine Tüte
eine Dose
eine Scheibe

Äpfel
Würstchen   Brot
Suppe
Kaugummi   Kaffee
Mineralwasser   Orangensaft
Schokolade   Milch   Ketchup
Zucker   Joghurt
Pommes
Schinken   Kuchen   Pralinen
Chips

7 **Hör zu! Gasthaus zum falschen Fünfziger** 👂 ✏️ 🚫✏️

Ein Gast hat gegessen und nun kommt die Rechnung. Finde das Ende der Sätze.

1	Der Gast	**a**	war kalt
2	Die Limonade	**b**	ist krank
3	Der Kühlschrank	**c**	ist zu scharf
4	Das Essen	**d**	ist in Ordnung
5	Der Herd	**e**	schmeckt nicht
6	Die Soße	**f**	ist kaputt
7	Das Fleisch	**g**	ist kaputt
8	Der Koch	**h**	bittet um die Rechnung
9	Der Taschenrechner	**i**	war warm

8 **Zeitungsbericht** ✏️

Sieh diese Notizen an und schreib einen Zeitungsbericht im Präteritum.

- ich – gestern im Restaurant ‚Renaissance'
- essen – Vorspeise – Salat mit Hühnchen und Obst – sehr lecker
- Hauptgericht – Rindersteak in Pfeffersauce – zu scharf
- Nachtisch – Schokoladenkuchen mit Vanilleeis – zu süß
- trinken – Weißwein – schlecht!
- teuer!!!
- viele Leute rauchen
- Bedienung – langsam und unfreundlich
- Meine Meinung: schlechtes Restaurant!

9   **Lies was!   Ali's Schnell-Restaurant**

ALIs
Schnell-Restaurant

JETZT NEU

Salate   Nudeln

Pizza & Dönner

Unsere Bonus-Aktion:
Nach dem Kauf von drei großen Pizzen
erhalten Sie eine kleine Pizza gratis!

Lieferungen ab 20,-DM (im Umkreis von 5 km)
nach Hause oder zu Ihrem Arbeitsplatz!
Geben Sie bitte die jeweilige Speisenummer an!

Tel. 0201 / 67 74 66

WIR FREUEN UNS AUF IHREN BESUCH!

Beantworte diese Fragen auf Deutsch.

1   Was für ein Restaurant ist es?
2   Was kann man hier essen?
3   Was bekommt man wenn man drei großen Pizzen kauft?
4   Was muss im Umkreis von 5 km sein?
5   Was muss man angeben?

www·

Essen und trinken

Brot auf dem Internet:
● www.rudertinger-bauernbrot.de
Wurst auf dem Internet:
● www.henkelmann.de
● www.mago-wurst.de
Süßes und deutsche Spezialitäten:
● www.lebkuchen-schmidt.de (Lebkuchen)
● www.bahlsen.de (Kekse und Süßwaren)
● www.Schoeller.de (Eis)
● www.muellermilch.de (Joghurts und Desserts aus Milch)

Wiederholung

It is important that you find out exactly what you have to do in the exam as soon as possible. The day before the actual exam is too late!

In this chapter the writers of *Anstoß* have given Pommes and his friends some time off while we try to help you to prepare for your examinations. We hope that you will find the chapter useful to look over before you face your mock or final examinations.

This chapter is divided into five parts, which cover the skills of: Listening, Reading, Writing, Speaking and Coursework. Each part gives:

- helpful 'examination technique' (advice on how to improve that skill)
- sample Foundation Level material from the topics covered in Chapters 1–4.

In addition, the Writing, Speaking and Coursework units also give you some useful expressions.

1 Listening

The Examination Boards want candidates to be able to:

- identify and extract key points from what they hear
- summarise and report the main points in spoken material
- recognise attitudes, opinions and emotions and draw conclusions.

You may be asked to:

Fill in a blank form following instructions; mark the place described on a plan; note down a telephone / bus / platform number or a time; write down a message intended for someone else; choose, from a number of possibilities, the person, place, object or activity described; listen to a weather forecast and answer questions to show understanding of the sort of weather expected; identify the place you are told to go to; note down / identify prices that you hear; identify locations, amenities, regulations, make a choice or decision based on alternatives offered.

Points to remember

1. Listen to as much German as possible before the examination.

2. Read through all the questions on each item before listening to the item. The questions may give you clues to the answers. And you will not need to know every word!

3. Use clues to help you understand the questions and the Listening items, e.g. words that remind you of English ones, like **Wasser**.

4. The first time you hear the item listen out for the main points. Look at the questions again and see what you cannot answer. Listen especially for those answers the next time you hear the item.

5. Remember the answers usually come in the recording in the same order as the questions.

6. When you have answered, check quickly back to see if you have answered all the questions on each item. You should include all the relevant points asked for.

7. Listen carefully to the verbs, the tenses and the endings, so that you know who is speaking or being talked about.

8. Listen especially carefully to numbers, dates, prices, times. Watch out for half past the hour. Remember **halb drei** is half past two, *not* half past three.

9. Remember German words are often a combination of two or more words. You may not know the whole word, but you may know part of it (e.g. you may not know **Tannenbaum**, but you may know **Baum** – so you know **Tannenbaum** is some sort of tree).

10 Watch out for 'false friends', e.g. you do not buy petrol in a **Garage**. Here are some other common false friends:

Gymnasium	grammar school
Also	so
Dose	tin
Menü	set meal
Rock	skirt

11 Watch out also for words that may have several meanings.

12 Finally, don't worry if you don't understand every word, make a *sensible* guess at anything you do not understand.

Sample Foundation material:

At Foundation Level a limited number of questions will be in English, but the majority will be in German. Listen to the tape and look at the following examples:

Questions and answers in English

You are in Germany with an English friend. Explain the conversation to your English friend.

1 A passer-by asks your friend a question.
  i What building is near the bus stop?
  ii Where does the man want to go?
  iii Which bus will take him there?

2 Your German friend tells you about the sleeping arrangements.
  i Where exactly will you sleep?
  ii What else do you need?

3 Your friend's mother asks you about meals.
  i At what time will the family eat their evening meal?
  ii What are you having for dinner tonight?

Fragen und Antworten auf Deutsch

4 Am Telefon: Birgit beschreibt Markus ihre Stadt.

Was gibt es in Unterbergen? Schreib die richtigen Buchstaben ins Kästchen.

Beispiel   `C`   ☐   ☐

5 Die Lehrerin spricht mit der Klasse. Schreib die richtige Nummer ins Kästchen.

a Herr Karstens
  A ist nach Hause gegangen
  B unterrichtet jetzt Mathematik
  C ist intelligent
  D ist krank   ☐

b Peter will
  A zu Hause bleiben
  B Mathematik studieren
  C nach Hause gehen
  D Hausaufgaben machen   ☐

c Peter soll
  A nach Hause gehen
  B Mathematik studieren
  C Hausaufgaben machen
  D mehr studieren   ☐

6 Petra beschreibt ihr Zimmer.

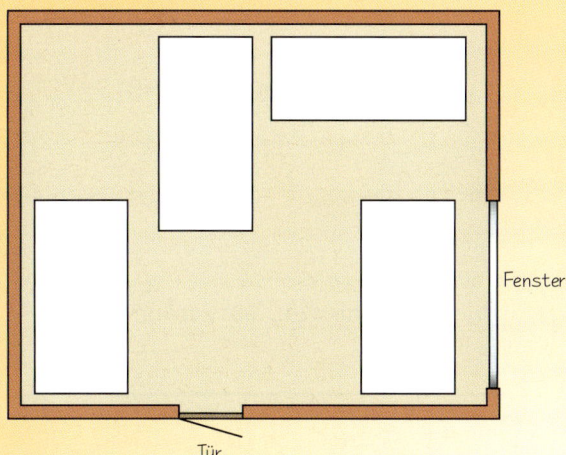

Fenster

Tür

Wo sind die Möbel? Schreib die Buchstaben in den Plan.

a   **b**   **c**

d   **e**   **f**

7 Martin und Bettina reden über ihre Hobbies.
Fülle die Tabelle aus. Martin oder Bettina?

	positiv	negativ
Fußball		
fotografieren		

8 Herr Schuster ist in der Touristeninformation.
Beantworte die Fragen.

Beispiel Was genau sucht Herr Schuster?
Ein Einzelzimmer für eine Nacht.

i Was für ein Problem gibt es?

ii Warum gibt es das Problem?

iii Was gibt es in Bad Rappenau?

iv Wo ist Bad Rappenau?

2 Reading

The Examination Boards want candidates to be able to:

- understand specific details of written material
- understand, identify and extract specific key points from written material
- summarise and report the main points in written material
- recognise attitudes, opinions and emotions and draw conclusions
- be able to answer in German and, where appropriate, in English.

Reading material may include excerpts from: public notices and signs; TV / radio guides; small ads; price lists; menus; information leaflets; brochures / guide books; posters and adverts; cartoons, maps, plans and programmes; tickets; timetables, labels ; text messages on mobiles; messages; instructions; a penfriend's letter; imaginative writing; emails; magazine / newspaper articles.

Points to remember

1 Read as much German as possible before the examination.

2 Use clues to help you e.g. words that remind you of English ones, e.g. **Konzert**.

3 With the longer items, read through the passage and then all the questions before beginning to answer them. The questions may give you clues to the answers. And you may not even need to know that 'difficult' word to get full marks!

4 When you have answered, check back quickly to see if you have answered the whole question. You should include all the relevant points asked for.

5 Look carefully at the verbs, the tenses and the endings, so that you know who is speaking or being talked about.

6 Remember German words are often a combination of two or more words. If you think you do not know the whole word, see if you can identify one of the words. It may be a word you know very well.

7 Watch out for 'false friends' (see the Listening tests on page 100).

8 Watch out for words that may have several meanings.

9 Don't worry if you don't understand every word, make a *sensible* guess at anything you do not understand.

Sample Foundation material

At Foundation Level a limited number of questions will be in English. Here are some examples:

Questions and answers in English

1 You are in Germany with an English friend. Explain this birth announcement in the newspaper to your English friend.

Am 29. Februar 2000
um 1.33 Uhr kam unser Sohn
Lucas Miguel
zur Welt.

Die glücklichen Eltern
Sabine Welslau u. Jürgen Bias
sowie die Großeltern
Ingrid u. Werner Welslau
Edeltraud u. Hansi Bias

Ein herzliches Dankeschön an das Geburtshilfeteam
und alle Schwestern der Station 2 des Marienhospitals.

a On what date was Lucas Miguel born?

b What is his mother's name?

c How many grandparents has he got?

d Who do the parents and grandparents want to thank?

2 Explain this advertisement to your friend.

**Reiten nonstop
Von sieben bis sieben**

What can you do from 7 till 7?

3 Explain to your English friend how you get to the shopping centre.

EINGANG UM DIE ECKE

Where is the entrance?

4 Your friend sees this sign. You explain.

Kein Zutritt für Hunde

What may not enter?

Fragen und Antworten auf Deutsch

5 Lies diesen Brief von Justus.

Unsere Schule besteht aus zwei Gebäuden, dem Neu- und Altbau. Im Altbau befinden sich die Biologie-, Chemie- und Physikräume und ein Kiosk, der bei Lehrern und Schülern beliebt ist. In der Schulaula, die sich ebenfalls im Altbau befindet, finden häufig Musik- und Theaterveranstaltungen statt.

Beantworte die Fragen auf Deutsch.

a Ist Justus' Schule alt oder neu?

b Was ist besonders bei Schülern beliebt?

c Wo kann man oft Konzerte hören?

6 Was glauben Björn, Anja, Stefan und Eva – wie wichtig sind gute Noten?

> **Björn:** *Mir sind gute Noten total wichtig, auch wenn ich später nicht studieren, sondern eine Ausbildung im Hotelfach machen will. Mit einem guten Zeugnis kommt man einfach besser an!*

> **Anja:** Ich möchte die Schule wechseln. Ich bin vielleicht die beste Schlägerin der Klasse – aber das nutzt mir später im Berufsleben gar nichts!

> **Stefan:** Ich kenne Arbeitgeber, die nehmen keine Abiturienten, weil die zu wenig Praxiserfahrung haben. Mir ist der Berufsschulabschluss egal. Meine Arbeitstelle im Einzelhandel ist mir sicher.

> **Eva:** Mir bedeuten gute Noten sehr viel. Ich will später auf der Uni studieren und danach Karriere machen.

Schreib den richtigen Namen.

Beispiel Wer will eine Ausbildung im Hotelfach machen? *Björn*

a Wer will die Schule verlassen?

b Wer hat schon eine Stelle?

c Wer will weiter studieren?

d Wer will ein gutes Abschlusszeugnis bekommen?

e Wer glaubt, dass Praxiserfahrung sehr wichtig ist?

7 Du liest diesen Artikel in einer Zeitschrift.

> VEREINIGTE BÜHNEN WIEN
>
> Vor mehr als zwanzig Jahren, am 16. August 1977, starb Elvis Presley. Die Legende Elvis aber lebt.
>
> Auf der Seebühne von Zell am See werden in diesem Sommer Stationen seines Lebens, seine Persönlichkeit und seine Karriere durch seine unvergänglichen Hits in einer musikalischen Performance lebendig.
>
> Weder ein Musical über den Star, noch eine Nacherzählung seine Biographie, sondern die Highlights des ‚King of Rock'n' Roll‘. Das Phänomen Elvis beherrscht die Bühne, ohne dass ein Darsteller seine Rolle übernimmt.
>
> Musikalisch wird diese Vorstellung getragen von dem österreichischen ‚Botschafter des Rock'n' Roll‘, Andy Lee Lang.
>
> Die Bühnengestaltung und die hoch-professionelle Betreuung von Licht und Ton übernehmen die VEREINIGTEN BÜHNEN WIEN.

Beantworte die Fragen. Schreib den richtigen Buchstaben ins Kästchen.

1 Elvis Presley

  a wurde am 16. August 1977 geboren.

  b ist am 8. Januar gestorben.

  c wohnt in Wien.

  d ist tot.

2 Es gibt eine Bühne

  a auf der See.

  b auf dem See.

  c auf dem Meer.

  d auf dem Fluss.

3 Der österreichische Botschafter des Rock'n' Roll, Andy Lee Lang, präsentiert

  a ein Musical über Elvis.

  b eine Nacherzählung seiner Biographie.

  c die Highlights des ‚King of Rock'n' Roll‘.

  d eine Nacherzählung der Biographie von Elvis.

8 Ein Brief an Hotels.

> Sehr geehrte Damen und Herren,
>
> Wir suchen zwei Doppelzimmer mit Dusche. Wir wollen vom 1. September bis zum 29. September bleiben ...

> ― HOTEL BASEL ―
>
> Leider ist unser Hotel zu dieser Zeit voll ausgebucht.

> ✳ Hotel Waldhaus
>
> Wir haben zu dieser Zeit nur Einzelzimmer frei.

> HOTEL
> ## Victoria
>
> Im Oktober haben wir Zimmer frei, wenn das Sie interessiert.

> Hotel Hochfilzer
>
> Wir haben für Sie zwei Doppelzimmer reserviert.

> HOTEL DREI KÖNIGE
>
> Wir freuen uns darauf, Sie als Gast in unserem Hotel zu empfangen.

> ● Hotel Merian
>
> Wir können aber ein gutes Hotel im Stadtzentrum empfehlen.

Welche Hotels haben Zimmer für diese Familie?

Schreib **zwei** Hotelnamen.

1 _____

2 _____

3 Writing

Examiners want candidates to produce a variety of types of writing; provide and ask for information; express ideas, attitudes, personal feelings and opinions and to give reasons where appropriate; and show evidence of being able to write in the present, past, and future tenses.

At Foundation Level you will be required to write:

1 a short list or complete a form
2 a message / postcard / text for a poster which shows your ability to write in short sentences
3 a letter (formal or informal), which shows that you can write in the past, present and future tenses and express opinions.

Points to remember

A **Informal letters**

1 Set out the letter correctly.

2 In informal letters you should use **du** and the related pronouns: **dich**, **dir**, **dein**.

3 Note down relevant vocabulary / useful expressions you want to include before you start.

4 Keep to the point. If you have to answer a set of questions, make sure you answer all of them and give all the information required.

5 Check what you have written and make sure it reads well.

6 If you are aiming for a Grade C, you will need to prove that you can use the different tenses: present, past and future. Make sure you have included at least one of each tense.

Nützliche Redewendungen
Formelle Briefe

Sehr geehrter Herr X,
Sehr geehrte Frau X,
Sehr geehrte Damen und Herren,

Ich habe Ihren Brief dankend erhalten.
Besten Dank für Ihr Schreiben vom …

Ich wäre Ihnen sehr dankbar, wenn Sie …
Wäre es bitte möglich …
Ich möchte gern wissen, ob …
Ich möchte Sie darauf aufmerksam machen, dass …

Anbei finden Sie …
Ich füge … bei.

Könnten Sir mir bitte einige Broschüren schicken?

Ich danke Ihnen im Voraus.
Ich bedanke mich im Voraus bei Ihnen.

Mit freundlichem Gruß,

Nützliche Redewendungen
Private Briefe

Lieber Heinz,
Liebe Klara,

Herzlichen Dank für deinen Brief.
Ich danke dir sehr für …
Es tut mir Leid,
… dass ich so lange nicht geschrieben habe …
… dass ich deinen Brief nicht früher beantwortet habe.
Wie geht's dir?
Hoffentlich geht es dir besser.

Ich schicke dir …
Ich lege dir ein Foto bei.

Schreib bald! / Schreib bald wieder!
Lass bald von dir hören!
Ich muss jetzt Schluss machen.
Bis zum nächsten Mal! / Bis bald.

Mit besten Grüßen, / Herzliche Grüße /
Alles Gute!
Viele Grüße! / Viele liebe Grüße!
Grüße und Küsse!
Tschüs! / Tschüss!
Meine Eltern lassen dich grüssen.
Grüße bitte deine Eltern von mir!

B **Formal letters**

1 Set out the letter correctly.

2 In formal letters you should use **Sie** and the related pronouns: **Sie**, **Ihnen** and **Ihr**.

3 Note down relevant vocabulary / useful expressions you want to include before you start.

4 Keep to the point. If you have to answer a set of questions, make sure you answer all of them and give all the information required.

5 Check what you have written and make sure it reads like a real letter.

6 If you are aiming for a Grade C, you will need to prove that you can use the different tenses: present, past and future. Make sure you have included at least one of each tense.

Sample Foundation material

☞ **Kapitel 3A – Topic: Home and local environment**

1 You want to tell your penfriend what there is in your town.

Add *four* more places in *German* to this list:

> *Dom*
>
> *Einkaufszentrum*
>
> _____
>
> _____
>
> _____

☞ **Kapitel 3C – Topic: School**

2 Your German friend is staying with you and wants to know about your school.

Du musst folgende Informationen auf **Deutsch** geben:

Wann du zur Schule musst

Wie viele Stunden du jeden Tag hast

Was für Lieblingsfächer du hast

Welche Fächer du nicht gern hast

Was du zu Mittag isst

Wann du zurückkommst

Beispiel   *Ich muss um Viertel nach acht zur Schule.*

☞ **Kapitel 1 / 2 / 3 – Topic: Self, family and friends; home; interests and hobbies**

3 Du bekommst einen Brief von einem deutschem Freund.

> München, den 5. Mai
>
> Hallo!
>
> Mein Name ist Justus. Ich habe drei Geschwister - zwei Brüder und eine Schwester. Meine Mutter ist Hausfrau und mein Vater arbeitet in der Industrie. Bei uns im Haus wohnt meine Oma, die inzwischen 90 Jahre alt ist.

Schreib eine Antwort auf den Brief. Du musst folgende Informationen auf **Deutsch** geben:

Hast du Geschwister? (Namen / Wie alt...?)

Beschreib deine Geschwister (wenn du keine hast, beschreib einen Freund / eine Freundin).

Wie viele Personen wohnen in deinem Haus?

Wer sind sie?

Wo arbeitet deine Mutter? / dein Vater?

Beschreib dein Haus.

Beschreib dein Traumhaus.

Was hast du gestern Abend zu Hause gemacht?

Was wirst du heute Abend machen?

4 Speaking

The Examination Boards want candidates to be able to:

- seek and provide information and clarification
- initiate, sustain and develop conversations, which may include unpredictable elements
- discuss past, present and future events
- express ideas, opinions and points of view, giving reasons where appropriate.

Points to remember

1 Always listen carefully to the teacher's questions.

2 Be prepared! You will be able to prepare the presentation beforehand and your teacher will give you role-plays to practise. You can also prepare your own answers to possible questions your teacher may ask you on the topics in the examination specifications.

3 Always try to expand your answers. The simple question **Hast du Geschwister?** can be answered by **Ja** or **Nein**. Try to give more details: **Ich habe einen Bruder. Er heißt Thomas und ist achtzehn Jahre alt …** Keep on going for as long as you can!

4 Remember you do not have to tell the truth. If you cannot remember the German word for your brother's age or your sister's job, make up something else which you do know the German for.

5 Try to use different tenses. Expect to be asked questions in the present, past and future tenses.

6 Try to introduce a few opinions, e.g. **Meiner Meinung nach …** and try to include adjectives wherever possible.

7 Remember it is usually your own teacher who conducts the test and he / she wants you to show what you know, not what you do not know!

At Foundation Level you will have to carry out three tasks:

Role-playing; presentation and discussion; and general conversation

A Role-playing

You will have 10 minutes to prepare what you are going to say prior to going into the examination room, so use the time well, read the instructions carefully and try to put yourself into the role you are playing, ensuring that you use the correct form of address (**du** or **Sie**). You will be able to write a few notes to help you when you actually do the role-play with your teacher.

Below are a few examples of what role-plays will look like in the examination. Practise with a partner, taking turns to play the teacher's role, which is given here in German. Your teacher will be able to give you other role-plays to use as examination practice.

☞ **Kapitel 1 – Topic: Self, family and friends**

1A (Student's role)

A group of German schoolchildren visit your German lesson. You want to ask Thomas about himself. Your teacher will play the part of Thomas and will speak first.

- Say 'Hello, how are you?'
- Say where you come from.
- Ask Thomas when his birthday is.
- Ask him what he thinks of your school.

1B (Teacher's role)

- Grüß dich! Ich heiße Thomas.
- Es geht mir sehr gut, danke.
- Aus Hannover.
- Ich habe am zwanzigsten Juni Geburtstag.
- Ich finde sie sehr interessant.

☞ **Kapitel 3A – Topic: Home and local environment**

2A (Student's role)

Your German friend's brother / sister is talking to you about the area of the UK in which you live. Your teacher will play the role and will speak first.

- Say where you live.
- Tell him / her that you normally go swimming.
- Say there's a museum in the town.
- Say you think it's boring.

2B (Teacher's role)

- Wo liegt eigentlich ___ ?
- Was machst du abends in ___ ?
- Gibt es etwas besonders Interessantes in der Nähe?
- Gefällt es dir in ___ zu wohnen?

☞ **Kapitel 3C – Topic: School and future plans**

3A (Student's role)

You are visiting your German penfriend's school in Frankfurt and a teacher there asks you about a typical school day in England. Your teacher will play the part of the German teacher and will speak first.

- Tell him that the first lesson begins at ten past nine.
- Say that each lesson lasts 40 minutes.
- Tell him that you like Art and French.
- Say that you've been learning French for three years.

3B (Teacher's role)

- Wann beginnt die Schule morgens?
- Wie lange dauert eine Stunde?
- Was sind eigentlich deine Lieblingsfächer?
- Wie lange lernst du schon Französisch?

☞ **Kapitel 4B – Topic: Accommodation**

4A (Student's role)

You are at the reception desk of a German hotel. Your teacher will play the part of the receptionist and will speak first.

- Greet the receptionist and ask whether he / she has a room free for that night.
- Say a double room with a bathroom.

- Ask at what time breakfast is.
- Say thank you and that you'll take the room.

4B (Teacher's role)

- Guten Morgen! Kann ich Ihnen helfen?
- Was für ein Zimmer möchten Sie?
- Möchten Sie auch Frühstück?
- Von halb sieben bis halb neun.
- Gut! Ich zeige Ihnen das Zimmer.

B Presentation and discussion

1. Prepare a presentation on something which is of genuine interest to you. You can always sound more enthusiastic about something you like!
2. Prepare a cue card to help you deliver the presentation. Your teacher will advise you on what you are allowed to put on your card.
3. Practise – and time yourself. You need to be able to speak for about 90 seconds. Do not rush your speech – or it will not be clear to the examiner and you could lose marks.
4. Remember to try to use present, past and future tenses.
5. Think of what questions your teacher might ask you in the discussion section and practise possible answers. Answer the questions as fully as you can.

C General conversation

In this section you will have to talk in German with your teacher for between four and six minutes (six to eight minutes for the Higher Tier). The conversation will be based on two or three topic areas.

If you aim to achieve at least a grade C in this part of the examination, you will have to show that you can discuss present, past and future events – and also express personal opinions.

Below are listed some typical questions on the topics we have covered so far. It is not an exhaustive list and your teacher will introduce you to others. You should try to prepare answers to these sort of questions and to practise them regularly. Expand on your answers as much as you can.

Vokabeltipp

Self, family and friends

Wie heißt du?	What's your name?
Wie heißt du mit Vornamen / Nachnamen?	What's your first name / surname?
Kannst du das buchstabieren? Wie schreibt man das?	Can you spell it?
Was für eine Person bist du?	What sort of a person are you?
Wo wohnst du?	Where do you live?
Woher kommst du?	Where do you come from?
Wie alt bist du?	How old are you?
Wann hast du Geburtstag?	When is your birthday?
Wann bist du geboren?	When were you born?
Was bist du von Beruf?	What is your job?
Gefällt dir … / Hast du … gern?	Do you like … ?
Wie findest du … ?	What do think of … ?
Beschreibe (deinen Freund)!	Describe (your friend)!
Wie sieht er / sie aus?	What does he / she look like?
Wie geht es dir?	How are you?
Bist du verheiratet?	Are you married?
Sag mir etwas über deine Familie!	Tell me something about your family!
Verstehst du dich gut mit deinen Eltern?	Do you get on well with your parents?
Warum (nicht)?	Why (not)?

Vokabeltipp

Interests and hobbies

Hast du ein Hobby?	Do you have a hobby?
Was sind deine Hobbys?	What are your hobbies?
Was machst du in deiner Freizeit?	What do you do in your spare time?
Wann? Wo? Mit wem? Wie oft?	When? Where? With whom? How often?
Bist du Mitglied eines Klubs?	Are you a member of a club?
Was machst du dort?	What do you do there?
Siehst du gern fern?	Do you like watching TV?
Was wirst du nächstes Wochenende machen?	What will you do next weekend?
Was hast du gestern Abend gemacht?	What did you do last night?
Sag mir, was du mit deinem Taschengeld machst.	Tell me what you do with your pocket money.
Erzähl mir etwas über den letzten Film, den du gesehen hast.	Tell me about the last film you saw.

Vokabeltipp

Home and local environment

Wie ist deine Adresse?	What is your address?
Wohnst du in einem Haus oder in einer Wohnung?	Do you live in a house or a flat?
Wo liegt das Haus / die Wohnung?	Where is the house / flat situated?
Beschreib mir dein Haus.	Describe your house.
Wie sieht das Wohnzimmer / das Esszimmer / das Schlafzimmer / das Badezimmer / die Küche aus?	What does the living room / dining room / bedroom / bathroom / kitchen look like?
Was für Möbel habt ihr im / in der … ?	What furniture do you have in the … ?
Hast du dein eigenes Zimmer?	Do you have your own room?
Wo liegt deine Stadt / dein Dorf?	Where is your town / village situated?
Wie ist die Umgebung?	What's the surrounding area like?
Wie findest du deinen Wohnort?	What do you think of the place where you live?
Was kann man in … machen?	What can you do in … ?
Was gibt es in der Gegend zu besichtigen?	What is there to see in the area?
Gehst du gern einkaufen?	Do you like going shopping?
Wie findest du die Einkaufsmöglichkeiten hier?	What do you think of the shopping facilities here?
Wie fährst du in die Stadt?	How do you travel into town?
Wie lange dauert die Fahrt?	How long does the journey take?

Daily routine

Was machst du an einem typischen Schultag?	What do you do on a typical school day?
Was machst du an einem typischen Tag / in den Schulferien?	What do you do on a typical day / in the school holidays?
Was hast du letzten Samstag gemacht?	What did you do last Saturday?
Was hast du gestern Abend gemacht?	What did you do last night?
Was machst du normalerweise während der Pause in der Schule?	What do you normally do in the break at school?
Was machst du in der Mittagspause?	What do you do in the lunch break?
Was isst du gern?	What do you like eating?
Was trinkst du gern?	What do you like to drink?
Um wie viel Uhr isst du das Frühstück / zu Mittag / zu Abend?	At what time do you eat breakfast / lunch / dinner?

School and future plans

Was für eine Schule besuchst du?	What sort of school do you go to?
Wie heißt sie?	What is it called?
Beschreibe deine Schule.	Describe your school.
Wie findest du deine Schule?	What do you think of your school?
Was kann man hier in der Schule lernen?	What subjects can you learn at school?

Vokabeltipp

Wann beginnt der Schultag?	When does the school day begin?
Wann ist die Schule aus?	When is school finished?
Wie viele Stunden habt ihr pro Tag?	How many lessons do you have each day?
Wie lange dauern die Stunden?	How long do lessons last?
Um wie viel Uhr ist die erste Pause?	When is the first break?
Wann beginnt die Mittagspause?	When does the lunch break begin?
Wann fängt das Schuljahr an?	When does the school year begin?
Wann fangen die Sommer- / Weihnachts- / Osterferien an?	When do the Summer / Christmas / Easter holidays begin?
Welche Fächer hast du?	What subjects do you study?
Was ist dein Lieblingsfach? Warum?	What is your favourite subject? Why?
Wie oft bekommt ihr Hausaufgaben?	How often do you get homework?
Was hast du vor, nächstes Jahr zu machen?	What do you plan to do next year?
Willst du weiter zur Schule gehen?	Do you want to continue studying?
Willst du in die Oberstufe gehen?	Do you want to go on to study in the sixth form?
Möchtest du auf einer Universität weiter studieren?	Do you want to continue study at university?
Welchen Beruf möchtest du haben? Warum?	What job would you like to do? Why?
Wie lange lernst du schon Deutsch?	How long have you been learning German?
Wie kommst du zur Schule?	How do you get to school?
Wie lange dauert die Fahrt?	How long does the journey take?

Tourism and holiday activities

Was machst du in den Ferien?	What are you doing in the holidays?
Was können Touristen hier in … machen?	What can tourists do here in … ?
Wie sehen deine idealen Ferien aus?	Describe your ideal holiday.
Warst du schon im Ausland?	Have you been abroad?
Wie ist das Wetter in … ?	What's the weather like in … ?
Was hast du in den Sommerferien gemacht?	What did you do in the summer holidays?
Wie bist du dahin gefahren?	How did you travel?
Mit wem bist du gefahren?	Who did you go with?
Wie war die Reise?	What was the journey like?
Wo hast du übernachtet?	Where did you stay?
Wie lange bist du in … geblieben?	How long did you stay in … ?
Was hast du tagsüber gemacht?	What did you do during the daytime?
Was hast du abends gemacht?	What did you do in the evenings?
Hast du Ausflüge gemacht?	Did you go on excursions?
Wie war das Wetter?	What was the weather like?
Hat es dir Spaß gemacht?	Did you enjoy it?
Was hast du in … gegessen?	What did you eat in … ?
Was hast du dort getrunken?	What did you drink there?
Wie hast du das (spanische) Essen gefunden?	What did you think of the (Spanish) food?

5 Coursework

In the GCSE examination, you may enter *either* the final Writing test (Foundation or Higher Tier) *or* the Coursework option – but not both. The advantage of offering coursework instead of doing the Writing test is that you have the chance to show what written German you can produce without the constraints of a formal examination. However, coursework is *not* an easier option – the assessment of your work is just as strict as in the marking of the Writing test.

You will be expected to carry out a number of assignments from a set list. You do not have to choose between Foundation and Higher Tiers – what you actually write will be assessed on a common scale.

You will have to submit three of your assignments from three different topic areas. At least one of these assignments will have to have been done under controlled conditions.

You can use any relevant material to help you with your coursework, including your coursebook, but you will have to list your sources when the coursework is submitted. If you rely too heavily on source material you are not likely to score very high marks.

Your teacher will help you with the planning of your work, but will no longer be able to help you once you start writing it.

Here is a list of some of the positive features of good coursework which your teachers will be looking for when they assess your assignments:

1 Write in sentences, rather than relying upon lists or labelled diagrams or illustrations.
2 Write descriptions or accounts, using interesting adjectives – do not overuse **gut**, **langweilig** or **interessant**.
3 Express attitudes and opinions.
4 Elaborate on points whenever possible.
5 Refer to past, present and future events.
6 Check that nouns have capital letters.
7 Check your spelling carefully, using a dictionary or your coursebook.
8 Remember that you only have to write about 150 words.

Do not rely too heavily on a dictionary to create your work! It is likely that if you do, the results will not be as good as when you use your own German.

Here are a few suggestions to help you plan one of the coursework titles you should be able to attempt by now. If you answer the questions as fully as you can, you will have the basis of an assignment and can work on adapting it to suit what you want to say.

Theme 1 – My world
1 Profile of a famous person or group of people

Beschreib die Person oder Personen – Wie sieht er / sie aus? (Wie sehen sie aus?)

Gib seine / ihre Personalien! Warum ist er / sie so berühmt? (Warum sind sie so berühmt?)

Was hat er / sie schon gemacht? (Was haben sie schon gemacht?)

Was wird er / sie vielleicht in Zukunft machen? (Was werden sie vielleicht in Zukunft machen?)

Wie findest du ihn / sie? Warum?

Einheit A   **Fitness**

Lernziele

In dieser Einheit wirst du
- **lesen** und **hören**, *was gesund und ungesund ist*
- *darüber* **schreiben** *und* **sprechen**, *wie fit du bist.*

Vokabeltipp   Fitness

das Gewicht	*Ich wiege*	*... Kilo*
die Figur	*Ich bin*	*zu dünn / dick / schlank / normal gebaut / sportlich / athletisch gebaut*
	Ich habe	*Übergewicht / einen Bauch*
die Kondition	*Ich fühle mich*	*gut / schlecht / müde / schlapp*
die Fitness	*Ich bin*	*fit / unfit*
der Gesundheitszustand	*Ich bin*	*gesund / krank*

WAS KANN MAN TUN, UM FIT ZU BLEIBEN?

Sport treiben	to do sports	*zunehmen*	to gain weight
sich bewegen	to exercise	*eine Diät machen*	to go / be on a diet
sich fit halten	to keep fit	*mit dem Rauchen aufhören*	to stop smoking
sich gesund ernähren	to eat healthily	*weniger ... essen / trinken*	to eat / drink less ...
abnehmen	to lose weight		

1   Was ist gesund und was ist ungesund?

Mach eine Liste. Trage die Begriffe aus dem Kasten ein und finde mehr Beispiele.

gesund: Obst und Gemüse essen   **ungesund:** Fett und Zucker essen

- Sport treiben   • Fisch essen   • viel Wasser trinken   • viel Alkohol trinken
- aktiv leben   • Zigaretten rauchen   • Drogen nehmen
- wenig Süßigkeiten essen   • Pommes und Currywurst essen
- immer nur Cola trinken   • zu Fuß gehen   • Kuchen mit viel Sahne essen
- den ganzen Tag fernsehen   • Rad fahren   • oft Fisch essen

2   Mach Sätze!

Beispiel   *Es ist gesund, viel Obst und Gemüse zu essen.*

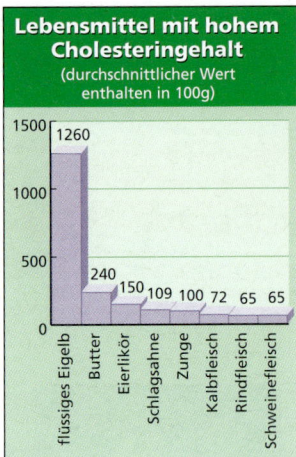

Lebensmittel mit hohem Cholesteringehalt
(durchschnittlicher Wert enthalten in 100g)

3 **Lies was! Lebensmittel mit hohem Cholesteringehalt**

a Was enthält 1 260 mg Cholesterin?

b Was enthält 240 mg Cholesterin?

c Was enthält 65 mg Cholesterin?

4 **Hör zu! Fit durch den Winter**

Radio Harlekin macht ein Interview mit Frau Dr. Müller.

Wie kann man im Winter fit bleiben? Schreib die richtigen Buchstaben auf. Es gibt ein Beispiel.

a Was kann man jeden Tag machen? [A] [ ]

b Was soll man nicht machen? [ ] [ ]

c Was kann man bei schlechtem Wetter machen? [ ] [ ]

A

B

C

D

E

F

G

5 **Lies was! Schlankheitsmittel**

Das dicke Geschäft mit den Schlankheitsmitteln: Abnehmen ohne Diät – es gibt allerlei Wundermittel, die das versprechen. Doch die Erfolge sind meistens mager!

Andrea hat einen Traum. Die 38-jährige Mutter von zwei Kindern möchte gern wieder so schlank sein wie vor zehn Jahren. ‚53 Kilo wog ich damals', sagt sie wehmütig. ‚Heute sind es 20 Kilo mehr – und das bei einer Größe von 1,60 Metern.'

Ein Problem, das Andrea mit 40% aller Bundesbürger teilt. Sie alle schleppen über-flüssige Pfunde mit sich herum, verbunden mit gesund-heitlichen Risiken wie Bluthochdruck, Kreislauf- und Gelenkbeschwerden.

Abnehmen ist nicht einfach. Um 10 Kilo abzunehmen, sollte man zum Beispiel 90 000 Kalorien einsparen.

Da kommen die Schlank-heitsmittel, die uns die Idealfigur versprechen. Im letzten Jahr gaben rund drei Millionen Bundesbürger über 200 Millionen Mark für Schlankheitsmittel aus. Diese Mittel können zu schweren Gesundheitsschäden führen.

Deshalb rät das Bundes-gesundheitsamt: Hände weg von Wundermitteln, die den schnellen Schlankheitserfolg versprechen.

Beantworte die Fragen auf Deutsch.

a Was für einen Traum hat Andrea?

b Wie alt ist Andrea?

c Wie viele Deutsche haben dasselbe Problem wie Andrea?

d Was für gesundheitliche Risiken gibt es, wenn man zu dick ist?

e Was versprechen die Schlankheitsmittel?

f Wie viele Deutsche nehmen Schlankheitsmittel?

6 Fragebogen: Wie fit bist du?

Wähle A, B, C oder D. Die Auswertung findest du unten.

1 Wie oft treibst du Sport?
- **a** Selten
- **b** Ein- bis zweimal pro Woche
- **c** Öfter

2 Wie viel gehst du zu Fuß? (Mehr als 10 Minuten pro Tag)
- **a** Selten
- **b** Zwei- bis dreimal pro Woche
- **c** Jeden Tag

3 Wie oft isst du frisches Obst oder Gemüse?
- **a** Selten
- **b** Zwei- bis dreimal pro Tag
- **c** Öfter als dreimal pro Tag

4 Rauchst du Zigaretten?
- **a** Regelmäßig
- **b** Ab und zu
- **c** Nein, ich bin Nichtraucher

5 Was isst du meistens?
- **a** Eher fettige oder süße Sachen (Chips, Pommes, Kuchen, etc.)
- **b** Ein bisschen von allem
- **c** Wenig Fett und Zucker, überwiegend stärkehaltige Nahrung (Cornflakes, Kartoffeln, Nudeln, Reis, Brot, etc.)

6 Fühlst du dich oft müde und energielos?
- **a** Meistens
- **b** Ab und zu
- **c** Selten

Auswertung

Wie oft hast du A, B, oder C gewählt?

A ☐   B ☐   C ☐

Für jeden Buchstaben bekommst du Punkte:
A = 1 Punkt, B = 2 Punkte, C = 3 Punkte
Zähle deine Punkte zusammen.
Beispiel
2 x A = 2 x 1 = *2 Punkte*
3 x B = 3 x 2 = *6 Punkte*
1 x C = 1 x 3 = *3 Punkte*
Gesamtpunkte: *11 Punkte*

6 – 9 Punkte:
Du schlappe Nudel! Dein Motto ist: ‚Sport ist Mord!' Los, tu endlich was für deinen Body! Versuch's mal mit gesundem Essen und etwas mehr Action. Du brauchst ja nicht unbedingt sofort Bodybuilding zu machen. Schwimmen, Rad fahren oder einfach mal zu Fuß gehen hilft auch schon! Denk dran: Wer fit ist, fühlt sich auch besser.

10 – 13 Punkte:
Gar nicht schlecht! Okay, Schwarzenegger ist fitter als du, aber du tust ein bisschen was für deinen Körper und es geht dir ganz gut. Aber du könntest noch mehr machen. Wie wär's mit einem Sportverein? Und denk dran, du solltest fünf Portionen Obst oder Gemüse pro Tag essen! Also ran an die leckeren Karotten!

14 – 18 Punkte
Dein Motto ist: ‚Fit wie ein Turnschuh!'. Du bist topfit! Herzlichen Glückwunsch! Mach weiter so und du hast 'ne Chance bei der nächsten Olympiade!

Erste Hilfe
stärkehaltige Nahrung	starchy food
schlapp	without energy
Sport ist Mord	exercise is murder
was für deinen Körper tun	to do something for your body
die Olympiade	the Olympic Games

Grammatik

I   etwas, nichts and alles

These three words are sometimes used in front of adjectives:

e.g. nichts **Neues**   nothing new

      etwas **Billiges**   something cheap

      alles **Gute**!   all the best!

When we use them in this way, the adjective usually has a capital letter.

After **nichts** and **etwas** you can see that the adjective ends in **-es**.

After **alles** the adjective ends in **-e**.

Übung I -1   Fülle die Lücken aus!

Use the adjectives listed below to complete the sentences.

Add the correct ending and a capital letter if necessary.

a Ich hasse die Schuluniform. Abends ziehe ich etwas _____ an.

b Die Nachrichten im Fernsehen interessieren mich nicht – sie sind nichts _____ .

c Ich wünsche dir alles _____ .

d Das ist zu teuer für mich. Haben Sie etwas _____ ?

e Ich habe alles _____ versucht.

> besonder   billiger   möglich   gut   ander

---

7   Hörspiel: Pommes mit Ketchup

Pommes und Yasemin wollen essen gehen. Sie besprechen die Restaurants.

Was finden sie positiv und negativ? Wer sagt es? Es gibt ein Beispiel.

Erste Hilfe

vegetarisch	vegetarian
grünes Zeug	green stuff
ein Wettrennen machen	to have a race
gewinnen	to win
entscheiden	to decide

	positiv	negativ
vegetarisch essen		Gemüse schmeckt nicht (Pommes)
Pommesbude		

8   Hör nochmal zu! Beantworte die Fragen auf Deutsch

1 Was kann man im vegetarischen Restaurant essen?

2 Was kann man in der Pommesbude essen?

3 Was passiert, wenn Yasemin zuerst an der Ampel ist?

4 Was glaubst du, wer wird gewinnen?

5 Hast du schon mal vegetarisch gegessen? Wie findest du das?

www.

Ernährung

- Kalorientabellen und Normalgewicht:
  http://www.kalorien-tabelle.de/
- Kalorientabellen für Junk Food:
  http://www.waszuessen.de/
- Diäten: http://www.diaet.de/
- Vitamine – Wann ist Saison für welches Obst und Gemüse?
  http://www.vitalstoffe.de/

9 **Hör zu! Rotkohl**

Hier hörst du ein Kochrezept.

Zutaten:

2 .....

1 Esslöffel ....

1 kg Rotkohl

1/8 Liter .....

4 Nelken

.....

1 Was brauchst du? Vervollständige die Liste.

Erste Hilfe

der Rotkohl	red cabbage
der Esslöffel	the table spoon
Nelken	cloves

2 Bringe die Bilder in die richtige Reihenfolge:

 A
 B
 C
 D

 E
 F
 G
 H

A Die Zwiebeln in Würfel schneiden.

B Den Rotkohl und den Apfel hinzufügen.

C Den Apfel klein schneiden.

D Rotkohl mit Kartoffeln und Braten servieren.

E Den Wein hinzugeben.

F Die Zwiebeln anbraten.

G Eine Stunde lang kochen.

H Den Rotkohl in schmale Streifen schneiden.

10 **Schreib was!** **Wie fit bist du?**

Treibst du oft Sport? Du musst folgende Informationen auf Deutsch geben:

● Wie viel gehst du zu Fuß?

● Was isst du meistens?

● Wie oft isst du frisches Obst oder Gemüse?

Vokabeltipp **Kochen**

der Topf	the pot	das Messer	the knife	backen	to bake
die Pfanne	the pan	der Löffel	the spoon	servieren	to serve
die Schüssel	the dish	die Gabel	the fork	roh	uncooked
umrühren	to stir	waschen	to wash	gar	done
in Stücke / in Streifen / in Würfel schneiden	to cut into pieces / strips / to dice	mischen	to mix	gekocht	cooked
		kochen	to boil	braten	to fry

Einheit B   Freizeit

Lernziele

In dieser Einheit wirst du
- *lesen und **hören**, wie Leute Filme, Theaterstücke und Bücher beschreiben*
- *darüber **schreiben** und **sprechen**, was für Filme, Theaterstücke und Bücher du selbst magst.*

1   **Hör zu! Tagestipp**

Radio Harlekin berichtet, was heute los ist.

Beantworte die Fragen auf Deutsch.

1   Was kann man machen, wenn man gern Actionfilme sieht?

2   Um wie viel Uhr kann man Gitarrenmusik hören?

3   Was für Musik spielt in der Konzerthalle?

4   Was kann man im Museum ansehen?

5   Was kann man tun, wenn man zu Hause bleiben möchte?

Vokabeltipp   **Was ist heute los?**

Was läuft	heute	im Kino?
Was gibt es	morgen	im Theater?
	um acht Uhr	im Fernsehen?
	morgen früh	im Radio?

Im Kino läuft	ein Drama
	ein Actionfilm
	eine Komödie
	ein Liebesfilm
	ein Musical

N.B. After **Im Kino läuft …** you use the Nominative case.

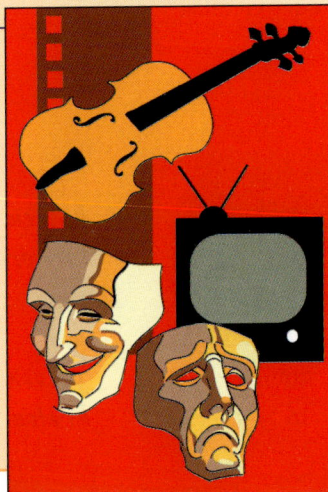

Im Fernsehen gibt es	die Nachrichten
	die Wettervorhersage
	eine Dokumentation
	eine Spielshow / ein Quiz
	eine Talkshow
	eine Sportsendung
	einen Spielfilm
	eine Fernsehserie
	einen Krimi
	eine Sendung für Kinder
	eine Sendung über Musik
	Werbung

In der Konzerthalle	spielt ein Orchester
	gibt es ein Rockkonzert
	spielt die Band Anstoß

Im Theater gibt es ein Stück von Goethe

Im Museum gibt es eine Ausstellung mit Bildern von Dürer

Im Jugendzentrum gibt es eine Disko

Im Stadion spielt Bayern München gegen Rot-Weiß Essen

N.B. After **gibt es …** you use the Accusative case.

Kulturtipp   Fernsehen

- In Deutschland gibt es zwei große öffentliche Sender: ARD (1. Programm) und ZDF (2. Programm). Außerdem gibt es Regionalsender.
- In Österreich heißen die zwei großen öffentlichen Sender ORF1 und ORF2.
- In der Schweiz heißen die öffentlichen Sender SF1 und SF2.

Es gibt auch viele Satellitenprogramme in diesen Ländern. Die meisten ausländischen Filme werden in Deutschland und in Österreich synchronisiert.

Erste Hilfe

öffentlich	public
der Sender	the station
das Programm	the channel
der Regionalsender	the regional station
das Satelliten-programm	the satellite channel
synchronisieren	to dub

---

2   **Lies was! Wie lernen die Bilder laufen?**

An English friend is interested in films and computers and has seen this article in one of your German magazines.

Wie lernen die Bilder laufen?

Kinotrailer und Videos aus dem Web – was Sie brauchen, damit's funktioniert

Tipps für Internet Einsteiger von TOMORROW – Chefredakteur Willy Loderhose

Wer Filme, Trailer, Videos oder gar Liveübertragungen (wie ‚Big Brother') mit Ton auf dem PC ansehen möchte, braucht neben den obligatorischen Browsern (Netscape Navigator oder Internet Explorer) noch eine Zusatzsoftware. Die meisten Filme im Web lassen sich mit dem Realplayer von Realnetworks wiedergeben. Verfügt Ihr PC nicht über den angegebenen Player, öffnet sich beim Anclicken eines Videos ein Hinweisfenster, das sie automatisch zu einer Herstelleradresse führt, unter der Sie sich die Software herunterladen können. Beim Real-player dauert das eine halbe Stunde. Nach dem Download starten Sie die Installation mit dem ‚Installer'-Button. Jetzt das gewünschte Video anwählen, und der Player startet automatisch – nach einer kurzen Ladezeit beginnt auch der Film zu laufen.

Erste Hilfe

Zusatzsoftware	additional software
Hinweisfenster	window (on computer)
Herstelleradresse	manufacturer's address
Ladezeit	download time

Beantworte die Fragen auf Englisch.

1. What sort of software is this article about?
2. What do you have to do to get the software it mentions?
3. How long does the software take to download?

www.   **Fernseh- und Radioprogramme**

- Deutsches Fernsehen –   http://www.tvspielfilm.de/
                                 http://www.tvtoday.de/
- Österreichisches Fernsehen –   http://www.eurotv.com/
- Schweizer Fernsehen –   http://www.tele.ch/
                                 http://www.sfdrs.ch/
- Radio Liechtenstein –   http://www.radiol.li/
- Chart Radio, Deutschland –   http://www.chartradio.de/

3 Hörspiel: Jahrestag I – Yasemin

Erste Hilfe

mit jemand zusammen sein	to be together
der Jahrestag	the anniversary
eine Überraschung	a surprise
ein Live-Spiel	a live game
ich hoffe, er weiß das zu schätzen	I hope he appreciates it

Pia und Yasemin planen Tims und Yasemins Jahrestag.
Beantworte die Fragen auf Deutsch.

a Wie lange sind Yasemin und Tim schon zusammen?

b Was hat Yasemin für Tim gekauft?

c Wie findet Pia Yasemins Idee?

Vokabeltipp — **Was sollen wir machen?**

Sollen wir   ins Kino gehen?

Willst du   ins Theater gehen?

Möchtest du   fernsehen? / ein Video ansehen? / eine CD anhören? / essen gehen? / etwas unternehmen?

Hast du Lust, den neuen Film mit Tom Cruise zu sehen?

Vokabeltipp — **Eintrittskarten kaufen**

Gibt es noch Karten für …?   Ja, wir haben noch ein paar Plätze frei.
Nein, wir sind ausgebucht.

Ich möchte zwei Karten für ‚Cats‘, bitte.

Was kostet der Eintritt für …?   Es kostet …

Wo möchten Sie sitzen?

Ich möchte einen Platz ganz vorne / ganz hinten / in der Mitte/ am Gang.

Bekommen Sie Ermäßigung?

Ja, ich habe eine Schülerkarte.
Ich habe einen Behindertenausweis.

Wann fängt … an?   Die Vorstellung fängt um … an.

Wann hört … auf?   Die Vorstellung hört um … auf.

Wie lange dauert …?   Die Vorstellung dauert zirka … Stunden.

Für wann möchten Sie die Karten?

Für den 27.08., bitte.

Was macht das?   Das kostet …

Ich hole die Karten an der Kasse ab.

---

4 Hörspiel: Jahrestag II – Tim

Tim kauft Karten für den Jahrestag mit Yasemin.
Wie sehen die Karten für Yasemin aus? Zeichne
die Karten und trage die wichtigsten Informationen ein:

- Name des Theaters
- Name des Musicals
- Datum
- Reihe und Platznummer
- Preis

5 | **Sag was! Karten kaufen**

Arbeite mit einem Partner. Spielt mit verteilten Rollen auf Deutsch.

Partner A

Du kaufst Karten für ein Pop-Konzert. Du beginnst. Lege ein Blatt Papier über die Rolle für Partner B.

1 Say you'd like to buy some tickets for the ‚Anstoß‘ concert.

2 Give the date when you'd like to see the band and ask if tickets are available.

3 Choose another day, based on what Partner B says.

4 Say you'd like four tickets. Ask for the price.

5 Say you'll take the tickets and ask when the concert begins.

6 Thank Partner B and say you will pick up the tickets tomorrow.

Partner B

Du verkaufst Konzertkarten. Lege ein Blatt Papier über die Rolle für Partner A.

1 Ask which day the tickets are for.

2 Apologise and say that day is sold out. Offer another day.

3 Ask how many tickets Partner A wants.

4 Tell Partner A the price per ticket.

5 Tell Partner A when the concert begins.

6 Say that is okay and good bye.

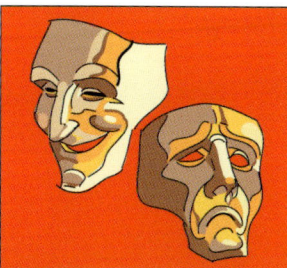

6 | **Gruppenarbeit: Entwirf ein Poster**

Entwirf ein Poster für ein Popkonzert oder ein Theaterstück. Die folgenden Informationen müssen auf dem Poster stehen:

- Name der Band oder des Theaterstücks.
- Wo findet es statt? (Stadt, Gebäude)
- Temine. Datum und Uhrzeiten.
- Preis.
- Ein Werbespruch.

Aussprache

Zungenbrecher

Versuch mal, diese Sätze schnell zu sagen:

- Blaukraut bleibt Blaukraut und Brautkleid bleibt Brautkleid.
- Fischers Fritze fischte frische Fische; frische Fische fischte Fischers Fritze.
- In Ulm und um Ulm und um Ulm herum.

Vokabeltipp   Deine Meinung

Kennst du schon die neue CD von …?

Hast du schon den neuen Film mit …   gesehen?

Wie findest du	die Musik? / die Band? / den Film? / das Konzert?
	den Sänger / die Sängerin?
	den Schauspieler / die Schauspielerin?

Wie gefällt dir die Sendung? (N.B. Nominativ nach ‚Wie gefällt dir …')

Wie hat dir das Buch gefallen?

Wie ist deine Meinung zu dem Film?

Ich finde	den Film	toll / prima / gut / schön 👍
Ich fand	die Band	traurig 💧
		langweilig zZZ
		interessant 💡
		spannend 💣
		romantisch ♥
		lustig
		sehenswert 👁
		mittelmäßig 😐

---

7   **Schreib was! Wie ist der Film?**

Sieh dir die Symbole an. Beschreib den Film.

Beispiel   zZZ 💧   *Ich finde den Film langweilig und zu traurig.*

1 💣 🤡 👁

2 😐 zZZ

3 👍 ♥ 🤡

4 💡 👁

5 🤡 ♥ 👍

---

8   **Hör zu! Filmkritik**

Vier Personen haben alle den selben Film gesehen. Als sie das Kino verlassen, werden sie interviewt. Wie fanden sie den Film? Welche Adjektive verwenden sie? Kopiere die Tabelle in dein Heft!

	☺☺	☺	😐	☹	☹☹	**Kommentar**
Sprecher 1			X			*zu romantisch, langweilig, keine Action*
Sprecher 2						
Sprecher 3						
Sprecher 4						

9 **Sag was! Der deutsche Kritikerpreis**

Arbeite in einer kleinen Gruppe. Benutze den Vokabeltipp oben als Hilfe.

● Mach eine Liste: Welche Filme habt ihr in den letzten drei Monaten gesehen? (mindestens drei)

● Wie haben euch die Filme gefallen? Mach Interviews.

● Mach ein Poster für jeden Film. Jeder schreibt eine kurze Kritik (ein bis zwei Sätze) zu den Filmen, die er / sie kennt, auf die Poster.

● Verteilt Sterne:

★ ★ ★   muss man gesehen haben!

★ ★   gute Unterhaltung

★   mittelmäßig

ZZZ   zum Einschlafen!

● Der Film mit den meisten Sternen bekommt einen Preis.

10 **Hörspiel: Der Jahrestag III – Tim und Yasemin**

Es ist Samstagmorgen. Tim und Yasemin treffen sich.
Beantworte die Fragen auf Englisch.

1 How did the romance between Tim and Yasemin start?

2 What is Yasemin's present for Tim?

3 What is Tim's present for Yasemin?

4 What is the problem?

5 What is the solution?

6 Why is it going to be slightly awkward?

Vokabeltipp **Den Inhalt nacherzählen**

Wie heißt das Buch?	*In der Geschichte gibt es …*
Was ist der Titel des Buches (Genitiv)?	*Es geht um …*
Wer hat den Film gemacht?	*Der Film handelt von …*
Wer hat das Buch geschrieben?	*… spielt die Hauptrolle …*
Wer ist der Autor?	*Am Anfang / Zuerst …*
Wer spielt mit?	*Dann …*
Wie heißen die Schauspieler?	*Danach …*
Was passiert in dem Film (Dativ)?	*Später …*
Worum geht es in dem Lied (Dativ)?	*Nachdem er / sie das gemacht hat …*
Was ist der Inhalt des Buches (Genitiv)?	*Nach einer Weile …*
Wovon handelt die Geschichte (Nominativ)?	*Plötzlich …*
	Zum Schluss / Am Ende …

11 **Lies was! Marvins Töchter**

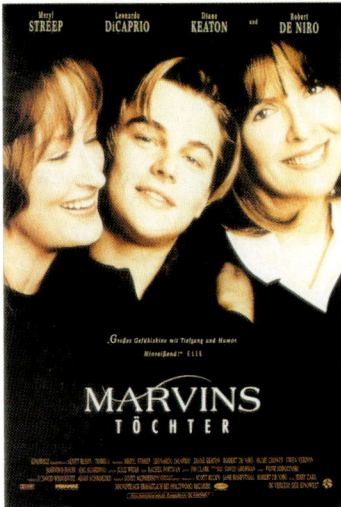

Marvins Töchter

Leonardo DiCaprio tritt in den Fußstapfen von James Dean

Hollywoodstar Robert De Niro ist seit einigen Jahre auch hinter den Kulissen aktiv und produzierte das Familiendrama **Marvins Töchter**. Er legt Wert auf hervorragende Mitarbeiter und eine exzellente Story. Diane Keaton erhielt für ihre Rolle in **Marvins Töchter** eine Oscar-Nominierung als beste Hauptdarstellerin.

Marvins Töchter ist die Geschichte einer Familie, die eigentlich gar keine mehr ist. Bessie (Diane Keaton) lebt mit ihrem bettlägerigen Vater (Hume Cronin) und ihrer schwer gehbehinderten Tante Ruth (Gwen Verdon) im sonnigen Florida. Ihr Leben lang hat sich Bessie um die beiden Kranken gekümmert, und einfach hat sie es auch nicht immer mit ihnen. Aber die drei lieben einander, und das macht Bessie glücklich. Als sie eines Tages von Dr Wally (Robert de Niro) erfährt, dass sie an Leukämie erkrankt ist und nur durch die Knochenmarkspende eines Familienmitglieds gerettet werden kann, ruft sie ihre Schwester (Meryl Streep) an. Zwanzig Jahre hatten die beiden keinen Kontakt, denn Lee hat sich damals schnell aus dem Staub gemacht, weil sie ihr Leben nicht als Pflegerin ihres Vaters fristen wollte. Zusammen mit ihren beiden Söhnen, dem schwer erziehbaren Hank (Leonardo DiCaprio) und dem zurückhaltende Charlie, macht sie sich den Weg nach Florida. Als die beiden Schwestern sich wiedersehen, prallen natürlich zwei höchst unterschiedliche Welten aufeinander.

Marvins Töchter nach dem Theaterstück von Scott McPherson ist von hoher Intensität!

Erste Hilfe

hinter den Kulissen	behind the scenes
hervorragend	outstandingly good
bettlägerig	bed-ridden
gehbehindert	handicapped
Leukämie	leukaemia
Knochenmarkspende	bone marrow transplant
schnell aus dem Staub machen	to make a quick exit
ihr Leben fristen	to waste her life
schwer erziehbar	difficult (child)
prallen	collide

Beantworte die Fragen auf Deutsch.

a Wie heißt der Film?

b Wer hat den Film produziert?

c Wie heißen die Schauspieler?

d Was passiert im Film?

e Wer hat das Theaterstück geschrieben?

Beantworte die Fragen auf Englisch.

a Which famous actor produced Marvins Töchter?

b Who was nominated for an Oscar for her role in it?

c Do you think the Marvin family is a close one? Give one reason for your answer.

d Who does Bessie live with?

e Who tells Bessie of her illness?

f How could she be saved?

g How long ago did Lee run away? Why did she run away?

h Why does Lee come back to Florida?

i Why do you think Leonardo DiCaprio is likened to James Dean?

12 **Schreib was! Was wünscht du dir?**

a Mach eine Liste. Was wünscht du dir zum Geburtstag?

b Deine Tante in der Schweiz fragt, was du zum Geburtstag gemacht hast. Schreib ihr einen Brief.

Du musst folgende Informationen auf Deutsch geben:

- wie du deinen Geburtstag gefeiert hast
- was du gegessen und getrunken hast
- dass du ein Video oder ein Buch bekommen hast
- wovon das Video / das Buch handelt
- wie dir das Video / das Buch gefallen hat
- was du dir zum nächsten Geburtstag wünscht
- warum du das haben möchtest

Einheit C   Feste

Lernziele

In dieser Einheit wirst du
- **lesen** und **hören**, wie Leute Feste feiern
- darüber **schreiben** und **sprechen**, wie du selbst Feste feierst.

Vokabeltipp   **Glückwünsche**

Frohe Weihnachten!	Happy Christmas!	*Viel Glück!*	Good luck!
Frohes Neues Jahr!	Happy New Year!	*Viel Erfolg!*	Lots of success!
Frohe Ostern!	Happy Easter!	*Viel Spaß!*	Have a nice day!
Herzlichen Glückwunsch zum Geburtstag!	Happy birthday!	*Schöne Ferien!*	Have a nice holiday!

Kulturtipp   **Wichtige Feste in deutschsprachigen Ländern**

Weihnachten

Die *Weihnachtszeit* beginnt vier Wochen vor Weihnachten mit der *Adventszeit*. Zu Hause steht ein *Adventskranz* mit vier Kerzen. Jeden Sonntag wird eine Kerze mehr angezündet.

In der Adventszeit gibt es auch überall *Weihnachtsmärkte*, wo man Geschenke kaufen kann. Es gibt dort auch heiße Getränke und Essen.

Am 6. Dezember kommt der *Nikolaus* zu den Kindern. Die Kinder stellen nachts ihre Schuhe vor die Tür und am nächsten Morgen hat der Nikolaus ihnen ein Geschenk oder Süßigkeiten hineingelegt.

Am 24. Dezember ist *Heiligabend*. Die Familie stellt den *Tannenbaum* (oder *Weihnachtsbaum*) auf. Man singt *Weihnachtslieder* und bekommt die Geschenke. Alle Kinder bekommen einen *Weihnachtsteller*. Das ist ein bunter Teller mit Lebkuchen, Marzipan und anderen Süßigkeiten.

Am Ersten und Zweiten Weihnachtstag besucht man die Freunde und die Verwandten.

Silvester

Am 31. Dezember ist *Silvester*. Viele Leute machen Partys. Man feiert und tanzt bis Mitternacht. Dann schießen alle Feuerwerksraketen ab.

Ostern

Am *Ostersonntag* verstecken die Eltern für ihre Kinder viele bunte Schokoladeneier, bemalte Hühnereier und kleine Geschenke im Garten. Man sagt, der *Osterhase* hat den Kindern die Geschenke gebracht.

Erste Hilfe

der Adventskranz	advent wreath
eine Kerze anzünden	to light a candle
brennen	to burn
der Weihnachtsmarkt	the Christmas market
das Geschenk(e)	the present
die Süßigkeiten	sweets
der Tannenbaum / der Weihnachtsbaum	the Christmas tree
schmücken	to decorate
Weihnachtslieder singen	to sing Christmas carols
der Lebkuchen	gingerbread
Feuerwerk abschießen	to fire rockets
der Osterhase	the Easter bunny

1 Lies was! Weihnachten

Lies den Kulturtipp und beantworte die Fragen auf Deutsch.

Beispiel   Wie lange dauert die Adventszeit? *Vier Wochen.*

1 Wie viele Kerzen sind auf dem Adventskranz?

2 Was kann man auf dem Weihnachtsmarkt kaufen?

3 Wer kommt am 6. Dezember?

4 Wann bekommt man die Weihnachtsgeschenke?

5 Was ist auf einem Weihnachtsteller?

6 Was macht man am 25. und 26. Dezember?

7 Wann gibt es Feuerwerk?

8 Was macht man am 31. Dezember?

2 Lies was! Ach du dickes Ei!

Beantworte die Fragen auf Englisch.

Is this an advertisement about:

a coffee?

b the Easter bunny?

c pet rabbits?

d tea?

3 Gruppenarbeit: Feste feiern

Sieh dir die Fotos an. Zu welchem deutschen Fest gehören sie – Karneval, Ostern, Weihnachten oder Silvester?

1

2

3

4

5

6

4   Hörspiel: Was machst du Weihnachten?

Finde das Ende der Sätze. Schreib die Buchstaben in dein Heft.

Beispiel   **1** *f*

1	Tim fährt Weihnachten nicht nach England,	**a**	damit er deutsche Weihnachten erleben kann.
2	David ist nach Weihnachten in Schottland,	**b**	weil sie Moslemin ist.
3	Yazzi feiert Silvester,	**c**	wenn Frau Schuh nichts dagegen hat.
4	Yazzi feiert nicht Weihnachten,	**d**	denn er besucht seine Großeltern.
5	Pommes lädt Tim ein,	**e**	aber sie feiert nicht Weihnachten.
6	Yasemin kommt auch,	**f**	weil er arbeiten muss.

5   Sag was! Was machst du Weihnachten?

Feiert deine Familie Weihnachten?

- Wo feierst du Weihnachten?
- Wer kommt zu Besuch?
- Was macht ihr Weihnachten?

6   Lies was! ‚Tomorrow!'

Beantworte die Fragen auf Deutsch.

- Wo kann man diese Weihnachtsgeschenke kaufen?
- Wie sind die Telefontarife über die Festtage?
- Was für Adressen findet man im ‚Tomorrow'?
- Wie viel kostet ‚Tomorrow'?

12/99 DM 5,-
C 47576

TOMORROW

Großer Shopping-Guide
Weihnachts-Geschenke aus dem Internet

TELEFON-TARIFE	START-HILFE	DOC ONLINE	EXTRAHEFT
Supergünstig über die Festtage telefonieren	Wie Sie Ihren neuen PC zum Laufen bringen	So kommen Sie gesund durch den Winter	Die 500 besten Shopping-Adressen

www.

Weihnachten

Informationen über Weihnachten, Rezepte, Lieder, Geschichten, etc.:
- http://www.weihnachtsecke.de/index.html

Weihnachtsmärkte
- http://www.weihnachtsmarkt.de/
- http://www.christkindlmarkt.at/

Adventskalender
- http://www.wildweb.de/weihnachten/advent/kalender.html
- http://advent.yahoo.de/kalender.html

Lebkuchen:
- http://www.lebkuchen.at/

Christstollen:
- http://www.dresdner-christstollen-shop.de/

Marzipan:
- http://www.niederegger.de/

Grammatik

II Subordinate clauses

Conjunctions join **clauses** together to make sentences longer. A clause usually contains a verb. Some conjunctions like **und** do not change the word order. The verb stays in second place. They are:

und	*and*
sondern	*but**
oder	*or*
denn	*for, because*
aber	*but**

Remember! **usoda**

e.g. Peter sitzt im Wohnzimmer und liest sein Buch.

* There is a difference in meaning between the two words for 'but';

aber means 'but' in the sense of 'on the other hand',

e.g. Ilse geht einkaufen, aber ihre Mutter bleibt zu Hause.
　　　(No contradiction.)

The conjunction **sondern** means 'but' in the sense of 'on the contrary' and is used when there is a **nicht** in the other clause,

e.g. Ilse geht nicht einkaufen, sondern sie bleibt zu Hause.
　　　(Contradiction – both things cannot happen.)

Apart from the **usoda** conjunctions all others send the verb to the end of the clause. Here is a list of some of the most common ones:

als*	*when*	ob	*whether*
bevor	*before*	obgleich	*although*
bis	*until / as far as*	obwohl	*although*
damit	*so that*	seitdem	*since*
dass	*that*	sobald	*as soon as*
falls	*in case*	während	*while*
nachdem	*after*	weil	*because*
		wenn*	*when, whenever, if*

e.g. Sie gingen mit ihren Freunden aus, **obwohl** sie viele Hausaufgaben **hatten**.

* Translating 'when': als, wenn or wann?

We use **als** when the verb is in the past.

We use **wenn** when the verb is in the present or the future. It also means 'whenever'.

We use **wann** in questions (any tense).

e.g. Ich gehe ins Kino, **wenn** ein guter Film läuft.
　　　I go to the cinema when / whenever a good film is showing.
　　　Es war zu spät, **als** sie angekommen sind.
　　　It was too late when they arrived.
　　　Wann war er in Deutschland?
　　　When was he in Germany?

Pass auf!

1　When a **separable verb** is sent to the end, it joins up as one word again,
　　e.g. Es ist schade, **dass** du nicht **mitkommst**.
2　When a **modal verb** is sent to the end, it goes after the infinitive of the second verb,
　　e.g. Er bleibt zu Hause, **weil** er fernsehen **will**.

II-1　Übung: Verbinde die Sätze!

Join the two sentences using the conjunction in brackets. Does the verb go to the end or not?

Beispiel　　Er will Fußball spielen. Er hat keine Zeit. (aber)
　　　　　Er will Fußball spielen, aber er hat keine Zeit.

1　Viele Popmusiker kommen aus England. Viele Jugendliche spielen Instrumente. (weil)
2　Ich bin dick. Ich laufe jeden Tag. (obwohl)
3　Ihre Eltern arbeiteten in einem Büro. Sie verdient viel Geld im Theater. (während)
4　Du musst ins Bett gehen. Diese Sendung ist zu Ende. (sobald)
5　Ich arbeite nicht im Wohnzimmer. Ich arbeite in meinem Schlafzimmer. (sondern)
6　Ich werde eine Flasche Cola mitbringen. Wir haben etwas zu trinken. (damit)

Sometimes sentences begin with a subordinate clause,

e.g. **Als** sie angekommen **sind**, **war** es zu spät.

Als sends the verb **sind** to the end of the subordinate clause, but the verb in the main clause, **war**, comes to the beginning, so that we have the pattern verb, verb.

II-2　Übung: Fülle die Lücken aus!

Complete the following paragraph by putting an appropriate conjunction in each gap.

Harald stand früh auf, _____ es Sonntag war. Er musste sich beeilen, _____ er viel zu tun hatte. _____ seine Schwester das Haus putzte, ging er einkaufen. ____ er nach Hause kam, sah alles besser aus. _____ Harald eine Party geben wollte, half seine Schwester Ilse ihm. Ilse bereitete das Essen vor, _____ Harald die Getränke organisierte. ____ die ersten Gäste ankamen, waren sie noch nicht fertig. Harald und Ilse waren endlich so müde, _____ sie nur schlafen wollten.

Vokabeltipp   Die Mahlzeiten

Wann	gibt es	Frühstück?	Darf ich mal probieren?		May I have a try?
	isst du	Mittagessen?	Das schmeckt mir	prima.	great.
		Abendessen?		nicht so gut.	not so good.
		einen Imbiss?	Das ist mir	zu süß.	too sweet.

Was gibt es zum Mittagessen?

				zu sauer.	too sour / sharp.
Ich habe	Hunger.	Ich bin hungrig.		zu scharf.	too hot.
	Durst.	Ich bin durstig.		zu fettig.	too greasy.

Ich esse kein Fleisch.

	zu mild.	too bland.

Ich esse gern Obst.

	zu salzig.	too salty.

Ich bin Vegetarier.

Wie schmeckt es dir?	How do you like it?	Das ist nicht mein Fall.	It's not my cup of tea.
Hast du schon ... probiert?	Have you ever tried?		

---

7   **Was gibt es in Deutschland zum Mittagessen?**   😊😊😊 ✏️ 📄

Was passt zusammen? Wann gibt es diese Mahlzeit? Was gibt es dann zu Essen?

Beispiel   Frühstück: *6–8 Uhr, Marmelade, Ei, Brötchen*

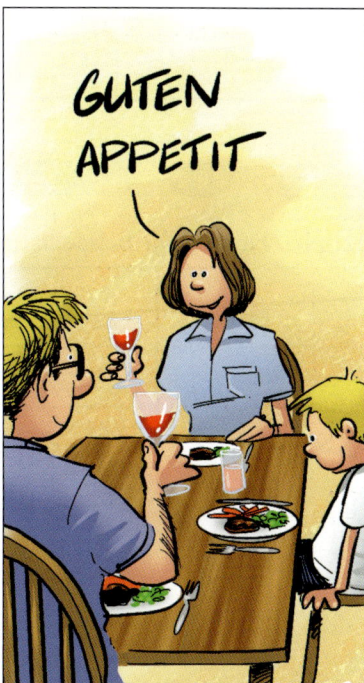

GUTEN APPETIT

Mahlzeit	Uhrzeit	Essen	
Frühstück	15 – 16 Uhr	Kaffee	Wurst und Käse
Mittagessen	6-8 Uhr	Kuchen	Marmelade
Nachmittagskaffee	18 – 20 Uhr	Ei	Belegte Brote
Abendessen	12 – 1 Uhr	Warmes Essen	Brötchen

Mach auch Sätze:

Beispiel   *Es gibt von 6 bis 8 Uhr Frühstück. Zum Frühstück isst man Ei, Brötchen und Marmelade.*

🌐 Kulturtipp   Guten Appetit!

Nicht vergessen! Vor dem Essen sagt man in deutschsprachigen Ländern immer ‚**Guten Appetit**', oder ‚**Mahlzeit**'. Wenn man Alkohol trinkt, sagt man ‚**Prost!**' oder ‚**Zum Wohl!**'. Wenn man nichts sagt, ist das sehr unhöflich!

8   **Hör zu! Der Weihnachtsabend**

Frau Schuh beschreibt den Weihnachtsabend. Finde die richtige Reihenfolge.

Beispiel   *Die Familie dekoriert den Weihnachtsbaum.*

a   Die Familie isst zu Abend.

b   Die Eltern gehen in die Kirche.

c   Es gibt Geschenke.

d   Die Familie dekoriert den Weihnachtsbaum.

e   Sie singen Weihnachtslieder.

f   Alle sitzen gemütlich zusammen.

Erste Hilfe

die Bescherung	the giving of presents
die Pute	the turkey
die Ente	the duck
der Karpfen	the carp
zusammen sitzen	to sit together

9   **Hör zu! Tina und Omar reden über das Essen**

Wie finden sie die Speisen? Schreib die Tabelle in dein Heft und mach Kreuze in die richtige Spalte.

	mild	scharf	fettig	salzig	süß	lecker
Döner Kebab						
türkische Pizza						
türkischer Kuchen						

10   **Gruppenarbeit: Wie schmeckt das?**

Trag die Lebensmittel in die Tabelle ein. Es gibt ein Beispiel. Finde mehr Beispiele.

süß	sauer	scharf	mild	fettig	salzig
Schokolade					

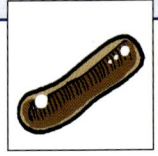

11   **Sag was! Magst du das?**

Mach eine Liste mit deinen Lieblingsessen und -getränken.
Vergleiche mit deinem Partner.

Beispiel

A   Ich esse gerne Curry. Magst du das?

B   *Curry ist nicht mein Fall. Ich finde Curry zu scharf.*

A   Und was isst du gern?

B   *Mein Lieblingsessen ist ...*

12   **Hörspiel! Tim und Pommes wollen helfen**

Es ist Heiligabend. Frau Schuh sagt Tim und Pommes, wie sie helfen können.
Schreib die richtigen Buchstaben auf. Es gibt ein Beispiel.

 **A**    **B**    **C**    **D**    **E**    **F**

Frau Schuh	*B*	☐	☐
Pommes + Tim	☐	☐	☐

Vokabeltipp   **Darf ich helfen?**

Darf ich dir helfen?

Was gibt es zu tun?

Kannst du bitte die Tür zumachen?

Sollen wir den Tisch decken / abräumen?

Pass auf!

schenken + Dativ!

Was schenkst du   deinem Vater? / deiner Mutter? /
deinen Großeltern? / mir?

bekommen von + Dativ!

Was hast du von deiner Freundin bekommen?

wünschen + Dativ!

Was wünscht du dir zu Weihnachten?

Ich wünsche mir zum Geburtstag eine Jacke.

---

13   **Sag was! Kann ich helfen?**

Spiel mit einem Partner. Partner A macht eine Liste mit Dingen, die im Haushalt zu
tun sind. Schau Kapitel 3, Einheit B nochmal an! Partner B fragt: ,Kann ich helfen?'

Beispiel

A   Kann ich helfen?   **B**   *Ja, kannst du bitte den Tisch decken?'*

A   … den Tisch decken? Natürlich.

Lerntipp   **Ein Wort, viele Bedeutungen**

Es gibt Wörter, die mehrere Bedeutungen haben. Hier ist ein Beispiel:

sauer: 1) Die Zitrone ist sauer. (sour, acidic)   2) Ich bin sauer!!! (cross)

Hier sind noch mehr Wörter. Welche Bedeutung passt zu welchem Satz?

- **süß** *sweet / cute*
1) Der Pudding ist süß.
2) Die kleine Katze ist süß.

- **scharf** *hot / sharp / harsh / sexy*
1) Es weht ein scharfer Wind.
2) Pass auf! Das Messer ist scharf!
3) Die Girls sehen echt scharf aus!
4) Hui!!! Das Chilli schmeckt scharf.

- **mild** *gentle / mild*
1) Das Curry ist nicht scharf, es ist ganz mild.
2) Es ist warm und der Wind weht mild.

14 **Hörspiel: Was hast du zu Weihnachten bekommen?**

Es ist spät am Heiligen Abend. Pia erzählt Yasemin am Telefon, was sie für Geschenke bekommen hat. Trag die Tabelle in dein Heft ein. Schreib die richtigen Buchstaben in die Kästchen.

A   B   C   D   E   F   G   H

Yasemin	Eltern	Schwester	Bruder	Pommes	David
B					

15 **Sag was!   Was schenkst du …?**

Mache eine Liste. Vergleiche mit deinem Partner.

Beispiel   Was schenkst du deiner Mutter?
Ich schenke meiner Mutter Ohrringe.

16 **Lies was! Geschenkservice**

Alt: Schenken ohne Geschenkservice

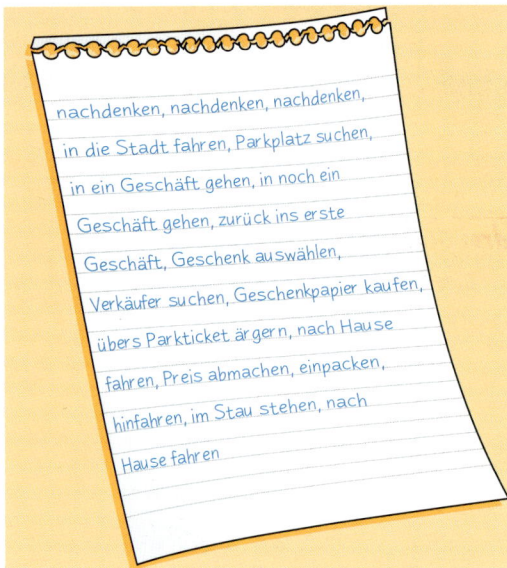

nachdenken, nachdenken, nachdenken,
in die Stadt fahren, Parkplatz suchen,
in ein Geschäft gehen, in noch ein
Geschäft gehen, zurück ins erste
Geschäft, Geschenk auswählen,
Verkäufer suchen, Geschenkpapier kaufen,
übers Parkticket ärgern, nach Hause
fahren, Preis abmachen, einpacken,
hinfahren, im Stau stehen, nach
Hause fahren

Neu: Schenken mit Geschenkservice

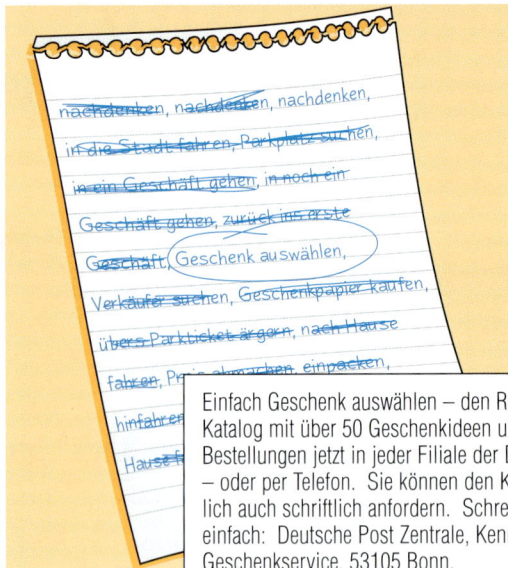

~~nachdenken, nachdenken, nachdenken,~~
~~in die Stadt fahren, Parkplatz suchen,~~
~~in ein Geschäft gehen, in noch ein~~
~~Geschäft gehen, zurück ins erste~~
~~Geschäft,~~ Geschenk auswählen,
~~Verkäufer suchen, Geschenkpapier kaufen,~~
~~übers Parkticket ärgern, nach Hause~~
~~fahren, Preis abmachen, einpacken,~~
~~hinfahren~~
~~Hause fahren~~

Einfach Geschenk auswählen – den Rest machen wir. Katalog mit über 50 Geschenkideen und Bestellungen jetzt in jeder Filiale der Deutschen Post – oder per Telefon. Sie können den Katalog natürlich auch schriftlich anfordern. Schreiben Sie uns einfach: Deutsche Post Zentrale, Kennwort: Geschenkservice, 53105 Bonn.

17 **Sag was! Geschenkservice**

a   Was muss man tun, wenn man ein Geschenk ohne Geschenkservice kaufen will?

Beispiel   *Man muss nachdenken. Dann muss man in die Stadt fahren …*

b   Was muss man tun, wenn man ein Geschenk mit Geschenkservice kaufen will?

Einheit A   Wir brauchen Geld!

Lernziele

In dieser Einheit wirst du
- **lesen** und **hören**, wie Leute ihre Berufe beschreiben
- darüber **schreiben** und **sprechen**, was du mit deinem Geld machst und was für einen Job du hast / suchst.

Vokabeltipp   **Arbeit**

Hast du einen Job?	*Ich habe (k)einen*	*Teilzeitjob / Ferienjob*
Hast du ein Arbeitspraktikum gemacht?	*Ich mache ein Arbeitspraktikum als … / bei …*	
	Ich habe ein Praktikum als … gemacht.	
	Ich war Praktikant(in) bei …	
Bekommst du Taschengeld?	*Ich bekomme (nicht) genug Taschengeld.*	
Reicht dein Taschengeld?	*Es reicht meistens (nicht).*	
Was machst du mit deinem Geld?	*Ich brauche Geld für …*	
Ich suche einen Job.	*Ich arbeite als*	*Auszubildende(r)*	*bei Siemens.*
Ich will mich als … bei … bewerben.		*Babysitter*	*in einer Familie.*
		Bedienung	*in einem Café.*
		Verkäufer(in)	*in einer Boutique.*
der / die Auszubildende / der Azubi	*Ich mache eine Ausbildung als Sekretärin.*	
Wie viel (Geld) verdienst du pro Stunde / Tag / Woche / Monat?	*Ich verdiene 10 Euro pro Stunde.*	
Wie viel Lohn / Stundenlohn bekommst du?	*Ich bekomme sechs Euro.*	
Wie viel Stunden musst du arbeiten?	*Ich arbeite drei Stunden.*	
Wie oft arbeitest du?	*Ich arbeite zweimal pro Woche.*	
An welchen Tagen arbeitest du?	*Ich arbeite dienstags und samstags.*	
Wann fängt deine Arbeit an?	*Meine Arbeit fängt um 18 Uhr an.*	
Wann hört deine Arbeit auf?	*Meine Arbeit hört um 21 Uhr auf.*	
Hast du eine Mittagspause?	*Ich habe (k)eine Pause.*	
Was macht dein Vater / deine Mutter? / Was für Arbeit machen sie? / Wo arbeiten sie? / Was ist sein / ihr Beruf?		

Erste Hilfe

eine Ausbildung	an apprenticeship
Auszubildende /	apprentices
Azubis	
die Praxis	'on the job' training
die Berufsschule	vocational college
Textverarbeitung	computer processing

Kulturtipp   Ausbildung

Eine Ausbildung dauert 2–3 Jahre. *Auszubildende*, oder kurz ‚*Azubis*‘, arbeiten fünf Tage pro Woche. Sie verdienen auch ein bisschen Geld. Azubis arbeiten 3–3¹/₂ Tage pro Woche in einer Firma. In der Firma lernen sie die Praxis. Azubis müssen 1¹/₂–2 Tage pro Woche in die *Berufsschule* gehen. In der Berufsschule lernen sie die Theorie, zum Beispiel Mathe, Textverarbeitung oder Physik. Am Ende der Ausbildung machen die Azubis eine Prüfung.

1 Hör zu! Mein Beruf

Herr Anatoli, Frau Siebert und Herr Hilgers reden über ihre Berufe. Fülle die Tabelle aus und beschreib die Personen in ganzen Sätzen.

	Herr Anatoli	Frau Siebert	Herr Hilgers
früher	Mechaniker		
heute	im Ruhestand		
Plan für die Zukunft	Geschichte studieren		

Erste Hilfe
im Ruhestand — retired
arbeitslos — unemployed
Hausmann — househusband

Beispiel *Früher war Herr Anatoli Mechaniker. Heute ist er im Ruhestand. Er möchte gerne Geschichte studieren.*

2 Gruppenarbeit: Berufe

Wer arbeitet wo? Verbinde die Bilder, Berufe und Arbeitsplätze. Benutze das Wörterbuch als Hilfe. Es gibt ein Beispiel.

Berufe
a   die Polizistin
b   *der Sänger*   **1**
c   die Schauspielerin
d   die Sekretärin
e   der Verkäufer
f   die Ärztin
g   der Mechaniker
h   die Hausfrau
i   der Kaufmann
j   die Kellnerin
k   der Lehrer
l   der Rentner

Arbeitsplätze
i   in der Schule
ii   bei einer internationalen Firma
iii   gar nicht
iv   in einem Gasthaus
v   bei der Polizei
vi   im Theater
vii   in einer Fabrik
viii im Krankenhaus
ix   im Büro
x   *bei einer Band*
xi   zu Hause
xii   in einem Laden

3 Sag was! Wo arbeiten sie? Mach Sätze

Beispiel *Der Sänger ist der Mann, der bei der Band arbeitet.*

4 Gruppenarbeit: Personenbeschreibungen

Sieh dir die Berufe oben an. Wähle ein Bild aus und rede mit deiner Gruppe über die Person. Denk dir eine Personenbeschreibung aus.

- Name, Alter, Wohnort, usw.
- Was ist sein / ihr Beruf? Wo arbeitet er / sie?
- Wie ist sein / ihr Arbeitstag?

- Was hat er / sie vorher gemacht?
- Wie gefällt ihm / ihr die Arbeit?
- Was ist sein / ihr Traumberuf?

Grammatik

I Relativsätze

Clauses

Der Mann, **der** ins Wohnzimmer kommt, ist sein Bruder.	*The man,* **who** *...*
Die Katze, **die** keine Mäuse fängt, ist zu dick.	*The cat,* **which** *...*
Das Buch, **das** da liegt, ist teuer.	*The book,* **which** *...*
Die Kinder, **die** im Garten spielen, sind sehr jung.	*The children,* **who** *...*

In the above sentences you will see that the words **der**, **die**, **das** and **die** (plural) which we usually use to mean 'the', are relative pronouns – they relate to a noun earlier in the sentence and it is the gender of that noun that decides if the relative pronoun is masculine, feminine, neuter or plural.

Here is a table showing all the different forms of the relative pronoun, with possible meanings.

	Singular			Plural	
	m	**f**	**n**		
Nom.	der	die	das	die	(*who, which*)
Acc.	den	die	das	die	(*whom, which*)
Gen.	dessen	deren	dessen	deren	(*whose, of which*)
Dat.	dem	der	dem	denen	(*to whom, to which*)

You will see that the forms of **der** / **die** / **das** are different from the definite article in the genitive and the dative plural. In order to choose the correct relative pronoun we need to answer two questions:

a Is the word the relative pronoun refers back to masculine, feminine, neuter or plural?

b What is the role of the relative pronoun in its own part of the sentence? Is it nominative, accusative, genitive, dative or plural?

● Der Mann, **den** ich gestern besuchte, wohnt in der Stadt. *The man, whom I visited yesterday, lives in the town.*

We use a masculine relative pronoun because **Mann** is masculine and we use the accusative case because the underlying idea is 'I visited the man' (direct object = Accusative case).

● Die Dame, mit **der** ich sprach, ist meine Tante. *The lady, with whom I was speaking, is my aunt.*

We use a feminine relative pronoun because **Dame** is feminine and we use the dative case because it follows the preposition **mit**, which governs the dative case.

● Meine Schwester, **deren** Haus ganz in der Nähe liegt, ist älter als ich. *My sister, whose house is nearby, is older than me.*

We use a feminine relative pronoun because **Schwester** is feminine and the genitive case because it means 'whose house'.

Pass auf!

1 The relative pronoun always sends the verb to the end of the clause!

2 In English we can sometimes leave out the relative pronoun, but in German we must *always* use the relative pronoun,

e.g. Das Buch, das er in der Buchhandlung sah, war teuer.
The book (which) he saw in the bookshop was expensive.

3 After **alles**, **nichts** or **etwas** we would use **was** as the relative pronoun,

e.g. Alles, was Peter macht, geht schief.
Everything (that) Peter does goes wrong.
Nichts, was er sagt, ist interessant.
Nothing (that) he says is interesting.

I-1 Übung: Trage die Relativpronomen ein!

1 Das ist das Kaufhaus, ___ um 8 Uhr aufmacht.

2 Ich suche etwas für meinen Bruder, ____ ihm gefällt.

3 Ich habe den Rock gekauft, ___ ich gestern im Schaufenster gesehen habe.

4 Hier sind meine Großeltern, ____ ich eine Uhr geschenkt habe.

5 Die Frau, ___ Mann krank ist, kauft Tabletten.

6 Die Hose, ____ ich gekauft habe, ist zu groß.

7 Der Verkäufer, mit ___ ich gearbeitet habe, hat blondes Haar.

8 Das war alles, ___ ich tun konnte.

LIVERPOOL HOPE UNIVERSIT

I-2   Übung: Verbinde die zwei Sätze mit Relativpronomen!

Beispiel   Petra hat einen Bruder. Er heißt Peter.
Petra hat einen Bruder, der Peter heißt.

1 Der Junge wohnt bei seiner Schwester. Seine Eltern sind tot.
2 Mein Freund heißt Manfred. Ich spiele Tennis mit ihm.
3 Die Dame wohnt in Bremen. Ich schicke ihr einen Brief.
4 Die Freunde kommen aus Irland. Ich fahre mit ihnen in Urlaub.
5 Die Lampe war sehr teuer. Sie steht auf dem Tisch.
6 Meine Mutter arbeitet in einem Geschäft. Das Geschäft liegt in der Stadtmitte.
7 Das ist der Polizist. Ich habe ihn gestern in der Altstadt gesehen.
8 Das ist das Mädchen. Ich habe ihr Buch verloren.

II   Schwache Substantive

Weak nouns. There is a small group of masculine nouns which add -**n** or -**en** in the accusative, genitive and dative singular, e.g. **der Student** (*student*).

	Singular	Plural
nominative	der Student	die Student**en**
accusative	den Student**en**	die Student**en**
genitive	des Student**en** (not -s)	der Student**en**
dative	dem Student**en**	den Student**en**

When you find a weak noun in a dictionary, you will see it shown in the following way: **Student, der; -en, -en**.
This means that the word **Student** is masculine, that it is a weak noun and ends in -**en** in the singular as well as in the plural.

Pass auf!

1 The genitive singular of **der Name** is **des Namens**.
2 **der Herr** (-**n**, -**en**) adds -**n** in the singular and -**en** in the plural.

	Singular	Plural
nominative	der Herr	die Herr**en**
accusative	den Herr**n**	die Herr**en**
genitive	des Herr**n**	der Herr**en**
dative	dem Herr**n**	den Herr**en**

Here is a list of the weak nouns you are most likely to meet:

der Bauer (-n, -n)	der Pilot (-en, -en)
farmer	pilot
der Franzose (-n, -n)	der Polizist (-en, -en)
Frenchman	policeman
der Ire (-n, -n)	der Russe (-n, -n)
Irishman	Russian
der Journalist (-en, -en)	der Schotte (-n, -n)
journalist	Scotsman
der Junge (-n, -n)	der Soldat (-en, -en)
boy	soldier
der Matrose (-n, -n)	der Tourist (-en, -en)
sailor	tourist
der Mensch (-en, -en)	der Neffe (-n, -n)
human being, man	nephew
der Nachbar (-n, -n)	der Name (-n, -n)
neighbour	name

II-1   Übung: Fülle die Lücken aus!

1 Der Jung_ geht oft in die Stadt.
2 Hast du den Student_ gesehen?
3 Sie gibt dem Polizist_ den Brief.
4 Das Kind des Matrose_ wohnt auch in Chatham.
5 Woher kommt der Bauer_?

---

www.

Jobs
Ferienjobs: http://www.jobber.de/
Praktika: http://www.arsenal-praktika.de/
            http://www.forum-jobline.de/

5   **Lies was! Was für 'n Job will ich eigentlich?**

Was für 'n Job will ich eigentlich?

Vom Tellerwäscher zum Millionär –
ein schöner Traum, hier steht, wie es geht ...

Das Geld liegt auf der Straße, nur meistens finden es die anderen! Deshalb muss man arbeiten. Aber wie kann man ausreichend Geld verdienen und wenigstens ein bißchen Spaß an der Sache haben?

Geld und Ausbildung braucht jeder und so können Ferienjobs nicht nur fürs Geld, sondern auch für einen späteren Arbeitsplatz nützlich sein. Hier ein paar Tips für über 15-Jährige, wie man an einen Job kommt:

Kinderbetreuung

Gemeint ist nicht das Babysitten, obwohl das auch kein schlechter Nebenverdienst ist. Hier geht es um die Kinderbetreuung bei Institutionen. Volkshochschulen, Familienbildungsstätten bieten Workshops, Wochenendseminare, Bildungswochen usw. für Familien an. Ein eigenes Programm wird für die Kinder zusammengestellt. Dafür brauchen die Institutionen natürlich Kinderbetreuer. Der

Vorteil eines solchen Jobs: Man verdient an einem Wochenende sehr gut und hat für den Rest des Monats seine Ruhe. Außerdem fährt man meistens in schöne Bildungshäuser oder Feriendörfer. Aber auch hier ist es wichtig, sich nicht unter Wert zu verkaufen. Einige Einrichtungen sind der Meinung, für ‚Kinderarbeit' bräuchten sie nicht so viel zu bezahlen. **Vorteil:** in einer kurzen Zeitspanne Geld verdienen **Nachteil:** Stress (Kinder können auch sehr nerven)

Bedienung

‚Die Suppe ist kalt!' Viele denken immer noch, es wäre ein Traumjob, als Bedienung zu arbeiten. In der Realität bedeutet es aber schmerzende Füße, schlechte Laune und am nächsten Morgen vor allem Müdigkeit. Wenn es gut gelaufen ist, allerdings auch ein hohes Trinkgeld. Nur, muss man oft bis spät in die Nacht arbeiten – also nur ideal für Langschläfer. Bei einem Job in der Gastronomie solltet ihr euch sehr genau über Arbeitszeiten und Verdienstmöglichkeiten informieren. **Vorteil:** zum Teil hohes Trinkgeld **Nachteil:** Stress, die Müdigkeit am nächsten Morgen

Nachhilfe

Du bist gut in Mathe? Gut, mach was daraus! Jüngere Jahrgänge brauchen oft Unterstützung. Für eine Stunde Nachhilfe zwischen

20 DM und 30 DM zu nehmen ist nicht zu viel. Nebenbei frischt ihr auch altes Schulwissen wieder auf. Nur Vorsicht! Ihr solltet immer eine Seite im Buch weiter sein als eure Schüler. **Vorteil:** Arbeitszeit ist flexibel **Nachteil:** Um ausreichend Geld zu haben, muss man genug Schüler finden

Roady auf Zeit

Konzertagenturen, Oper, Clubs, die Messe – alle brauchen Helfer zum Auf- und Abbau von Bühnen u.ä. Die Bezahlung ist in der Regel nicht schlecht, es bleibt genug Zeit, das Konzert auch noch anzugucken, und man lernt viele Menschen kennen. In den Schulferien gibt es zusätzlich die Möglichkeit, mit auf Tournee zu gehen. **Vorteil:** gute Bezahlung, besonders geeignet für häufige Konzertgänger **Nachteil:** Arbeit kann bis spät in die Abendstunden gehen und gute körperliche Verfassung ist notwendig!

a   Schreib den richtigen Job (Kinderbetreuer, Bedienung, Nachhilfe, Roady auf Zeit)

1 Man verdient sehr gut an einem Wochenende.

2 Man fährt in Feriendörfer.

3 Man bekommt manchmal Trinkgeld.

4 Man frischt sein altes Schulwissen auf.

5 Man lernt viele Menschen kennen.

6 Man braucht nicht den ganzen Monat arbeiten.

7 Man steht am Morgen müde auf.

8 Man muss bis spät in der Nacht arbeiten.

9 Man kann oft ins Konzert gehen.

10 Man leidet unter Stress.

Erste Hilfe
die Bezahlung the pay
die körperliche the physical condition
Verfassung

b   Fülle die Lücken in den folgenden Sätzen aus.

1 Ferienjobs können für einen ___ nützlich sein.

2 Kinderbetreuung macht man nicht in einem Haus, sondern bei ___ .

3 Ein Vorteil von Kinderbetreuung ist, dass man viel ___ verdient.

4 Ein Kellner arbeitet oft bis ___ in die Nacht.

5 In den Schulferien kann man mit auf ___ gehen.

A

B

6 **Hörspiel: Wir brauchen Geld!**

Die Band will ein Studio mieten. Dazu brauchen sie Geld.

a Wer will welchen Job machen?

b Was sind die Vor- und Nachteile der Jobs?

	Pommes	Yasemin	Pia
Job	*A. Roady*		
Vorteile	*viel Geld*		
Nachteile	*harte Arbeit*		

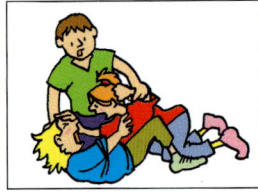

C

7 **Hörspiel: Der Superjob**

Pommes hat eine Stellenanzeige in der Zeitung gefunden. Beantworte die Fragen auf Deutsch.

1 Was für einen Job hat Pommes gefunden?

2 Wo ist das Konzert?

3 Wie kommt er zur Arbeit?

4 Wie lange dauert die Fahrt?

5 Wann muss er aufstehen?

6 Wird er sich bewerben?

D

8 **Hör zu! Franziska will sich bewerben**

Franziska ruft bei der Firma Meister an.
Schreib eine Notiz für Frau Danieli.

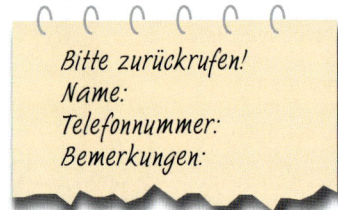

Bitte zurückrufen!
Name:
Telefonnummer:
Bemerkungen:

9 **Schreib was! Meine Jobs**

Füll den Fragebogen aus und vergleiche mit deinem Partner.

```
Bekommst du Taschengeld?
Reicht dein Taschengeld?
Wofür gibst du dein Taschengeld aus?
Arbeitest du, um Geld zu verdienen?
Was für Jobs          hast du schon gemacht?        Wie hat es dir gefallen?
                      möchtest du mal machen?        Warum?
                      willst du auf keinen Fall machen?   Warum?
Was ist dein Traumjob?   Warum?
```

🌐 *Kulturtipp* **Arbeiten**

In den deutschsprachigen Ländern fängt die Arbeit oft viel früher an als in Großbritannien. Viele Leute gehen zwischen sieben und acht Uhr zur Arbeit und kommen schon zwischen drei und vier Uhr nachmittags nach Hause. Feierabend (end of the working day) ist sehr wichtig! Wenn man nach Hause geht, sagt man: ‚Schönen Feierabend!'

Einheit B | Neue Klamotten

Lernziele

In dieser Einheit wirst du
- *lesen* und *hören*, wo und wann Leute einkaufen gehen
- darüber *schreiben* und *sprechen*, wo und wann du einkaufen gehst.

Kulturtipp Öffnungszeiten

In Deutschland

Post

Mo. – Fr. 09.00 – 18.00 Uhr

Sa. 09.00 – 12.00 Uhr

Banken

Mo., Di., Mi., Fr. 08.30 – 13.00 Uhr,
14.30 – 16.00 Uhr

Do. 08.30 – 13.00 Uhr, 14.30 Uhr – 18.00 Uhr

In Österreich

Post

Mo. – Fr. 08.00 – 12.00 Uhr, 14 – 17.00 / 18.00 Uhr

Banken

Mo., Di., Mi., Fr. 08.00 – 12.30 Uhr,
13.30 – 15.00 Uhr

Do. 08.00 – 12.30 Uhr, 13.30 – 17.00 Uhr

In der Schweiz

Post

Mo. – Fr. 07.30 – 12.00 Uhr, 13.45 – 18.00 Uhr

Sa. 07.30 – 11.00 Uhr

Banken

Mo. – Fr. 08.30 – 16.30 Uhr

Vokabeltipp Öffnungszeiten

die Öffnungszeiten / die Geschäftszeiten
geöffnet / geschlossen
von ... bis
Wann macht das Geschäft auf / zu?
Machen Sie eine Mittagspause?
Wie sind die Öffnungszeiten am Mittwoch?

Geschäfte

Haben Sie ...? / Verkaufen Sie ...? / Wo finde ich ...?

(m) *im*	*Laden*
	Kiosk
	Supermarkt
(m) *beim*	*Frisör*
	Metzger
	Bäcker
(m) *auf dem*	*Markt*
(f) *in der*	*Apotheke*
	Bäckerei
	Metzgerei
	Fleischerei
	Bank
	Boutique
	Buchhandlung
	Drogerie
	Abteilung
(f) *an der*	*Tankstelle*
(n) *im*	*Gemüsegeschäft*
	Kaufhaus
	Warenhaus
	Musikgeschäft
	Schreibwarengeschäft
	Geschäft

1 **Gruppenarbeit: Tims Einkaufsliste**

Tim will für die Familie Miller einkaufen. Sieh dir seine Einkaufsliste an.

a In welche Läden muss Tim gehen?

b Mache Listen: Was kann er in den Läden noch kaufen?

1 Stück Emmentaler Käse (250 Gramm)
1 Dose Tomaten
1/2 Kilo Rindfleisch
1 Geburtstagskuchen für David
1 Geburtstagskarte
6 frische Brötchen
1 Tube Zahnpasta
1 Paket Kopfschmerztabletten
1 kg Äpfel
Bananen
die Tageszeitung
Handschuhe
1 Liter Milch
1 Geschenk (Buch über England?)
1 Flasche Weißwein (Riesling?)

2 **Sag was! Wo kann ich das kaufen?**

Hilf Tim beim Einkaufen. Dein Partner spielt Tim.

Beispiel   **Tim:**   Wo kann ich am besten Emmentaler Käse kaufen?

               Freund: Käse kannst du am besten auf dem Markt oder im Supermarkt kaufen.

S p r a c h t i p p

Ein Paar

Auf Englisch sagt man *a pair of socks / shoes / trousers / spectacles*.

Auf Deutsch sagt man (ein Paar) Socken / (ein Paar) Schuhe, aber **eine** Hose und **eine** Brille sind SINGULAR!

Warum?   zwei Schuhe, zwei Socken   ← zwei gleiche Teile = ein Paar

              eine Hose, eine Brille   → ein Teil = Singular

Wie heißt es auf Deutsch? Ein Paar oder Singular: *earrings, jeans, gloves*?

Vokabeltipp — Kleidung

Was für Kleidung trägst du gerade?	What kind of clothes are you wearing now?
Was für Kleidung trägst du gern?	What kind of clothes do you like wearing?
Beschreib die Kleidung von Gabi.	Describe Gabi's clothes.
Ich trage gern / nicht so gern …	I like / don't like wearing …
Sie trägt eine Hose.	She is wearing a pair of trousers.
Sie hat eine Hose an.	She is wearing a pair of trousers.

Ich trage …

Maskulin:

einen Mantel	coat
einen Pullover / Pulli	pullover
einen Regenschirm	umbrella
einen Schal	scarf
einen Schlips	tie
Schmuck	jewellery

Feminin:

eine Sonnenbrille	sunglasses
eine Hose	trousers
eine Jacke	jacket
eine Jeans	jeans
eine Bluse	blouse
eine Krawatte	tie

Neutrum:

ein T-Shirt	T-shirt
ein Hemd	shirt
ein Kleid	dress

Plural:

Socken (m)	socks
Schuhe (m)	shoes
Handschuhe (m)	gloves

eine Jacke aus Leder / eine Lederjacke	a leather jacket
ein Kleid aus Baumwolle / ein Baumwollkleid	a cotton dress
ein Pullover aus Wolle / ein Wollpullover	a woollen sweater
dunkel	dark
hell	light

rot	rosa	lila / violett	blau	hellblau	dunkelblau	gelb
grün	türkis	weiß	grau	orange	schwarz	braun
beige	silbern	golden				

Sie trägt ein

buntes
einfarbiges
gestreiftes
kariertes
gemustertes
klassisches
modisches
sportliches
langweiliges
enges / weites
kurzes / langes

Kleid

multicoloured dress	single coloured dress	striped dress	checked dress	patterned dress

3 | **Hörspiel: Neue Klamotten für die Band**

Die Band hat bald einen Auftritt. Sie brauchen neue Outfits.
Wie sehen Tims Kleider aus? Wie sehen Pias Kleider aus? Zieh die Figuren an.

Erste Hilfe

die Klamotten	clothing (slang)
verrückt	crazy, outlandish
ein Witz	a joke
ein Kostüm	a costume
Du siehst aus wie ...	you look like ...

4 | **Gruppenarbeit: Entwirf ein Bühnenkostüm für die Band**

Was soll die Band bei ihrem Auftritt anziehen? Entwirf Kleidung für Pommes, David, Tim, Pia und Yasemin. Beschreib die Kleidung und vergleiche mit anderen Gruppen. Wer hat die besten Kostüme entworfen?

Vokabeltipp | **Kleidung einkaufen**

Kann ich Ihnen helfen?	Ich möchte / hätte gern ... einen Pullover.
Wie soll der Pullover aussehen?	
Welche Farbe möchten Sie?	Ich möchte einen Pullover in Blau, bitte.
Welche Größe brauchen Sie?	Ich hätte gern einen Pullover in Größe 38, bitte.
Ist der Pullover für Sie?	Ja, er ist für mich.
	Nein, er ist für meinen Freund.
Was kostet die Jacke?	Sie kostet 45 Euro.
Das ist mir zu teuer. Haben Sie etwas Billigeres?	
Ich möchte das Hemd bitte anprobieren.	
Wo kann ich das anprobieren?	
Wo ist eine Umkleidekabine?	
Passt es?	Ja, es passt.
	Nein, ich brauche eine Nummer größer / kleiner.
	Nein, es ist zu klein / groß.
	kurz / lang.
	eng / weit.
Gefällt Ihnen das?	Nein, das gefällt mir nicht.
Kann ich bitte etwas anderes sehen?	
Haben / Verkaufen Sie auch Schuhe?	
Das nehme ich.	
Können Sie es bitte einpacken?	

5 Hörspiel: Yasemin kauft ein

Yasemin geht in eine Boutique. Sie will ein Outfit für die Band kaufen.
Bringe die Sätze in die richtige Reihenfolge und schreib sie neben die Bilder.

Guten Tag.

(2)

(3)

(1)

Hier ist ein schönes Kleid in Schwarz mit Silber.

Ja, da vorne sind die Kabinen.

(4)

(5)

(6)

Nein, es ist nicht zu kurz. Das ist heute die Mode. Es sieht sehr sexy aus.

Es kostet nur 55 Euro!

Hm.

(7)

Ja, in Ordnung.

(8)

a Ich brauche Größe 36.	**d** Kann ich es anprobieren?
b Ja, ich hätte gern ein schwarzes, kurzes Kleid.	**e** Passt das Kleid?
	f Was kostet es denn?
c Ja, es passt, aber es ist etwas zu kurz.	**g** Kann ich Ihnen helfen?
	h Das nehme ich.

6 | Rollenspiel: In der Boutique

Spiele mit einem Partner. Mach einen Dialog in einer Boutique.

- Was willst du kaufen?
- Aussehen?
- Passt es?
- Preis?

7 | Hörspiel: Frau Akbar in der Boutique

Yasemins Mutter will das neue Kleid umtauschen.

Beantworte die Fragen auf Deutsch. Antworte in ganzen Sätzen.

Beispiel   Was will Frau Akbar in der Boutique?   *Sie will das Kleid umtauschen.*

1 Was ist das Problem mit dem neuen Kleid?

2 Was kann der Verkäufer nicht machen?

3 Was für ein Kleid kauft Frau Akbar für Yasemin?
Beschreib es.

4 Was glaubst du, wie wird Yasemin das neue Kleid gefallen?

5 Haben deine Eltern denselben Geschmack wie du,
oder gibt es auch manchmal Probleme?

Erste Hilfe

anständig	decent
mit Blumen	with flowers on it
Ich kenne doch den Geschmack meiner Tochter!	I know my daughter's taste!

Kulturtipp **Kleider- und Schuhgrößen**

Herrenschuhe

Britische Größe	7	7½	8½	9½	10½	11
Europäische Größe	41	42	43	44	45	46

Damenschuhe

Britische Größe	5	6	6½	7
Europäische Größe	38	39	40	41

Herrenhemden

Britische Größe	14	14½	15	15½	16	17
Europäische Größe	36	37	38	39/40	41	43

Damenkleidung

Britische Größe	8	10	12	14	16	18
Europäische Größe	36	40	42	44	46	48

Welche Größe brauchst du in Deutschland?

Vokabeltipp **Sich beschweren**

Ich möchte mich beschweren.		I'd like to complain.	
Diese Schuhe sind	*zu klein.*	These shoes are	too small.
	kaputt.		broken / damaged.
	falsch.		wrong.
Dieser Pullover	*passt nicht.*	This pullover	does not fit me.
	steht mir nicht.		does not suit me.
	gefällt mir nicht.	I don't like this pullover.	
Ich habe es mir anders überlegt.		I have changed my mind.	
Ich möchte die Jacke umtauschen.		I'd like to exchange the jacket.	
Sie bekommen Ihr Geld zurück.		You get a refund.	
Haben Sie eine Quittung / einen Kassenbon?		Have you got a receipt?	

Vokabeltipp — Lebensmittel einkaufen

Ich möchte / hätte gern	ein Pfund / ein Kilo / 200 Gramm / ein Stück	Käse
	ein Paket	Kaffee
	eine Dose	Suppe
Pass auf! 1 Pfund = 500 Gramm	einen Liter	Milch
	eine Flasche	Bier

der Einkaufswagen	the trolley	die Mehrwertsteuer	VAT
der Einkaufskorb	the basket	das Etikett	the label
das Pfand	the deposit		

Ist das alles?	Wo ist die Kasse?
Ja, das ist alles.	Kann ich bitte eine Tüte haben?
Noch etwas?	Ich brauche eine Quittung.
Was macht das?	Das macht 27,50 DM.

Ich möchte	bar	bezahlen.
	mit einem Scheck	
	mit einer Kreditkarte	

Kulturtipp — Getränke

- Wenn man Getränke in Glasflaschen kauft, muss man in Deutschland und Österreich oft Pfand bezahlen. Wenn man die leere Flasche zum Laden zurückbringt, bekommt man das Pfand wieder.
- Bier, Mineralwasser und Sprudel kann man oft auch in Kästen kaufen.

- Die Deutschen kaufen Bier lieber in der Flasche als in der Dose. Sie trinken Bier sehr gern kalt.
- ‚Diet Coke' heißt in deutschsprachigen Ländern ‚Cola Light'.

Erste Hilfe

| Sprudel | fizzy drinks |
| Kästen | crates |

8 Hör zu! Auf dem Markt

Fülle die Tabelle aus.

- Was hat Frau Schulz gekauft?
- Wie viel hat sie gekauft?
- Was hat sie dafür bezahlt?

Ware	Menge	Preis
Tomaten	1/2 Kilo	1,50 DM
	Gesamtpreis:	

9 Sag was! Auf dem Markt

Erdbeeren	1,50 Euro / Schälchen
Bananen	1,90 Euro / kg
Salat	0,60 Euro / Stück
Apfelsinen	6 Stück / Euro
Frische Milch	1,10 Euro / Liter

Äpfel	2,40 Euro / kg
Möhren	0,50 Euro / kg
Melonen	1,30 Euro / Stück
Käse	0,69 Euro / kg

Spiele mit einem Partner. Kaufe auf dem Markt ein.

Beispiel *Ich möchte bitte 1 Kilo Möhren. Was kostet das?*

www.

Einkaufen

Supermärkte: `http://www.aldi.com/`
               `http://www.edeka.com/`
Kaufhäuser: `http://www.quelle.de/`
               `http://www.karstadt.de/`

10   **Hör zu! Werbung im Kaufhaus**

Was gibt es im Sonderangebot? Schreib die Nummern auf.

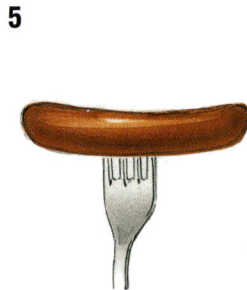

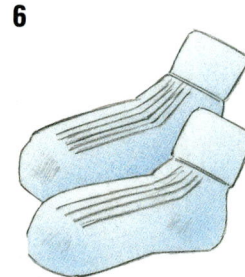

1

2

3

10

4

5

6

7

8

9

Vokabeltipp   **Billig, billig!**

das Sonderangebot	the special offer
das Angebot	the offer
billig	cheap
preiswert / günstig	good value for money
kostenlos	free of charge
der Ausverkauf	the sale
der Sommer- / Winterschlussverkauf	the summer / winter sale
herabgesetzt	reduced

11 **Hör noch mal zu! Wo ist die Abteilung?**

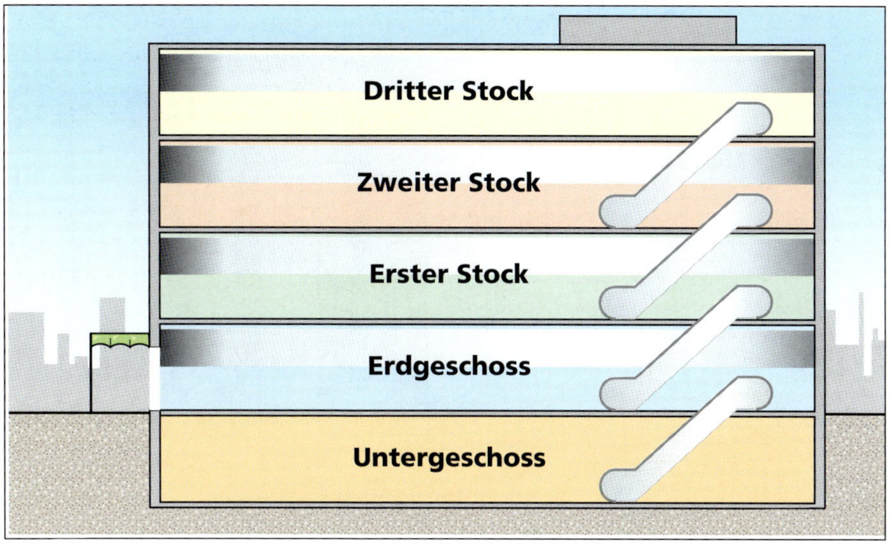

Dritter Stock

Zweiter Stock

Erster Stock

Erdgeschoss

Untergeschoss

Wo sind die Lebensmittelabteilung, die Damenabteilung, die Herrenabteilung und die Kinderabteilung?

12 **Gruppenarbeit: Mach deinen eigenen Werbespot**

Das Kaufhaus ‚Superkauf' hat Winterschlussverkauf. Es gibt viele Sonderangebote. Entwirf
- eine Anzeige für die Lokalzeitung mit Bildern
- eine Radiowerbung
- eine Internet-Seite

Vokabeltipp **Kann man hier gut einkaufen?**

Kann man in deiner Stadt gut einkaufen?

Ja, hier gibt es	*viele Geschäfte.*
	eine gute Auswahl.
	gute Läden.
Nein, hier gibt es	*wenig Geschäfte.*
	wenig Auswahl.
	nur sehr schlechte Läden.
Hier sind die Läden	*zu teuer.*
	zu weit weg.
	zu klein.

Kaufst du hier gern ein?
Ich kaufe hier (nicht) gern ein.
Ich kaufe lieber in ... ein, denn da sind die Geschäfte besser / größer / billiger.

| *Kaufst du gern ein?* | *Ja, ich liebe Einkaufen./ Nein, ich hasse Einkaufen.* |
| *Wo kaufst du am liebsten ein?* | *Ich kaufe am liebsten in der Innenstadt ein.* |

13 | **Lies was!** **Einkaufszentrum**

An English family in Germany has picked up this leaflet and asks you to explain it.

Das CentrO

Für individuellen Bedarf ist gesorgt – ob Sie nun auf der Suche nach den neuesten CD-Angeboten sind oder nach einem Geschenk für einen netten Menschen – im CentrO, werden Sie immer fündig. Viele unterschiedliche Top-Marken sind im CentrO!

CentrO ist zu Fuß, mit Bus und Bahn sowie mit dem Auto oder dem Fahrrad zu erreichen.

P **Kostenlose Parkplätze**
10 500 kostenlose Parkplätze

G **Geschenkgutscheine**
Mit Geschenkgutscheinen können Sie ihre Lieben so richtig verwöhnen, denn in über 180 Geschäften und Restaurants im CentrO werden die Gutscheine akzeptiert.

☺ **Prittkinderland im CentrO**
Während Sie in aller Ruhe einkaufen, werden Ihre Kinder bis zu drei Stunden in unserem Kinderland betreut. Unsere fachlich qualifizierten Betreuerinnen kümmern sich gerne um Ihre Kinder. Wir nehmen Kinder im Alter zwischen drei und neun Jahren auf und betreuen sie bis zu drei Stunden lang.

☎ **Telefone**
24 Karten- und Münztelefone finden Sie auf dem CentrO.

✚ **Apotheken & Erste Hilfe**
Eine Apotheke finden Sie im Ergeschoss im Einkaufszentrum. Daneben gibt es im CentrO auch Erste-Hilfe-Anlaufstellen.

♿ **Service für Behinderte**
Problemlos und ohne Kraftanstrengung kann man mit dem Elektromobil das gesamte CentrO erkunden. Auch Rollstühle stehen kostenlos zur Verfügung.

Öffnungszeiten für das Einkaufszentrum:

Montag bis Freitag: 10.00–20.00 Uhr
Die ersten Geschäfte öffnen schon um 8.00 Uhr; Um 10.00 Uhr haben alle Anbieter geöffnet. Die Geschäfte schließen um 20.00 Uhr.

Samstag: 9.00–16.00 Uhr
Die ersten Geschäfte öffnen schon um 8.00 Uhr; Um 9.00 Uhr haben alle Anbieter geöffnet. Die Geschäfte schließen um 16.00 Uhr.

Beantworte die Fragen auf Englisch.

a They have a car. Do they have to pay to park it?

b Explain what **Geschenkgutscheine** are.

c How long can they leave their children in Pritt Kinderland?

d If they need to use a telephone, how can they pay?

e They are thinking of going at 9.00 a.m. on Monday. Will all the shops be open then?

f What time do the shops shut on Mondays?

14   **Hör zu! Wie gefällt Ihnen das CentrO?**

Antenne Ruhr macht ein Interview mit Leuten, die im neuen Einkaufszentrum einkaufen. Wie finden sie es und warum?

Sprecher	findet das CentrO	Grund
1	*toll*	*viele Geschäfte, man bekommt alles*
2		
3		

15   **Sag was! Kann man in deiner Stadt gut einkaufen?**

Mach Interviews mit deinen Mitschülern. Wie finden sie die Stadt zum Einkaufen und warum?

Beispiel   *Wo kann man in deiner Stadt gut einkaufen?*

Was gibt es da zu kaufen?

Wo soll man nicht einkaufen gehen?

w w w .

Shopping
Hamburger Technik-Kaufhaus: h t t p : / / w w w . b r i n k m a n n . d e
Das traditionelle Versandhaus: h t t p : / / w w w . q u e l l e . d e
CentrO, Oberhausen: h t t p : / / w w w . c e n t r o . d e
Tausende von on-line Shops: h t t p : / / w w w . s h o p . d e
Auswahl exquisiter Süßwaren: h t t p : / / w w w . c h o c o m a n . d e

16   **Schreib was!**

a   Schreib ein paar Einkaufstipps für die Web-Zeitung deiner Austauschschule:

- Wo kann man in deiner Gegend gut einkaufen?
- Welche Geschäfte sind gut und was gibt es da zu kaufen?
- Wo soll man nicht einkaufen gehen?
- Gibt es etwas Besonderes, was man besonders gut in deiner Gegend kaufen kann? (z.B. Wollpullover in Schottland)

b   Reicht dein Geld?

- Bekommst du Taschengeld?
- Wofür gibst du dein Taschengeld aus?
- Arbeitest du, um Geld zu verdienen? Wenn ja, wie oft?
- Was für einen Job / ein Arbeitspraktikum hast du schon gemacht?
- Wie hat es dir gefallen?
- Was möchtest du mal machen? Warum?
- Was willst du auf keinen Fall machen? Warum?

Kapitel 8 — Was wird aus mir?

Einheit A — Beziehungsstress

Lernziele

In dieser Einheit wirst du
- **lesen** und **hören**, *wie Leute über ihre Freunde reden*
- *darüber* **schreiben** und **sprechen**, *wie du dich mit deinen Freunden und deinen Eltern verstehst.*

1 **Gruppenarbeit: Wie wirken diese Leute?**

Seht euch die Bilder an. Was für einen Charakter haben die Leute eurer Meinung nach? Der Vokabeltipp unten hilft euch.

lustig	ernst
locker	streng
ehrlich	unehrlich
optimistisch	pessimistisch
spontan	schüchtern
modern	altmodisch
glücklich	unglücklich
intelligent	dumm
reich	arm

Vokabeltipp **Mein Eindruck**

Ich glaube, er / sie ist	*wenig*	
Er / Sie ist meiner Meinung nach	*ein bisschen*	
Ich finde ihn / sie	*etwas*	*schüchtern*
Er / Sie wirkt	*ziemlich*	*altmodisch*
	wirklich	*pessimistisch*
Mein Eindruck ist, dass er / sie	*sehr*	*optimistisch* *ist*
	besonders	*spontan*
	enorm	
	ganz	
	total	

2   **Schreib was! Beschreib einen Filmstar**

Wie wirkt er / sie? Was glaubst du, wie ist sein / ihr Charakter?

3   **Hör zu! Beste Freunde**

Sabina und Paul reden über ihre besten Freunde. Welche Eigenschaften müssen sie haben?

Beispiel   Sabina *1*

1 Ich muss ihm / ihr vertrauen können.
2 Ich muss offen mit ihm / ihr reden können.
3 Ich muss ihn / sie schon lange kennen.
4 Er / Sie muss mich gut verstehen.
5 Er / Sie muss gut aussehen.
6 Er / Sie muss für mich da sein, wenn ich Hilfe brauche.

7 Er / Sie muss viel Zeit für mich haben.
8 Er / Sie muss interessant sein.
9 Ich muss mit ihm / ihr viel Spaß haben.
10 Er / Sie muss die gleichen Interessen haben wie ich.
11 Meine Freunde müssen ihn / sie gut finden.

4   **Diskutiere! Freund/in oder Partner/in?**

- Welche Eigenschaften sollte dein bester Freund / deine beste Freundin haben?
- Welche Eigenschaften sollte dein Partner / deine Partnerin haben?

Mach eine Liste und diskutiere mit deinen Freunden. Benutze den Vokabeltipp als Hilfe.

Vokabeltipp   **Liebe**

BRINGE DIE SÄTZE IN DIE RICHTIGE REIHENFOLGE!

a *Er hat sie in der Disko kennengelernt.*
b *Sie lassen sich scheiden.*   ↔   They are getting a divorce.
c *Sie hat sich in ihn verliebt.*   ↔   She has fallen in love with him.
d *Sie hat mit ihm Schluss gemacht.*   ↔   She has broken up with him.
e *Sie versöhnen sich wieder.* (x 2)   ↔   They make it up. (Can be used more than once.)
f *Sie verloben sich.*
g *Sie wohnen seit zwei Jahren zusammen.*
h *Es war Liebe auf den ersten Blick.*
i *Sie heiraten.*
j *Sie bekommen ein Kind.*
k *Sie reden über ihre Probleme und einigen sich.*
l *Sie gehen zusammen.*
m *Sie streiten sich.*

5 **Hörspiel: Tim als Schwiegersohn**

Tim und Yasemin reden mit Yasemins Eltern. Beantworte die Fragen auf Englisch.

1 What are Mr Akbar's feelings towards Tim?
2 In which way are his feelings now different from the way he felt at first?
3 What do the Akbars expect of Tim in the future?
4 What are Yasemin's plans for the future?
5 What does her mother think she should do?
6 Why do the Akbars want a party for Tim and Yasemin?

Erste Hilfe

ein schönes Paar	a nice couple
am Anfang	at the beginning
der Schwiegersohn	the son-in-law
die Verlobungsfeier	the engagement party

S p r a c h t i p p

Freund und Freundin

Wenn du auf Deutsch über deine Freunde redest, sagst du ‚*Freund*' für einen Jungen und ‚*Freundin*' für ein Mädchen.

ein Freund	= a male friend		*ein fester Freund*	= a boyfriend
eine Freundin	= a female friend		*eine feste Freundin*	= a girlfriend

Eine wichtige Frage beim Flirten: ‚Hast du schon eine feste Freundin / einen festen Freund?'

6 **Hörspiel: Willst du heiraten?**

Yasemin und Tim reden über ihre Beziehung. Wer sagt das, **Yasemin** oder **Tim**, oder **Tim und Yasemin**?

1 Es ist zu früh zum Heiraten.
2 Wir sollten noch warten.
3 Ich möchte zuerst studieren.
4 Ich möchte später mal Kinder haben.
5 Ich bin noch zu jung.
6 Ich mag keine Kinder.
7 Ich weiß nicht, ob du die große Liebe bist.
8 Ich will dich nicht mehr sehen.

Vokabeltipp **Probleme mit Leuten**

Wie verstehst du dich mit deinen Eltern (Dativ)?

Ich verstehe mich gut / schlecht mit … + Dativ.

Ich habe Probleme mit … + Dativ.

Sie verstehen das nicht.

Ich kann nicht mit ihnen reden.

Sie sind zu streng / altmodisch.

Sie ist ganz anders als ich.

Wir sind zu unterschiedlich.

Wir haben unterschiedliche Interessen.

Wir haben keine gute Beziehung.

Wir müssen einen Kompromiss finden.

7   **Lies was!**   **Liebe Frau Barbara!**

Welche Antwort gehört zu welchem Brief? Trag die Namen ein. Fabian, Yasemin, Sascha oder Rebekka?

Euere Briefe:

Liebe Frau Barbara!
Ich bin 16 und habe einen kleinen Bruder. Der ist erst 14. Immer wenn ich mit meinen Freundinnen weggehen will, möchte er mitkommen. Er ist eine echte Klette! Jetzt ist es besonders schlimm, denn jetzt habe ich einen Freund, und mein Bruder lässt mich nie mit ihm allein. Oft endet es damit, dass Jan (mein Freund) und Timo (mein Bruder) bis Mitternacht Nintendo spielen!!! Hilfe! Was kann ich tun?
Deine Rebekka

Liebe Frau Barbara!
Ich bin 17 und Türkin. Ich habe einen 19-jährigen Freund. Meine Eltern möchten, dass wir uns verloben, aber er will das nicht. Ich liebe ihn und könnte mir vorstellen, ihn zu heiraten, wenn ich älter bin. Er sagt, er liebt mich, aber er weiß noch nicht, ob ich die Liebe seines Lebens bin! Dabei sind wir schon über ein Jahr zusammen. Was soll ich tun?
Ihre Yasemin

Liebe Frau Barbara!
Ich bin erst 15 und der Jüngste in meiner Klasse. Meine Freunde sind alle schon 16. Sie dürfen abends bis Mitternacht in die Disko und in die Nachtcafés. Ich muss aber spätestens um 10 Uhr zu Hause sein. Meine Freunde lachen mich deswegen aus und nennen mich ‚Baby'. Was kann ich tun, damit meine Eltern nicht mehr so streng sind?
Dein Fabian

Liebe Frau Barbara!
Ich muss mir dauernd Geld ausleihen. Einmal in die Disko und schon bin ich pleite. Von allen, die ich kenne, kriege ich am wenigsten Taschengeld. Meine Eltern sagen immer ‚Wir kaufen dir doch sowieso schon alles, was du brauchst. Wofür brauchst du so viel Taschengeld?'
Ihr Sascha

Frau Barbara antwortet:

Liebe(r)……..,
Leider haben deine Eltern Recht. Jugendliche unter 16 Jahren dürfen nur bis 10 Uhr in Diskos und Kneipen bleiben. Deine Freunde sind allerdings ziemlich gemein zu dir. Sie waren letztes Jahr auch erst 15 und sollten dich besser verstehen! Vielleicht kannst du einen Kompromiss finden? Vielleicht darfst du z.B. länger auf Partys oder bei Freunden bleiben, wenn du ein Handy mitnimmst?
DEINE FRAU BARBARA

Liebe(r)……..,
Perfektes Timing ist hier oberstes Gebot! Ein unschlagbares Argument sind gute Noten in der Schule. Und kriegst du wirklich zu wenig, kommt eine Ausgaben-Liste super an. Das wirkt seriös und zwingt deine Eltern, selbst Lösungsvorschläge zu machen. Zieht das nicht, dann biete deine Mithilfe im Haushalt an – gegen Cash natürlich!
DEINE FRAU BARBARA

Liebe(r)……..,
Wenn du keinen Privatraum hast, ist das natürlich ein Problem, besonders für deine Beziehung. Warum will dein Bruder so viel Zeit mit dir verbringen? Hat er keine eigenen Freunde? Hast du schon mal versucht, mit deinem Bruder zu reden? In der Zwischenzeit, solltest du vielleicht besser zu deinem Freund gehen. Nintendo ist wirklich nicht sehr romantisch!
DEINE FRAU BARBARA

Liebe(r)……..!
Viele türkische Mädchen haben Probleme mit ihren Eltern wegen ihres Freundes. Oft führt das zu Problemen in der Beziehung mit dem Freund. Du musst verstehen, dass die Situation auch für deinen Freund nicht einfach ist. Wichtig ist, dass er dich liebt. Vielleicht könnt ihr beide mit deinen Eltern sprechen. Viel Glück!
DEINE FRAU BARBARA

Erste Hilfe
Er ist eine Klette.
sie nennen mich …
gemein sein
der Privatraum

He is a nuisance.
they call me …
to be mean
private space

Wer hat …

- Probleme mit den Eltern?
- Probleme mit den Freunden?
- Probleme mit dem Bruder?
- Probleme mit dem Freund?
- Probleme mit dem Taschengeld?

Wer soll …

- mit den Eltern reden?
- mit dem Bruder sprechen?
- im Haushalt helfen?
- den Freund besuchen?
- einen Kompromiss finden?

8   **Schreib was! Schreib einen Brief an Frau Barbara**

Erwähne die folgenden Punkte:

- wie alt du bist
- was das Problem ist
- frag was du tun kannst

Es regnet in Strömen

www.   **Probleme Online**

- http://www.doclove.de/
- http://www.netcologne.de/nc-theewehe/fotostory/
- http://www.jungs.org/
- http://www.minuweb.ch/test/
- http://www.rjdaarau.ch/
- http://www.youngmiss.de/

Einheit B   Schule … und dann?

Lernziele

In dieser Einheit wirst du
- *lesen* und *hören*, wie Leute über ihre Schulen reden
- über deine Schule *schreiben* und *sprechen*.

1   **Hör zu! Meine Schule**

A

Drei Schüler beschreiben ihre Schule.
Schreib die Buchstaben auf.
Jonas geht auf Schule …
Janina geht auf Schule …
Pascal besucht Schule …

C

B

Vokabeltipp   **Das deutsche Schulsystem**

In welchem Schuljahr bist du?	Ich bin in der zehnten Klasse.	
In welcher Klasse bist du?	Ich bin in Klasse 10 B.	
Was für eine Schule / Schulart besuchst du?	Ich besuche	eine Hauptschule.
Auf was für eine Schule gehst du?	Ich gehe auf	eine Realschule.
		ein Gymnasium.
		eine Gesamtschule.
Wie groß ist deine Schule?	Meine Schule hat 360 Schüler.	
Wie viele Schüler hat deine Schule?		
Kannst du deine Schule beschreiben?	Meine Schule ist	groß / mittelgroß / klein.
		alt / neu.
		modern / altmodisch.
		schön / hässlich.
Wie findest du deine Schule?		
Wie findest du deine Lehrer?		
Kannst du das englische Schulsystem beschreiben?		
Welches Schulsystem findest du besser?	Ich finde das englische / deutsche Schulsystem besser.	
die Noten		
die Klassenarbeiten		
das Abitur / das Abi		
das Zeugnis		
sitzen bleiben		

🌐 *Kulturtipp*   **Das deutsche Schulsystem**

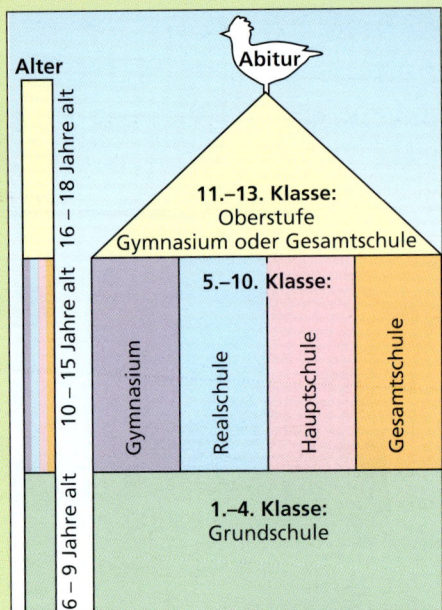

Alter		
16 – 18 Jahre alt	Abitur	
	11.–13. Klasse: Oberstufe Gymnasium oder Gesamtschule	
10 – 15 Jahre alt	**5.–10. Klasse:** Gymnasium / Realschule / Hauptschule / Gesamtschule	
6 – 9 Jahre alt	**1.–4. Klasse:** Grundschule	

Die Schularten

Die meisten Kinder gehen mit sechs Jahren vier Jahre lang zur **Grundschule**. In Berlin und Brandenburg dauert die Grundschule sechs Jahre. Danach kann man das **Gymnasium**, die **Realschule** oder die **Hauptschule** besuchen. In einigen Bundesländern gibt es auch **Gesamtschulen**. Wenn man sehr gute Noten hat, geht man auf das Gymnasium. Die meisten Schüler besuchen eine Realschule (etwa 40%). Man muss neun bis zehn Jahre lang zur Schule gehen.

    Wenn man **die Oberstufe** im Gymnasium besucht, macht man am Ende **das Abitur**, auch ‚Abi' genannt. Man braucht ein Abitur, wenn man an einer Universität studieren will. Nach Klasse 10 machen viele Schüler **eine Ausbildung** oder sie gehen auf eine Handelsschule. Es gibt aber noch viele andere Schularten nach Klasse 10.

Die Noten

    Die Noten sind sehr wichtig in Deutschland. Die Schüler bekommen zweimal im Jahr in allen Fächern Noten. In den ‚schriftlichen' Fächern, wie z.B. Deutsch, Mathe oder Englisch, schreibt man viele Klassenarbeiten. Wenn man im Zeugnis am Jahresende zu viele schlechte Noten hat (5 oder 6), dann muss man ‚sitzen bleiben', d.h. man muss das Jahr noch mal machen. Hier sind die Noten:

sehr gut	1
gut	2
befriedigend	3
ausreichend	4
mangelhaft	5
ungenügend	6

Das Schulsystem in Österreich

Das Schulsystem in Österreich ist ähnlich. Man beginnt die Schule auch mit sechs Jahren:

1. – 4. Schuljahr:	Volksschule
5. – 8. Schuljahr:	Oberstufe der Volksschule oder Hauptschule oder Höhere Schule
9. Schuljahr:	Polytechnische Schule oder
9. – 12. Schuljahr:	Höhere Schule

Am Ende der Höheren Schule macht man die Matura.

---

2   **Lies was! Das Schulsystem in Deutschland**   📄 ✏️

Lies den Kulturtipp oben und beantworte die Fragen.

1 Wie alt sind die Kinder, wenn sie in die Schule müssen?

2 Wo dauert die Grundschule länger?

3 Wer geht auf das Gymnasium?

4 Auf welche Schulart gehen die meisten Schüler?

5 Wie lange muss man in Deutschland zur Schule gehen?

6 Wann braucht man das Abitur?

7 Was ist in deutschen Schulen wichtig?

8 Was bekommt man am Jahresende?

9 Was muss man in den schriftlichen Fächern schreiben?

10 Was passiert, wenn man zu viele schlechte Noten hat?

11 Was ist anders in Österreich? Gib mindestens drei Beispiele.

12 Wie heißt das österreichische Abitur?

Erste Hilfe

das Abitur	German school leaving certificate / equivalent to A Levels / Highers
eine Handelsschule	college (commercial)
Klassenarbeiten	tests
eine Ausbildung	an apprenticeship
die Matura	Austrian school leaving certificate / equivalent to A Levels / Highers
schriftlich	written
das Zeugnis	report

3 **Schreib was! Unser Schulsystem**

Schreib ein Email an deinen deutschen Freund. Erkläre dein Schulsystem. Benutze die englischen Namen in Anführungszeichen (*inverted commas*).

Das Schulsystem:
- Die Kinder gehen mit … Jahren in die …
- Dort bleiben sie … Jahre lang.
- Dann besuchen sie eine …
- Man muss mindestens … Jahre zur Schule gehen.

Die Prüfungen:
- Mit … Jahren macht man eine Prüfung. Sie heißt …
- Danach kann man …

Die Noten:
- Wir bekommen auch Noten. Unsere Noten heißen …

Die Schuluniform:
- In der Schule müssen wir …
- Meine Schuluniform sieht so aus: …

Meine Meinung:
- Ich finde …
- Dein(e) …

4 **Hörspiel: Schule … und dann?**

Pommes will mehr über Pias Ausbildung wissen.
Welche Vor- und Nachteile beschreibt Pia? Mach eine Liste.

Beispiel

gut	schlecht
Ich verdiene Geld.	Ich habe weniger Freizeit.

5 **Schreib was! Vor- und Nachteile**

Was willst du nach der deutschen Prüfung machen?
- Weiter zur Schule gehen und Abitur machen?
- Arbeiten gehen ohne Ausbildung?

Vokabeltipp **Nach der 10. Klasse**

Was willst du nach deinen Prüfungen machen?		
	Ich will	eine Ausbildung machen.
	Ich werde	Arbeit suchen.
	Ich möchte	die Oberstufe machen.
		Abitur machen.
		studieren. / zur Uni gehen.

In einem Jahr / zwei Monaten bin ich mit der Schule fertig.   Ich plane, eine Lehre zu machen.
Ich habe vor, zur Handelsschule zu gehen.   Ich habe Lust, etwas Praktisches zu machen.
Ich finde es gut,
mit meinen Händen zu arbeiten. / mehr zu lernen. / auf der Schule zu bleiben.

Man kann	Geld verdienen. / etwas Praktisches lernen. / sich bilden.
Man hat mehr / weniger Freizeit.	Man muss früh aufstehen.
Man hat bessere Berufschancen.	Man ist abends müde.

6 **Lies was! Der Ruf nach Lerncomputern**

Lernen für das Leben sollte in Schulen selbstverständlich sein. Doch Deutschland hinkt mal wieder hinterher – moderne Computertechnologie findet hier praktisch keine Umsetzung. Die Scheu vor ihrem Gebrauch und vor ihren Kosten ist groß. Viele Schüler wollen jedoch nicht warten.

Wovon viele Schüler schon lange träumen, davon reden nun auch Lehrer und Politiker: Computer sollen vermehrt im Klassenzimmer Einzug erhalten. Der Umgang mit ihnen soll ebenso selbstverständlich sein wie Lesen, Rechnen und Schreiben!

Digitale Textverarbeitung, Tabellenkalkulationen und Bildbearbeitung werden in einigen Schulen ebenso eingesetzt wie Lernsoftware für Grammatik, Fremdsprachen, Mathematik und vieles mehr. Sie sollen den Unterricht lebendiger machen. Denkbar ist auch, dass sich nicht nur das Lernverhalten und die Kommunikation der Schüler verändern, sondern auch ihre Einstellung zur Schule.

Richtig / Falsch / Nicht im Text?

1 Es gibt viele Computer in deutschen Schulen.

2 Viele Schüler wollen auf diese Technologie warten.

3 Viele Schüler träumen von Computern im Klassenzimmer.

4 Es gibt Lernsoftware für Sprachen.

5 Es gibt Lernsoftware für Kunst.

6 Es gibt Lernsoftware für Erdkunde.

7 Computer könnten die Kommunikation in den Schulen verändern.

8 Computer könnten die Einstellung der Schüler verändern.

Vokabeltipp **Probleme in der Schule**

Hast du in der Schule Probleme?

Ich finde Physik schwierig.

Ich komme mit dem Lehrer nicht zurecht.

Ich bekomme (in Mathe) meistens gute / mittelmäßige / schlechte Noten.

Wir schreiben morgen eine Klassenarbeit / einen Test.

Ich habe Prüfungsangst.

Ich habe oft Ärger (mit den Lehrern / den Schülern) in der Schule.

Ich fühle mich in der Schule nicht wohl.

Ich bin sehr aufgeregt, wenn ich eine Prüfung habe.

Ich möchte die Schule wechseln.

---

www. **Schule**
- http://www.abitur.de/
- http://www.planet-interkom.de/peter.loy/

7 **Lies was! Schülerberatung auf dem Internet**

Wenn du

- bessere Klassenarbeiten schreiben möchtest,
- bessere Noten haben möchtest,
- vor Prüfungen weniger aufgeregt sein möchtest, dann klicke hier

GO

Wer braucht Schülerberatung? Hanno, Steffi oder Helmut?

Hanno ☐   Steffi ☐   Helmut ☐

Hanno Martin

- hat keine Angst vor Prüfungen.
- schreibt schon sehr gute Klassenarbeiten.
- bekommt immer gute Noten.

Steffi Reiz

- hat Angst vor Prüfungen.
- will bessere Noten schreiben.
- will sich bei Klassenarbeiten verbessern.

Helmut Acker

- braucht keine Prüfungen mehr machen.
- ist mit Klassenarbeiten fertig.
- Macht jetzt eine Ausbildung.

8 **Hörspiel: Pommes hat Angst**

Pommes geht es nicht gut. Er redet mit Tim. Beantworte die Fragen auf Deutsch.

1 Was schreibt Pommes in einer Woche?
2 Warum hat er Angst?
3 In welchem Fach hat er Probleme?
4 Was kann passieren?
5 Was will Tim machen?

Vokabeltipp　**Gefällt dir deine Schule?**

Gefällt dir deine Schule?
Ich bin (nicht) zufrieden mit meiner Schule.
Es ärgert mich, dass ... / Es stört mich, dass ...
Ich bin froh, dass ...
Meine Schule hat　*eine Aula / eine Sporthalle / einen Sportplatz / eine Pausenhalle /*
　　　　　　　　eine Schulkantine / Computer / Internet / eine Bücherei / Klubs

---

9　**Hör zu! Wie findest du deine Schule?**

Annika redet über ihre Schule. Was findet sie gut und was schlecht?

Beispiel　Das Schulgebäude　*gut. Es gibt eine große, moderne Bücherei*
　　　　　　　　　mit Internet und Computer.

- das Schulgebäude
- die Schuluniform
- die Schule insgesamt
- das Schulessen
- die Lehrer
- die Regeln

10　**Fragebogen: Gib deiner Schule Noten**

Füll den Fragebogen aus und vergleiche mit deinen Mitschülern und
Mitschülerinnen. (1= sehr gut, 6 = ungenügend)

1　Deine Lehrer

　a　Was ist gut an deinen Lehrern?　＿＿＿＿＿
　b　Was ist schlecht an deinen Lehrern?　＿＿＿＿＿
　c　Welche Note gibst du deinen Lehrern?　1 2 3 4 5 6

2　Dein Schulgebäude

　a　Was ist gut an deinem Schulgebäude?　＿＿＿＿＿
　b　Was ist schlecht an deinem Schulgebäude?　＿＿＿＿＿
　c　Welche Note gibst du dem Schulgebäude?　1 2 3 4 5 6

3　Deine Schuluniform

　a　Was ist gut an deiner Schuluniform?　＿＿＿＿＿
　b　Was ist schlecht an deiner Schuluniform?　＿＿＿＿＿
　c　Welche Note gibst du deiner Schuluniform?　1 2 3 4 5 6

4　Die Schulregeln

　a　Gib ein Beispiel für eine gute Regel.　＿＿＿＿＿
　b　Gib ein Beispiel für eine schlechte Regel.　＿＿＿＿＿
　c　Welche Note gibst du den Schulregeln?　1 2 3 4 5 6

5　Das Schulessen

　a　Was ist das beste Essen in deiner
　　　Schulkantine?　＿＿＿＿＿
　b　Was ist das schlechteste Essen in
　　　deiner Schulkantine?
　c　Welche Note gibst du deinem Schulessen?　1 2 3 4 5 6

6　Die Schule insgesamt

　a　Was gefällt dir an deiner Schule?　＿＿＿＿＿
　b　Was ärgert dich an deiner Schule?　＿＿＿＿＿
　c　Welche Note gibst du deiner Schule?　1 2 3 4 5 6

Einheit C   Was soll mal aus mir werden?

Lernziele

In dieser Einheit wirst du
- *lesen und* **hören**, *wie Leute über ihre Berufe reden*
- *darüber* **schreiben** *und* **sprechen**, *was für ein Job zu dir passt.*

---

1   **Fragebogen: Internet-Beratung – Welcher Job passt zu mir?**

Die Entscheidung kann dir niemand abnehmen, aber wir helfen dabei! Gib einfach dein Berufsprofil ein – und der Computer zeigt, welche Jobs am besten zu dir passen. Du brauchst nicht alle Felder auszufüllen. Aber je mehr du angibst, desto näher kommst du deinem Traumjob.

Berufsart	Branche	Ausbildung
egal ▢	egal ▢	egal ▢
analytisch ▢	Bauen / Wohnen ▢	Fachhochschule ▢
aktiv ▢	Medien (Zeitung / Fernsehen, usw.) ▢	Ausbildung ▢
naturverbunden ▢	Essen ▢	Studium ▢
handwerklich ▢	Geld / Zahlen ▢	
kaufmännisch ▢	Gesundheit / Sport ▢	
kommunikativ ▢	Industrie ▢	
kreativ ▢	Mode ▢	
technisch ▢	Computer ▢	
	Musik / Tanz ▢	
	Soziales ▢	
	Sprachen ▢	
	Tiere ▢	
	Touristik ▢	
	Natur und Umwelt ▢	
	Wissenschaft ▢	

- Kreuze an, was dich interessiert. Vergleiche mit den anderen in deiner Klasse.
- Was ist dein Traumjob?

---

2   **Lies was! Die besten Jobs von morgen**

Der Traumjob ist vielleicht nur einen Mausklick entfernt. Planen Sie Ihre Karriere über das Internet: In der Rubrik ‚Bildung und Beruf' gibt es mehr als 10 000 Angebote. Tagesaktuell – nach Branchen, Tätigkeiten, Regionen oder Postleitzahlen sortiert: Geben Sie einfach Ihre Wünsche in die Suchmaschine ein oder schalten selbst eine Anzeige. Das umfangreiche Angebot umfasst auch Praxis-Tipps für Bewerbung und Karriere und sagt, welche Jobs wirklich Zukunft haben.

Beantworte die Fragen auf Deutsch.
1 Wie weit ist dein Traumjob entfernt?
2 Wie viele Angebote gibt es in der Rubrik ‚Bildung und Beruf'?
3 Wie sind die Berufe sortiert?
4 Worin geben Sie Ihre Wünsche ein?
5 Was könnten Sie selbst machen?
6 Was für Informationen gibt das Angebot?

Vokabeltipp   Berufswahl

WELCHER BERUF PASST ZU MIR?

Was willst du machen?	What do you want to do?
Ich muss mich entscheiden.	I have to make a decision.
Ich habe mich (noch nicht) entschieden.	I have (not) decided (yet).
Ich kann mich nicht entscheiden.	I can't decide.
Ich habe keine Entscheidung getroffen.	I haven't decided yet.
Das ist mir egal.	It's all the same to me.
Mein Traumjob ist …	My dream job is …
Ich würde am liebsten … werden.	I would really love to become a …

DIE BERUFSWAHL

die Berufsberatung		careers advice	
die Berufsart		type of job	
Ich interessiere mich für einen …	analytischen Beruf	I'm interested in …	an analytical job
	aktiven Beruf		an active job
	naturverbundenen Beruf		a job close to nature
	handwerklichen Beruf		a skilled trade
	kaufmännischen Beruf		a business career
	kommunikativen Beruf		a job in communication
	kreativen Beruf		a creative job
	technischen Beruf		a technical job

DIE BRANCHE

Für welche Branche interessierst du dich?	What industry are you interested in?
In welcher Branche möchtest du gerne arbeiten?	In which industry would you like to work?
Ich möchte in der Sozialbranche arbeiten.	I would like to work in the social sector.

DIE AUSBILDUNG

Für welche Ausbildung interessierst du dich?	What training are you interested in?
Ich möchte eine Lehre machen.	I would like to do an apprenticeship / job training.
Ich möchte an einer Fachhochschule studieren.	I would like to go to a college.
Ich möchte an einer Universität studieren.	I would like to go to university.

Kulturtipp   Unis

Man kann in Deutschland an Universitäten (Unis) oder Fachhochschulen (FHs) studieren. Das Studium an einer Uni ist länger und akademischer. Das Studium an einer FH ist praktischer und kürzer.

Pass auf!

studieren *(to study)* and **lernen** *(to study)*

an der Uni studieren — Mein Bruder studiert Medizin.

in der Schule lernen — Ich lerne Deutsch.

Ich st~~udi~~ere Deutsch in der Schule.

Grammatik

Talking about the future

The future tense is used less in German than it is in English, but it is very easy to use.

You use the present tense of the verb **werden** and put the infinitive of the verb at the end of the clause:

Ich **werde** meine Hausaufgaben **machen**.
I will do my homework.
Du **wirst** deine Hausaufgaben **machen**.
You will do your homework.
Er **wird** seine Hausaufgaben **machen**.
He will do his homework.
Sie **wird** ihre Hausaufgaben **machen**.
She will do her homework.
Wir **werden** unsere Hausaufgaben **machen**.
We will do our homework.
Ihr **werdet** eure Hausaufgaben **machen**.
You will do your homework.
Sie **werden** Ihre Hausaufgaben **machen**.
You will do your homework.
Sie **werden** ihre Hausaufgaben **machen**.
They will do their homework.

Very often when we describe future events we use the present tense, because other words in the sentence make it clear that we are referring to the future,

e.g. Nächste Woche gehen wir schwimmen. — *Next week we're going shopping.*
Er ist um elf Uhr wieder hier. — *He'll be back at eleven.*

A   Heute und morgen

Beispiel   Heute spiele ich Golf.
Morgen werde ich wieder Golf spielen.

1 Heute nimmt sie ein Bad.   Morgen ...
2 Heute besuchen sie ihre Großeltern.   Morgen ...
3 Heute machst du deine Hausaufgaben.   Morgen ...
4 Heute kauft sie Bonbons.   Morgen ...
5 Heute fahrt ihr in die Stadt.   Morgen ...

B   Was machst du heute Nachmittag?

Beispiel   (schwimmen)
Heute Nachmittag gehe ich schwimmen.

1 (das Auto waschen)   Heute Nachmittag ...
2 (Fußball)   Heute Nachmittag ...
3 (Ausflug nach Berlin)   Heute Nachmittag ...
4 (zu Hause bleiben)   Heute ...
5 (einkaufen)   H ...

www.

Berufsberatung
Bei T-Online erfahren Sie alles über die Berufe, die Zukunft haben:
● http://www.t-online.de
Auf diesen Seiten findest du Berufsprofile und Job-Beschreibungen:
● http://www.neue-ausbildungsberufe.de/
● http://www.youngmiss.de/job/index.html

3   Hör zu! Mein Traumberuf

Kai, Marina und Christian reden über ihren Traumberuf. Fülle die Tabelle aus. Benutze die Worte aus der Kiste.

- eine Lehre machen
- Industrie
- kreativen
- Mode
- technischen
- an einer Uni studieren
- analytischen
- an einer Fachhochschule studieren
- Computer

	Berufsart	Branche	Ausbildung
	Ich interessiere mich für einen ... Beruf.	Ich möchte in der ... Branche arbeiten.	Ich will gerne ...
Christian			
Marina			
Kai			

4 **Lies was! Zukunftspläne**

Peter Kemper spielt die Hauptrolle in dem neuen deutschen Film ‚Ein Tag in der Zukunft'. Nina-Magazin hat den 17jährigen Schauspieler gefragt, wie er sich seine Zukunft vorstellt.

Wo siehst du dich in 10 Jahren?
JOBS Ich möchte Abi machen, dann auf die Schauspielschule gehen. In 10 Jahren hoffe ich, immer noch als Schauspieler zu arbeiten, am liebsten in internationalen Filmen oder im Fernsehen. Vielleicht ein Oskar oder so im Regal, das wär cool! Ich will auf keinen Fall im Theater arbeiten.
FAMILIE Ich komme aus einer großen Familie (Peter hat vier Geschwister), und ich glaube, irgendwann will ich auch mal heiraten und zwei oder drei Kinder haben. Und ich will keine Schauspielerin heiraten. Zwei Schauspieler in einer Familie – das geht nie gut.
WOHNEN Keine Villa in Hollywood. Da sind alle verrückt! Ein Haus auf dem Land in Deutschland und ein Appartement in New York wären schön!

Welche Bilder passen zu Peters Zukunft? Schreib die Buchstaben auf.

Vokabeltipp **Meine Zukunft**

Wie sind deine Zukunftspläne?	What are your plans for the future?
Wie stellst du dir deine Zukunft vor?	How do you imagine your future?
Wo siehst du dich in 10 Jahren?	Where do you see yourself 10 years from now?

Ich hoffe ... eine Familie zu haben. (Infinitiv + zu)

Ich wünsche mir ...

Ich könnte mir vorstellen ...

Ich habe vor ...

Ich plane ...

Ich wünsche mir ...

Ich träume davon ...

Mein Traum ist ...

Ich möchte ... heiraten. (+ Infinitiv)

Ich will ...

Vielleicht ... studiere ich Medizin.

5 **Hörspiel: Mein Traum (1)**

Yasemin erzählt David, was ihr Traum von der Zukunft ist. Finde das Ende der Sätze.

Beispiel **1** *f*

1 Yasemin will Abitur machen,

2 Nach dem Studium will sie

3 Sie will auf keinen Fall

4 Sie wünscht sich einen Beruf

5 Familie und Beruf

6 Sie braucht einen Mann,

7 Wenn beide Partner als Team arbeiten,

a der ihr im Haushalt und mit den Kindern hilft.

b ist nicht einfach.

c kann es klappen.

d Hausfrau werden.

e und eine Familie.

f und dann studieren.

g Karriere machen.

Erste Hilfe

Er vermisst dich.	He misses you.
Ich bin wütend auf …	I'm angry with …
Karriere machen	to have a successful career
erfolgreich	successful
als Team arbeiten	to work as a team
frei sein	to be free

6 **Hörspiel: Mein Traum (2)**

Tim erzählt Pia, was sein Traum von der Zukunft ist. Beantworte die Fragen auf Deutsch.

Beispiel Wie findet Pia das Heiraten? *altmodisch*

1 Welchen Beruf möchte Tim haben?

2 Was will Tim noch haben?

3 Was will Tim zuerst machen?

4 Muss Tims Frau zu Hause bleiben?

5 Was sind die Vorteile am Lehrer-Beruf?

6 Was glaubst du? Passen Tim und Yasemin zusammen? Warum (nicht)?

🌐 *Kulturtipp* Studieren in Deutschland und Österreich

In Österreich und in Deutschland ist das Studium für Bürger der EU kostenlos, d.h. man muss kein Geld bezahlen. Wenn deine Eltern nicht so viel Geld verdienen, kannst du in Deutschland Bafög und in Österreich Studienförderung bekommen. In Deutschland und Österreich studieren viele junge Leute.

Erste Hilfe

Bürger der EU	EU citizens
Bafög /	
Studienförderung	a student grant

www.

Studieren

Universität Zürich:
● http://www.unizh.ch/willkommen.html
Universität Wien:
● http://www.univie.ac.at/
Universität Leipzig:
● http://www.uni-leipzig.de/

7 **Jump geht weiter**

Arbeit für Junge

Kein Ausbildungsplatz, kein Schulabschluss? Keine Arbeitsstelle? Jump! Die Bundesregierung und die Bundesanstalt für Arbeit führen ihr erfolgreiches Sofortprogramm weiter.

Junge Leute unter 25 Jahren erhalten die Chance, in eine berufliche Qualifizierung einzusteigen, den Hauptschulabschluss nachzuholen oder ein Praktikum zu absolvieren.

Zwei Milliarden Mark stellt die Bundesregierung im Jahr 2000 für laufende und neue Maßnahmen zur Verfügung. Für Betriebe, die arbeitslose Jugendliche einstellen, gibt es Lohnkostenzuschüsse. Jetzt kann jeder zeigen, was in ihm steckt – und alle gewinnen.

Noch heute weitere Infos anfordern. Oder direkt zum Arbeitsamt.

Vervollständige diese Sätze.

1 Wenn man keine Arbeitstelle hat, steht _____ zur Verfügung.

2 Junge Leute unter 25 Jahren können den _____ nachholen.

3 Im Jahr 2000 stellt die Bundesregierung _____ _____ _____ zur Verfügung.

4 Betriebe erhalten Lohnkostenzuschüsse wenn sie _____ Jugendliche einstellen.

5 Man kann Infos direkt beim _____ anfordern.

8 **Fragebogen: Was sind deine Zukunftspläne?**

Wo siehst du dich in 10 Jahren? Schreib und rede über diese Punkte:
- Job
- Familie
- Wohnen

9 **Gruppenarbeit: Studium oder Beruf?**

Ordne die Argumente. Kannst du mehr finden?

Argumente für ein Studium	Argumente für einen Beruf
Man kann viel lernen	

Man kann sofort Geld verdienen.

Man hat bessere Chancen, einen guten
  Job zu bekommen.

Man macht etwas Praktisches.

Man ist unabhängig von den Eltern.

Man kann in eine andere Stadt kommen.

Man trifft viele neue Leute.

Man kann viel lernen. ✓

Man muss nicht sofort arbeiten.

Man braucht nicht mehr studieren.

Man hat viel Freiheit.

Man kann etwas tun, was einem Spaß macht.

Man kann Verantwortung tragen.

10 **Hör zu! Studium oder Beruf?**

Radio Harlekin macht eine Umfrage. Hör dir die Anrufe an und schreib die Namen:
Bodo, Nina, Roberto oder Hannah?

Beispiel Ich will sofort Geld verdienen. *Bodo*

1 Ich will ein Jahr im Ausland arbeiten.

2 Ich wollte schon als Kind diesen Beruf haben.

3 Ich kann mich nicht entscheiden.

4 In diesem Beruf kann ich Karriere machen.

5 Für viele gute Arbeitsstellen braucht man ein Studium.

6 Ich will in der Firma meiner Eltern arbeiten.

7 Meine Eltern haben keine guten Berufe, weil sie nichts gelernt haben.

11 **Schreib was! Schulleben und Zukunftspläne**

Schreib einen Brief an einen deutschen Freund / eine deutsche Freundin, in dem du
dein Schulleben und deine Zukunftspläne beschreibst.

Du musst folgende Informationen auf Deutsch geben:
- Was für eine Schule besuchst du?
- Wie groß ist deine Schule?
- Kannst du deine Schule kurz beschreiben?
- Wie findest du deine Schule?
- Wie findest du deine Lehrer?
- Welche Eigenschaften sollte ein guter Lehrer / eine gute Lehrerin haben?
- Wie sind deine Zukunftspläne?

Kapitel 9

Unsere Umwelt

Einheit A   Umweltverschmutzung

Lernziele

In dieser Einheit wirst du
- *lesen und hören, wie Leute über Umweltverschmutzung reden*
- *darüber schreiben und sprechen, was man für die Umwelt tun kann.*

1   Hörspiel: Auf dem Weg zum Auftritt

Die Band hat einen großen Auftritt. Sie fährt im Auto. Beantworte die Fragen auf Deutsch.

1   Es ist zu warm im Auto. Was macht David?
2   Was stinkt?
3   Was machen die Abgase kaputt?
4   Warum ist es nicht praktisch für die Band, mit dem Zug zu fahren?
5   Wie viele Personen sitzen in den anderen Autos?
6   Was können die anderen Autofahrer besser machen?
7   Wie kommt David zur Schule?

Erste Hilfe

im Stau stehen	to be stuck in a traffic jam
das stinkt	there is a bad smell
die Abgase	the exhaust fumes
kaputt machen	destroy
das Waldsterben	the death of the forests
das Ozonloch	the hole in the ozone layer
sich ein Auto teilen	to share a car

Kulturtipp   Das duale System

Für den Müll gibt es in Deutschland das duale System, d.h. der Müll wird sortiert:

- Verpackungen aus Papier und Plastik haben einen ‚grünen Punkt'. Man kann sie in eine gelbe Mülltonne tun. Sie werden recycelt.
- Alte Glasflaschen und Gläser wirft man in den Glascontainer. Sie werden auch recycelt. Man macht aus alten Flaschen neues Glas.

- Altpapier kommt in einen Altpapiercontainer. Es wird recycelt. Man macht aus Altpapier Zeitungen, Hefte usw.
- Der Restmüll kommt in die graue Mülltonne. Er wird in der Müllverbrennungsanlage verbrannt oder kommt auf eine Mülldeponie.

Vokabeltipp Müll-Recycling

etwas in die Mülltonne werfen

Der Müll wird sortiert.

Die Verpackung wirft man in den Container /
  in die Mülltonne.

Das Altglas kann man in den Container /
  in die Mülltonne werfen.

der Altglascontainer

Der Restmüll kommt
  in die Müllverbrennungsanlage / auf die Deponie.

das Recycling

Altglas / Altpapier wird recycelt.

Man kann aus Altglas Flaschen machen.

---

2   Gruppenarbeit: Sortiert den Müll

Lies den Kulturtipp. Was kommt in welchen Müllcontainer? Mach Sätze!

Beispiel   *Man wirft die alte Glasflasche in den Glascontainer.*

---

3   Hör zu! Was kann man für die Umwelt tun?

Experten reden über die Umwelt.

a Frau Dr. Bauer

Richtig oder falsch?

1 Viele Dinge sind verpackt, damit sie schön aussehen.
2 Verpackungen werden zu Müll.
3 Man soll Verpackungen nicht wegwerfen.
4 Verpackungen sollen umweltfreundlicher werden.
5 Man soll keine Milch in Plastikflaschen kaufen.
6 Joghurt in Plastikbechern ist besser.
7 Man soll nur Plastiktüten zum Einkaufen benutzen.

b Professor Grün

Fülle die Lücken aus!

1 Wir verbrauchen mehr _____ als früher.
2 Kraftwerke produzieren _____.
3 Man sollte versuchen, Energie zu _____ .
4 Man sollte das _____ nicht anlassen, wenn keiner mehr im Zimmer ist.
5 Sonne, Wind und _____ sind umweltfreundliche Energiequellen.

c Die Umwelt-Ministerin Frau Jablonka

Beantworte die Fragen auf Deutsch.

1 Was ist eine große Belastung für die Umwelt?
2 Was sollten die Leute zu Hause lassen?
3 Wie sollten die Leute zur Arbeit fahren?
4 Wohin könnte man zu Fuß gehen?

Grammatik

I　Das Passiv

The sentences we have met so far have been *active* sentences. This means that the subject is actually carrying out the action of the verb.

active	The man	eats	the apple.
	subject	verb	direct object

In a passive sentence things are turned around.

passive	The apple	is eaten	by the man.
	subject	verb	agent

The direct object of the 'active' sentence becomes the subject of the 'passive' sentence.

The subject of the 'active' sentence becomes the 'agent' of the passive sentence (introduced by the word 'by').

In German, similar changes are made:

active	Der Mann	isst	den Apfel.
	subject	verb	direct object

passive	Der Apfel	wird	von dem Mann	gegessen.
	subject	verb	agent	verb

The subject of the 'active' sentence becomes an 'agent' of the passive sentence, introduced by the word **von** + dative. When we use the passive in German, you can see that there are two parts to the verb,

e.g. werden + past participle.

In the present tense:

Die Altstadt **wird** oft **fotografiert**.　　*The old town **is** often **photographed**.*

To change the tense, you only need to change the tense of the verb **werden**.

Simple past tense:　Die Altstadt **wurde** oft **fotografiert**.
　　　　　　　　　　*The old town **was** often **photographed**.*

Future:　　　　　　Die Altstadt **wird** oft **fotografiert werden**.
　　　　　　　　　　*The old town **will** often **be photographed**.*

Perfect tense:　　　Die Altstadt **ist** oft **fotografiert worden**.*
　　　　　　　　　　*The old town **has** often **been photographed**.*

> **Pass auf!**
>
> *The normal past participle of **werden** is **geworden**, but when we use the passive in the perfect tense, we use a special form of the past participle of the verb **werden**: **worden**.

If the agent in a passive sentence is a *thing* rather than a *person*, the word **durch** + accusative is used to mean 'by',

e.g. Die Stadt wurde **durch** ein Erdbeben zerstört.
　　　*The town was destroyed **by** an earthquake.*

When a passive sentence describes a state of affairs rather than an event or action, we use the verb **sein** + past participle to form the passive instead,

e.g. Die Berge **sind** bewaldet.
　　　The mountains are wooded. (No action – only a description.)

I-1　Übung: Schreib die Sätze im Passiv!

1　Ich suche einen Tennisschläger.
2　Der Lehrer schrieb das Zeugnis.
3　Peter gibt seinem Onkel eine Krawatte.
4　Die Mädchen rufen den Kellner.
5　Sein Bruder wird den Fernsehapparat reparieren.
6　Man hat ein Theaterstück für die Gäste aufgeführt.
7　Jede Woche vergessen die Kinder die Bücher.
8　Uschi holte den Kompass heraus.

I-2　Übung: Vervollständige die Passivsätze!

Beispiel　　Letzte Woche ＿＿＿ Herr Schmidt von einem Auto ＿＿＿ (überfahren).
　　　　　　　Letzte Woche wurde Herr Schmidt von einem Auto überfahren.

1　Wir ＿＿ von einem Bus ＿＿ (überholen).
2　Der Unfall ＿＿ von Paul ＿＿ (verursachen).
3　Der Krankenwagen ＿＿ von dem Jungen ＿＿ (rufen).
4　Herr Schmidt ＿＿ ins Krankenhaus ＿＿ ＿＿ (bringen).
5　Das Mädchen ＿＿ von einem Polizisten ＿＿ ＿＿ (retten).
6　Der Fußgänger ＿＿ von dem Fahrer nicht ＿＿ (sehen).
7　Der Arzt ＿＿ von Manfred ＿＿ (holen).

4 Lies was! Getränke in Glasflaschen

Getränke in Glasflaschen kaufen

Sie sind leichter als Glasflaschen und werden deshalb oft von den Verbrauchern bevorzugt. Dennoch rät der Bund für Umwelt und Naturschutz davon ab, Getränke in Plastikflaschen zu kaufen.

Die Industrie bietet mehr Erfrischungsgetränke in Kunststoff-Einweg-Flaschen anstatt Glas-Mehrweg-Flaschen an. Dieser Trend ist für die Umwelt sehr schädlich. Glas-Mehrweg-Flaschen werden bis zu

50-mal wieder gefüllt, bevor sie zu 90 Prozent über Altglascontainer einem 100-prozentigen Recycling geführt werden. Die Kunststoff-Einweg-Flaschen dagegen landen oft unsortiert im Müll.

Finde diese Satzteile im Text.

a preferred by consumers

b drinks in plastic bottles

c plastic throw-away bottles

d damaging for the environment

e up to fifty times

f on the other hand

Beantworte diese Fragen auf Englisch.

a What sort of bottles do consumers prefer?

b What does the **Bund für Umwelt und Naturschutz** advise people not to do?

c What trend is damaging the environment?

d Why should we use glass bottles?

e What often happens to plastic bottles?

5 Sag was! Umweltprobleme und Lösungen

Beschreib die Bilder auf Deutsch.
- Was siehst du?
- Ist das gut oder schlecht für die Umwelt?
- Warum?

Vokabeltipp Umweltverschmutzung

Es gibt Probleme mit ...
- dem Müll
- dem Verkehr
- der Luftverschmutzung
- der Wasserverschmutzung
- der Natur
- dem Waldsterben
- Smog

Wir leben in einer Wegwerfgesellschaft.
Wir werfen zu viel Müll weg.
Es entsteht zu viel Müll.
Es wird zu viel Müll produziert.
die Umweltverschmutzung

Was kann man für die Umwelt tun?
umweltfreundliche Materialien verwenden
die Pfandflasche
der Plastikbehälter
Energie verschwenden
Energie sparen
umweltfreundliche Energiequellen
das Kraftwerk
die Sonnenkraft
die Wasserkraft
die Windkraft
Es werden zu viele Straßen gebaut.
Es gibt zu wenig Nahverkehrsmittel.

6 | **Sag was! Was tust du für die Umwelt?** 😊😊

Mach eine Liste und vergleiche mit den anderen in deiner Klasse.

7 | **Lies was! Alles Müll oder was?**

Müll-Notstand ist Schulalltag. Auch an eurer Schule? Dann kommt euch folgende Szene sicherlich bekannt vor:

Ding, dong, dong. Schüler wie Lehrer drängen aus den Klassenräumen in die wohlverdiente Pause.

Am Kiosk warten allerlei Leckereien – allerdings nur auf den ersten Blick. Genauer hingeschaut, handelt es sich nicht selten um aufwendig verpackte Sweetys: Milchschnitten, Fruchtzwerge, Mini-Bountys, Mini-Schokos, in Folien verschweißte Chips, Cola in Dosen, Milch in Tetrapacks, Pudding und Joghurt in Plastikbechern usw. usw.

Nach der Pause dann immer wieder das gleiche Elend: überquillende Abfalleimer und zerknüllte Verpackungen in allen Ecken.

Irgendwie stinkt der Müll allen. Und doch gibt es von Jahr zu Jahr mehr davon.

Erste Hilfe

der Müll-Notstand	rubbish crisis
der Kiosk	tuck shop
die Leckereien	sweets
aufwendig verpackt	lavishly wrapped
die Milchschnitte	a type of sweet
der Fruchtzwerg	a mini yoghurt
in Folien verschweißt	foil-wrapped
überquillen	to spill over
der Abfalleimer	rubbish bin
der Hausmeister	caretaker
es stinkt allen	everybody is fed up with it
der Müll stinkt allen	people are fed up with the rubbish

8 Umfrage in der Schule: Müllnotstand

1 Findest du / Finden Sie, dass an deiner / Ihrer Schule zu viel Müll produziert wird?

ja / nein / das ist mir egal / geht ja nicht anders

2 Hättest du / Hätten Sie Lust, bei einer Schul-Müll-Diät mitzumachen?

ja / nein / finde ich uncool /
ja, wenn's nicht zu anstrengend ist

3 Kaufst du / Kaufen Sie Hefte, Umschläge, Ordner usw. aus Altpapier?

ja, immer / nein / manchmal / gibt's in meinem Laden nicht

4 Würdest du / Würden Sie umweltfreundliche Schulmaterialien kaufen, wenn sie in der Nähe oder direkt an der Schule angeboten würden?

auf jeden Fall / ja, wenn sie nicht teurer sind /
vielleicht / nein

5 Werden in der Klasse oft Kopien verteilt oder wird eher mit Tageslichtprojektoren (TP) gearbeitet?

immer Kopien / selten Kopien /
meist werden TP eingesetzt / mal TP, mal Kopien

6 Nimmst du dir / Nehmen Sie sich von zu Hause ein Pausenessen mit?

nein, ich kaufe mir, was ich brauche, am Kiosk oder im Laden / nein, ich esse in der Cafeteria / nein, ich frühstücke nicht in der Schule / ja
Wenn ja, wie ist dein / Ihr Pausenessen verpackt?
Alufolie / Butterbrotpapier / Frischhaltebox

7 Ich trinke in der Pause aus:

Dose / Getränkepäckchen / Flasche / Plastikbecher /
Thermosflasche / anderes Behältnis

8 Was machst du / machen Sie mit dem Abfall vom Pausenfrühstück?

ich frühstücke müllfrei / den schmeiße ich in die Mülltonne / den nehme ich mit nach Hause / irgendwo wird er schon landen / wenn es Recyclingtonnen gäbe, würde ich sie benutzen

9 Würdest du / Würden Sie Dosen und Einwegflaschen stehen lassen, wenn es Getränke in Pfandflaschen gäbe?

ja / nur, wenn sie nicht teurer sind /
nein, ist mir zu umständlich / weiß ich noch nicht

10 Wie findest du / finden Sie das Angebot am Pausenkiosk?

gut / geht so / weniger gut / schlecht / müllintensiv

11 Könnte man bei der Pausenversorgung auf bestimmte Verpackungen verzichten?

ja, auf … / nein / lose verkauftes Obst wäre gut / belegte Brötchen auf die Hand / Getränkedosen und Einwegflaschen durch Mehrweg ersetzen / jeder sollte seinen eigenen Becher für den Getränkeautomaten mitbringen

12 Wie findest du / finden Sie es, dass wir die Schule müllfrei machen wollen?

gut / blöd / hat ja keinen Zweck

Erste Hilfe

das ist mir egal	I don't care	*die Alufolie*	aluminium foil
eine Schul-Müll-Diät	cutting down on rubbish in school	*das Butterbrotpapier*	greaseproof paper
		die Frischhaltebox	sandwich box
anstrengend	strenuous	*das Getränkepäckchen*	juice carton
der Umschlag	the envelope	*die Thermosflasche*	thermos flask
die Mappe	the folder	*zu umständlich*	too much hassle
angeboten werden	to be on offer	*verzichten auf* (+ Akkusativ)	to do without (+ accusative)
der Tageslichtprojektor (TP)	overhead projector (OHP)	*das belegte Brötchen*	filled roll
		der Getränkeautomat	drinks dispenser
das Pausenessen	breaktime snack		

Kulturtipp **Pfandflaschen und Einwegflaschen**

Einwegflaschen sind Flaschen, die man nur einmal benutzen kann. Dann muss man sie in den Müll werfen.
Pfandflaschen gibt man am Laden ab, wenn sie leer sind. Dann werden sie gewaschen und wieder benutzt.
Die Deutschen benutzen viele Pfandflaschen und wenig Plastik oder Einwegflaschen, weil die
Pfandflaschen umweltfreundlicher sind. Sogar Joghurt kann man in Pfandgläsern kaufen.

9　**Lies was! Umweltprobleme**

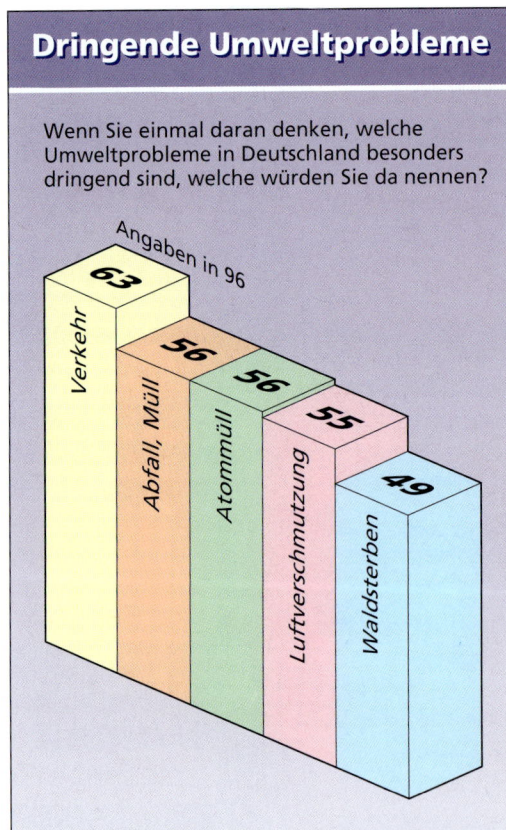

Dringende Umweltprobleme

Wenn Sie einmal daran denken, welche
Umweltprobleme in Deutschland besonders
dringend sind, welche würden Sie da nennen?

Angaben in 96

63 Verkehr
56 Abfall, Müll
56 Atommüll
55 Luftverschmutzung
49 Waldsterben

Beantworte die Fragen auf Deutsch.

1 Welche sind die drei wichtigsten Umweltprobleme in dieser Untersuchung?

2 Welche sind die drei wichtigsten Umweltprobleme in deiner Stadt?

3 Was verstehst du unter ‚Waldsterben'?

4 Welche Umweltprobleme sind deiner Meinung nach besonders dringend?

10 **Wer macht das schönste Naturfoto?**

Your friend is a keen photographer and wants to know what this is about:

> **D**eutschland ist in Sachen Umweltschutz weit vorangekommen. Ob Windkraftanlagen, Öko-Häuser oder geschützte Landschaften – überall im Land gibt es nicht zu übersehende ‚Wahrzeichen‘. Sie geben meist ein wundervolles Motiv für die Kamera ab. Wer noch kein schönes Bild geschossen hat, sollte das unbedingt schnell nachholen. Denn das Umweltbundesamt hat jetzt einen Fotowettbewerb gestartet. Als Hauptgewinn winken Digital-Kameras. Einsendeschluss ist der 30. September. Weitere Infos gibt es kostenlos beim Umweltbundesamt, ZAD, Postfach 33 00 22, 14191 Berlin.

a What sort of photos do you have to send for the competition?

b What is the prize?

c When do you have to send in the photo?

d Where can you get further information?

11 **Hörspiel: Ärger mit der Polizei**

Das Auto wird von der Polizei angehalten. Pommes muss aussteigen.
Welcher Buchstabe ist richtig?

Erste Hilfe

es stört keinen	it doesn't bother anybody
eine Strafe	a fine
leihen	to lend
du Quatschkopf	you silly windbag

1 Der Polizist will:
    a) mit dem Fahrer sprechen
    b) mit dem Besitzer sprechen
    c) nicht mit dem Fahrer sprechen.

2 Pommes:
    a) ist zu schnell durch die Stadt gefahren
    b) hat eine Dose aus dem Fenster geworfen
    c) ist betrunken.

3 Es ist verboten:
    a) Müll aus dem Fenster zu werfen
    b) durch den Park zu fahren
    c) Cola im Auto zu trinken.

4 Pommes muss:
    a) schnell weiterfahren
    b) eine Strafe von 10 Euro bezahlen
    c) eine Strafe von 20 Euro bezahlen.

5 Zum Schluss soll Pommes:
    a) die Dose finden
    b) mehr bezahlen
    c) ins Polizeiauto einsteigen.

www. **Umwelt und Recycling**
- http://www.gruener-punkt.de/de/
- http://www.emil-gruenbaer.de/
- http://www.greenpeace.de/kids

Einheit B   Drogen – Nein danke!

Lernziele

In dieser Einheit wirst du
- *lesen und hören, wie Leute über Drogen und andere Problemen reden*
- *über Drogen und andere Problemen schreiben und sprechen.*

---

1   Hörspiel: Das Konzert

Die Band kommt beim Konzert an. Beantworte die Fragen auf Deutsch.

1 Was für ein Konzert ist es?

2 Wann fängt das Konzert an?

3 Wo sind die Instrumente?

4 Was bekommen alle Musiker?

5 Was will Pommes zuerst machen?

Erste Hilfe

Anti-Drogen	anti drugs
der Ausweis	the ID card, back stage pass
die Bühne	the stage

---

2   Gruppenarbeit: Nikotin, Alkohol und Rauschgift

Drogen sind gefährlich, weil sie süchtig machen. Die häufigsten Gruppen von Drogen sind Nikotin, Alkohol und Rauschgift. Mach eine Liste. Was passt in welche Gruppe?

Nikotin	Alkohol	Rauschgift

Erste Hilfe

süchtig	addicted
häufig	common
das Rauschgift	drug

LSD   Schnaps   Zigaretten   Haschisch   Zigarren   Heroin
Tabak   Bier   Wein   Kokain   Speed

3 **Hör zu! Wie stehst du zu Drogen?**

Radio Harlekin interviewt die Musiker auf dem Anti-Drogen-Konzert.
Wer sagt was? Schreib den Namen: Pia (Anstoß), Manni (Zickzack) oder Sissi
Schock.

Beispiel Drogen sind gefährlich. *Pia*

1 Wir haben Probleme mit Drogen und Alkohol gehabt.
2 Von Drogen kann man süchtig werden.
3 Drogen machen krank.
4 Lasst die Finger von Drogen.
5 Mein Vater hatte Probleme mit Alkohol.
6 Ohne Drogen ist unsere Musik besser.
7 Apfelsaft ist fabelhaft!
8 Man kann auch ohne Drogen Spass haben.

Vokabeltipp **Drogen**

die Drogen	drugs
der Alkohol	alcohol
das Nikotin	nicotine
zu viel trinken / rauchen	to drink / smoke too much
Er hat Probleme mit …	He has problems with …
süchtig	addicted
Sie ist süchtig geworden.	She has become an addict.
Ich bin abhängig von Zigaretten.	I'm addicted to cigarettes.
die Sucht / die Abhängigkeit	the addiction
Man kann nicht aufhören.	You can't stop.
Man braucht immer mehr.	You need more and more.
Wie oft rauchst du / trinkst du Alkohol?	How often do you smoke / drink alcohol?
Ich rauche jeden Tag.	I smoke every day.

Ich trinke	jede Woche	Alkohol.
Ich rauche	nur am Wochenende	Zigaretten.
	nur auf Partys	
	ab und zu	
	selten	
	nie	

der Alkoholiker	the alcoholic
der Drogensüchtige	the drug addict
schlimmer werden	to get worse
es schaffen	to manage
aufhören	to stop

4 Lies was! Abhängigkeit

Lieber Typhoon,

Du fragst dich, wann eine Abhängigkeit beginnt?

Ich denke, pauschal kann man dazu nichts Genaues sagen. Überprüfe doch mal Folgendes:

- Geht es auch ohne Zigarette? Sei ehrlich!
- Könntest du morgen sagen: Zigaretten weg, brauch ich nicht mehr?
- In welchen Situationen rauchst du? Kannst du feststellen, dass es meist dieselben Situationen sind?
- Warum rauchst du? Rauchst du, wenn du Stress oder Sorgen hast, oder wenn du nervös bist?
- Wenn du Lust hast, dann melde dich doch einfach noch mal bei uns.

Liebe Grüße,

Dr. Winter

Ich (15J) rauche jetzt seit ungefähr zwei Monaten.
Bis jetzt hatte ich noch keine Probleme, aber ab wann wird man von dem Zeug abhängig?

Typhoon

Lies den Brief an ein Magazin und die Antwort von Dr. Winter.

Richtig oder falsch? Man ist abhängig, …

1 … wenn man länger als zwei Monate raucht.

2 … wenn man nicht mehr ohne Zigaretten sein kann.

3 … wann man morgens raucht.

4 … wenn man die Zigaretten braucht.

5 … wenn man immer raucht, wenn man Probleme hat.

6 … wenn man raucht, wenn man Lust hat.

Erste Hilfe

der Kumpel	mate, friend
ab und zu	off and on, occasionally
die Fete	the party
die Essgewohnheiten	the eating habits
sie kippt um (umkippen)	she collapses
magersüchtig	anorexic
Alkoholismus	alcoholism
Rauchen	smoking
Magersucht	anorexia

5 **Lies was! Briefe an die Drogenhilfe**

Hier sind Internet-Briefe, die junge Leute an die Webseite der Drogenhilfe geschrieben haben.

Hi,
Ich bin 17 und trinke jetzt schon seit drei Jahren täglich Alkohol, auf vier bis fünf Bier kam ich immer, aber seit einem Jahr ist es schlimmer geworden, pro Tag kommen zu dem Bier locker noch 'ne Flasche Wein und öfters auch 'ne Flasche Schnaps dazu. Ich dachte bisher immer, ich könne damit aufhören, aber ich hab es höchstens einen Tag geschafft nichts zu trinken, bis ich einfach an nichts anderes mehr denken konnte als an Alkohol. Manchmal schaffe ich es nicht mal bis zum Mittag ohne Alkohol. Ich würde es gerne schaffen, alleine damit aufzuhören, aber ich weiß nicht ob und wie, zumal ich arbeitslos bin. Könnt ihr mir helfen??
Sebastian

Hallo,
ich bin 18 Jahre alt und hab 'nen guten Kumpel der 15 ist. Naja, vor einiger Zeit hat mein Kumpel eigentlich nur ab und zu mal geraucht (an Feten und so). Ich hab mit ihm mal über die Sache geredet und er hat gesagt, dass er mit dem Rauchen aufhört oder es zumindest versucht. Tatsache ist, dass es schlimmer geworden ist und er so gut wie täglich einige raucht. Ist er durch die Zigaretten abhängig geworden und kann nicht mehr aufhören?
Könnt ihr mir helfen? So langsam mach ich mir nämlich wirklich Sorgen!
Danke,
Karoline

Hallo!
Eine Freundin von mir ist sehr dünn. Es ist, glaub ich, zwar noch im Normalbereich, aber ihre Essgewohnheiten sind echt schlimm: Sie isst keine vernünftigen Mahlzeiten usw., sondern mal 'ne Woche fast nichts, dann kippt sie auch oft um, und dann wiederum isst sie total viel Chips, Süßigkeiten usw. Ich frage mich, ob das noch normal ist. Auffällig ist auch, dass sie ständig vom Essen spricht und auch sehr gerne kocht, es dann selbst aber meist nicht isst.
Ach ja, sie treibt auch sehr viel Sport.
Ist meine Freundin magersüchtig?
Sonja

Wer schreibt über diese Probleme: Sebastian, Karoline oder Sonja?

a Rauchen

b Magersucht

c Alkoholismus

Beantworte die Fragen auf Deutsch.

Brief 1:

1 Wie alt ist der Alkoholiker?

2 Seit wie viel Jahren trinkt er Bier?

3 Was trinkt er seit einem Jahr?

4 Was schafft Sebastian nicht allein?

5 Was für ein Problem hat er noch?

Brief 2:

1 Wer ist 15 Jahre alt?

2 Wann hat Karolines Freund früher geraucht?

3 Was hat Karoline versucht?

4 Wie oft raucht der Freund jetzt?

5 Was will Karoline wissen?

Brief 3:

1 Wie sieht Sonjas Freundin aus?

2 Warum ,kippt' sie manchmal um?

3 Was isst die Freundin in anderen Wochen?

4 Wovon redet die Freundin oft?

5 Was macht die Freundin viel in ihrer Freizeit?

6 **Gruppenarbeit: Warum?**

Hier sind ein paar Bilder, die zeigen, warum Leute Drogen nehmen, rauchen oder Alkohol trinken.

Schreib Dialoge für die Sprechblasen.

7 **Warum nehmen diese Leute Drogen?**

Finde das richtige Ende für die Sätze.

Bild 1: Die Jugendlichen wollen rauchen,   **a**   weil sie Werbung sehen.

Bild 2: Das Mädchen trinkt Alkohol,   **b**   weil sie neugierig sind.

Bild 3: Der Junge nimmt Drogen,   **c**   weil er viele Probleme hat.

Bild 4: Viele Leute trinken Alkohol,   **d**   weil die Freunde es auch tun.

Erste Hilfe
neugierig   curious
die Werbung   the advertisement

Grammatik

II   Der Konjunktiv (subjunctive)

The subjunctive forms of a verb add a hint of doubt or uncertainty to a statement,

e.g. Wenn ich reich wäre, würde ich ein neues Auto kaufen.

If I were rich, I would buy a new car.

There are two main forms of the subjunctive – the present subjunctive and the past subjunctive.

A   The present subjunctive

Formation: Take the stem from the infinitive of the verb and add the subjunctive endings,

e.g. laufen – *to run*

ich	lauf**e**	wir	lauf**en**
du	lauf**est**	ihr	lauf**et**
er / sie / es	lauf**e**	Sie / sie	lauf**en**

Pass auf!

Like several other verbs, **laufen** adds an umlaut on the **du** and **er / sie / es** parts of the verb in the present tense, but in the present subjunctive there are no such changes.

Only one verb is irregular in the present subjunctive: **sein** – *to be*

ich	**sei**	wir	**seien**
du	**seist / seiest**	ihr	**seiet**
er / sie / es	**sei**	Sie / sie	**seien**

B   The past subjunctive

Formation:

a   The past subjunctive of a *weak* verb is the same as the simple past tense, **e.g.ich machte, du spieltest, er arbeitete** etc.

b   For the past subjunctive of a *strong* verb, take the simple past tense stem and add the subjunctive endings. If possible, add an umlaut (to **a**, **o**, or **u**). **e.g.fahren** – *to go, travel*

ich	füh**r**e	wir	füh**r**en
du	füh**r**est	ihr	füh**r**et
er / sie / es	füh**r**e	Sie / sie	füh**r**en

Following this pattern, other common forms are:

gehen (to go)	ich ging**e**, du ging**est**, ...
haben (to have)	ich hätt**e** ...
kommen (to come)	ich käm**e**, du käm**est** ...
sein (to be)	ich wär**e**, du wär**est**, ...

USE OF THE SUBJUNCTIVE

In spoken German the subjunctive is often avoided, so you will not need to use it much at GCSE! It is only used in certain circumstances.

A   Indirekte Rede (reported speech)

Reported speech is used when we report what someone has said.

Reported speech	Original words
He said that he was too ill to go.	'I am too ill to go.'
She said she would see us soon.	'I will see you soon.'
They asked if there was time.	'Is there time?'

In German, we use the subjunctive, not the simple past tense, to show that speech is being reported. We can use either form of the subjunctive to report speech, but we should try to use a form which is different from the ordinary present or simple past tense,

e.g. Er sagte, dass er krank **sei**. Er sagte, dass er krank **wäre**.

Both are clearly subjunctive, so either is permissible.

Der Lehrer sagte, dass er Deutsch **lerne**.

If the past subjunctive is the same as the simple past tense, the present subjunctive is used instead.

Sie sagte, dass sie uns bald sehen **werde**.

Sie sagte, dass sie uns bald sehen **würde**.

Use a form of **werden** when the original words refer to the future.

All the above examples use the word **dass**. We can leave it out and then the verb is not sent to the end,

e.g. Er sagte, er **sei** krank. Der Lehrer sagte, er **lerne** Deutsch.

If we are reporting a question, we use **ob** to mean 'if' or 'whether' and not **wenn**. Other question words (**wann? wo? wer?** etc.) can also be used when necessary.

Martha fragte, **ob** wir Haustiere **hätten**.	*Martha asked whether we had any pets.*
Mutti fragte, **ob** ich im Haushalt helfen **könne**.	*Mum asked if I would help with the housework.*
Der Tourist fragte, **wann** der Zug **abfahren würde**.	*The tourist asked when the train would leave.*
Der Passant fragte, **wo** der Hauptbahnhof **sei**.	*The passer-by asked where the central station was.*
Mein Freund fragte, **wer** das **sei**.	*My friend asked who that was.*

When we **report commands**, there are two possible solutions:

a　Use the verb **bitten** if the reporting verb is 'ask',

　　e.g. Meine Freundin **bat** mich, die Getränke **zu holen**.

　　　　My friend asked me to fetch the drinks.

b　In other situations, we can use **sollen** or **müssen**,

　　e.g. Meine Freundin sagte mir, **dass** ich die Getränke **holen sollte**.

　or　Meine Freundin sagte mir, **dass** ich die Getränke **holen müsste**.

　　　　My friend told me to fetch the drinks. (that I should / had to fetch the drinks)

II-1　Übung: Was hat Ilse an ihre Eltern geschrieben?

Montag

Liebe Mutti, Lieber Vati,

Wir sind gestern hier angekommen. Das Wetter ist kalt, aber wunderschön, und das Hotel ist bequem. Wir sind schon einmal Ski gelaufen. Ich habe einige gute Fotos gemacht. Die Landschaft ist ja auch atemberaubend! Morgen müssen wir um sechs Uhr aufstehen. Ich werde euch am Wochenende anrufen. Wo werdet ihr dann sein? Wie geht's euch?

Bis bald!

Viele Grüße,

eure Ilse

Ilse schrieb, dass sie gestern angekommen **seien**. Das Wetter ...

II-2　Übung: Ein Interview und ein Artikel

Reporter:　Wie heißt du, bitte?

Maria:　　Ich heiße Maria Perez. Ich komme aus Spanien.

Reporter:　Bist du zum ersten mal hier in Deutschland?

Maria:　　Ja, ich mache eine Radtour mit drei Freunden. Ich will mein Deutsch verbessern. Ich finde die alten Dörfer sehr schön und interessant.

Jetzt musst du den Artikel schreiben!

Du beginnst:　Der Reporter fragte, wie Maria heiße. Maria sagte ...

B　Conditional sentences

These are sentences which include an 'if' or **wenn** clause. There are basically two types of situation:

a　A condition which is quite likely to be met.

　　e.g. **Wenn** er rechtzeitig **ankommt**, **gehen wir** ins Kino.

　　　　If he arrives on time, we'll go to the cinema.

Note that the verbs are in the normal present tense.

b　A condition which is unlikely to be met.

　　Because this condition introduces an element of doubt and uncertainty it is natural to use the subjunctive here,

　　e.g. **Wenn** ich sehr reich **wäre**, **würde** ich ein neues Haus **kaufen**.

　　　　If I were very rich I would buy a new house.

I am not likely to become rich and am only dreaming of what might be! In this sort of sentence we use the **past subjunctive** in **both** halves of the sentence. The present subjunctive cannot be used. With less common verbs (those other than **sein**, **haben**, and the modal verbs), we use **würde** + the infinitive rather than the past subjunctive,

　　e.g. **Wenn** ich genug Geld **hätte würde** ich nach Amerika fahren.

　　　　If I had enough money I would travel to America.

　　　　Wenn ich die Lotterie **gewinnen würde**, **könnten** wir umziehen.

　　　　If I won the lottery we could move house.

II-3　Übung: Was würdest du machen, wenn du sehr reich wärest?

Beispiel　(nach London) *Wenn ich sehr reich wäre, würde ich nach London fahren.*

1　(neue Kleider)

2　(eine neue Yacht)

3　(sehr glücklich)

4　(keine Probleme)

5　(nicht mehr in die Schule)

II-4　Übung: Fragen. Was würdest du machen?

1　Was würdest du machen, wenn heute kein Schultag wäre?

2　Was würdest du machen, wenn du König / Königin wärest?

3　Was würdest du machen, wenn es kein Fernsehen gäbe?

4　Was würdest du deinem Deutschlehrer geben, wenn du viel Geld hättest?

5　Was würdest du machen, wenn das Wetter sehr gut wäre?

Other uses of the subjunctive

a　**als ob** (as if), is usually followed by the subjunctive in the past tense,

　　e.g. Sie sah aus, **als ob** sie krank **wäre**.

　　　　She looked as if she were ill.

b　**könnte**, **hätte**, and **wäre** can all be used in certain situations to bring a little more politeness to our German,

　　e.g. **Könntest** (Kannst) du das bitte tragen?

　　　　Hätten (Haben) Sie Lust, unser Büro zu besuchen?

　　　　Das **wäre** (ist) alles.

8 Hör zu! Meine Schwester macht mir Sorgen

Markus ruft die Drogenberatung an. Welche Antwort ist richtig? a), b) oder c)?

Beispiel   Wer hat ein Problem? a) Markus, b) Markus' Schwester, c) Anna *b)*

1 Warum ist Markus' Schwester in einer schlimmen Situation?
- **a** weil sie sitzen geblieben ist
- **b** weil sie ihren Job verloren hat
- **c** weil sie ihr Abi nicht geschafft hat

2 Warum glaubt Markus, dass seine Schwester abhängig ist?
- **a** weil sie viel raucht und trinkt
- **b** weil sie kein Geld hat
- **c** weil sie immer harte Drogen nimmt

3 Wovor hat Markus Angst?
- **a** davor, dass seine Schwester harte Drogen nehmen will
- **b** davor, dass seine Schwester krank wird
- **c** davor, dass seine Schwester Selbstmord begeht

4 Wer trifft sich Donnerstags?
- **a** Drogensüchtige
- **b** Freunde und Familie
- **c** Eltern und Lehrer

Erste Hilfe

die Drogenberatung	the advice line for drugs
harte Drogen	hard drugs
an Selbstmord denken	to feel suicidal

9 Schreib und sag was! Ein Problemfall

Beschreib die Bildergeschichte.
Benutze die Vokabeln als Hilfe.

Erste Hilfe

… bieten ihm Drogen an …	offer him drugs
Er will nicht.	He doesn't want any.
Er nimmt sie an.	He accepts.
Er ist enttäuscht.	He is disappointed.
Er nimmt (regelmäßig) Drogen.	He takes drugs (regularly).
Er kommt in der Schule nicht mehr zurecht.	He can't cope in school any more.
Er hat Probleme mit …	He has problems with …
Er wird abhängig.	He becomes addicted.

10 **Eine Ente soll vor Sucht und Drogen schützen**

Eine Ente soll vor Sucht und Drogen schützen?

Nein, da braucht es schon etwas mehr, um Kinder in ein Leben ohne Sucht und Drogen zu begleiten. Entspannung zu finden und einmal Abstand vom gewohnten Alltag zu gewinnen, gehört dazu. Mit einem ausgedehnten Schaumbad zum Beispiel oder mit einem langen Spaziergang im Park. Denn wir alle brauchen Ruhepausen, um uns wohlzufühlen und den Alltagsstreß zu verarbeiten.

Kinder, die gelernt haben, sich zu entspannen und auf ihre Bedürfnisse zu achten, entwickeln ein ausgeglichenes Verhältnis zu ihrem Körper. Sie brauchen keinen Alkohol, keine Schlaftabletten oder Drogen, um abschalten zu können.

Wenn Sie mehr über Suchtvorbeugung wissen wollen, rufen Sie uns an. Die Bundeszentrale für gesundheitliche Aufklärung informiert Sie über Hilfs- und Beratungsangebote und stellt Medien zur Suchtvorbeugung bereit.

Wenn Sie Fragen zur Suchtvorbeugung haben, rufen Sie uns an.

02 21 / 89 20 31

KINDER STARK MACHEN

Finde diese Satzteile im Text.

a a life without addiction and drugs
b with a long soak in a foam bath
c We all need breaks.
d They don't need alcohol.
e to be able to switch off

> **Erste Hilfe**
> eine Suchtvorbeugung — preventing addiction
> das Schaumbad — foam bath
> der Alltagsstress — everyday stresses and strains
> abschalten — to switch off

Beantworte diese Fragen auf Englisch.

f Why would you ring 0221 / 89 20 31?
g Why is the plastic duck used to try and help people say no to drugs?
h Apart from drugs, what other addictions are mentioned in the advert?
i What do you understand by the slogan ‚KINDER STARK MACHEN‘?

11 **Schreib was! Anti-Drogen-Poster**

Entwirf ein Anti-Drogen-Poster für einen deutschen Jugendklub.

12   Hörspiel: Ein mysteriöser Besucher

Erste Hilfe

die Vorstellung	the show
Talent haben	to be talented
engagiert sein	(socially or politically) committed, involved
sich für etwas einsetzen	to support a cause
das Publikum	the audience
der Musikverlag	the record company
der Plattenvertrag	the recording contract
die Probeaufnahmen	the trial recordings
das Studio	the studio

Beantworte die Fragen auf Deutsch.

1. Wie findet der Mann die Musik der Band?
2. Gegen was setzt sich die Band ein?
3. Was sucht der Mann?
4. Was soll die Band unterschreiben?
5. Wo soll die Band Probeaufnahmen machen?
6. Wer bezahlt die Reise?
7. Was wird im Radio gespielt?
8. Was wird die Band?

13   Wie stellst du dir dein Leben vor?

JOACHIM
Eines Tages werden wir genauso berühmt sein wie die Rolling Stones!

KATTRIN
Ich werde auf dem Land leben, meine Kinder werden bei mir lernen, was sie für ihr Leben brauchen, und glücklich aufwachsen. Sie werden in der Natur spielen.

THOMAS
Kriege sind in allen Ländern verboten.

MARKUS
In der Dritten Welt hat der Hunger ein Ende.

ANNA
Die Wälder werden grün sein wie nie zuvor, das Wort ‚Umweltschutz' kennt niemand mehr, denn die Menschen haben spezielle Schutzanlagen für die Natur erfunden.

Beantworte die Fragen auf Deutsch.

a. Wie stellt Joachim sich sein Leben vor?
b. Was für ein Leben will Kattrin später haben?
c. Wenn Kriege in allen Ländern verboten wären, wie würde unser Leben aussehen?
d. Was ist Anna wichtig?
e. Wie könnten wir der Dritten Welt helfen?

14   Schreib was! Und du, wie stellst du dir dein Leben vor?

- Wie stellst du dir dein Leben vor?
- Wo wirst du leben?
- Wie wirst du leben?
- Wie wird dein Land aussehen?
- Wie wird die Welt aussehen?
- Was für Umweltprobleme wird es noch geben?
- Was für Drogen wird es noch geben?

Examensvorbereitung

Lernziele

In diesem Kapitel wirst du
- *lernen, wie du dich auf das Examen **vorbereiten** kannst*
- *für das Examen **lesen**, **schreiben**, **hören** und **sprechen** üben.*

We hope that you found the **Wiederholung** chapter useful and suggest that you look over the advice given there and the advice given here before you face your final examinations.

This chapter is again divided into five units, which cover the skills of Listening, Reading, Writing, Speaking and Coursework. Each unit gives:

- helpful 'examination technique' advice
- sample examination material.

Before you move onto the separate skill areas, ask yourself the following questions:

1 What grade do you think you will achieve in the examination? (Be realistic!)

2 What grade do you want to achieve? (Aim as high as you can!)

3 What are your weaknesses? How can you improve? e.g. noun and adjectival endings, strong and irregular verbs, tenses, pronouns, word order, sentence structure.

4 Discuss your weaknesses with your teacher and decide what you need to do and by what date.

5 Write out the 'important' grammar points,
    i.e.   which items of grammar are really essential which items are for 'passive use' only (i.e. you will need to recognize them, but not use them yourself).

6 Make up and memorize some useful phrases which help you to remember grammatical rules,
    e.g.   Ein kleines Mädchen / Ich sehe einen alten Mann. / Die Katze sitzt unter dem Stuhl. / Der Hund rennt unter den Stuhl.

7 Remember **dass** sends the verb to the end of the sentence,
    e.g.   Ich glaube, dass alle Kinder Hefte aus Altpapier kaufen sollen.

8 Remember **Time Manner Place** and other word order rules.

Finally – talk to other people and ask them how they learn words and grammatical structures. You will probably find that some people like 'Mind Maps', e.g.

Others prefer to write notes for themselves on index cards or file paper, e.g.

- Meine Katze
- Name: Sie ist 4 Jahre alt.
- Farbe: Sie ist schwarz. Sie ist eine schwarze Katze.
- Lieblingsessen: Sie liebt Fisch. / Sie isst gern Fisch.

You can do this sort of thing for all the topics we have covered in *Anstoß*, e.g. Meine Familie, Mein Haus, Meine Stadt, Meine Freizeit, Meine Schule, Meine Ferien, Meine Umwelt, Mein Job, etc.

Why not try to write some revision cards for each of the *Anstoß* units?

Einheit 1   Listening test

Remember you will have to:

- identify and extract key points from what you hear
- summarise and report the main points of what you hear
- recognise attitudes, opinions and emotions and draw conclusions.

You may be asked to follow instructions; identify a place on a map; note down a number or a message; identify the person, place, amenity, regulation, object or activity described; understand a weather forecast; or make a decision based on alternatives offered.

You may be required to give your answers in **German** (one word answers, phrases or full sentences); or in **English**. Answers in English are usually reserved for the easier questions at Foundation Tier and the more difficult passages at Higher Tier. Questions at Higher Tier may include identifying attitudes and opinions or making inferences.

Do

1. remember the questions may give you clues to the answers.
2. listen out for the main points when you first hear the item.
3. listen for more detail the next time you hear the item.
4. listen carefully to the verbs, the tenses and the endings.
5. listen especially carefully to numbers, dates, prices, times.
6. take care with 'half past the hour' e.g. 'halb zwei' = 1.30.
7. remember German words are often a combination of two or more words.
8. watch out for 'false friends' (see Wiederholung) and words that may have several meanings.
9. listen carefully for negatives, particularly 'kein'.

Don't

1. forget to read the question carefully.
2. panic!
3. give up!
4. forget to revise your verbs!
5. mix up words like vierzehn and vierzig!
6. put 3.30 when you hear 'halb drei'. (It's 2.30.)
7. panic because you don't know the whole word, you may still be able to answer!
8. forget to learn the most common 'false friends'!
9. assume all sentences are positive!

Listening tests – Sample material

At Foundation Tier the excerpts are often quite short, but at Higher Tier items tend to be longer. Here are some examples; your teacher will give you more sample material:

Fragen und Antworten auf Deutsch

1   Jan und Franziska reden über das Essen

Schreib die richtigen Buchstaben in die Kästchen.

Was mag Jan?

Was mag Franziska?

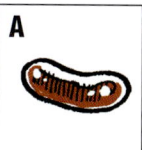

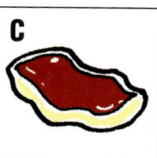

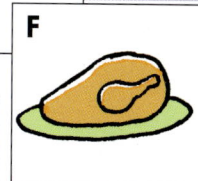

2 **Holger sucht Arbeit**

Beantworte die Fragen auf Deutsch.

> **Beispiel** Was für eine Arbeit sucht Holger? *Einen Nebenjob.*

a Welche Arbeiten macht Holger für seinen Vater? (Nenne zwei.)

b Wo kann Holger arbeiten?

c Warum kann Holger nicht am Samstagmorgen arbeiten?

d Holger kann auch nicht abends arbeiten. Was ist das Problem?

3 **Sabine geht einkaufen** ☺☺

Schreib den richtigen Buchstaben ins Kästchen.

> **Beispiel** Wann hat Sabine die Uhr gekauft? *B*

A Gestern

B vor einer Woche

C vor einem Monat

D letztes Jahr

a Warum hat Sabine die Uhr gekauft?

A Sie hatte Geburtstag.

B Ihr Vater hatte Geburtstag.

C Als Weihnachtsgeschenk für ihren Bruder.

D Ihr Freund hat Geburtstag.

c Was will der Verkäufer sehen?

A die Quittung

B die Uhr

C das Geld

D den Freund

b Warum will sie die Uhr umtauschen?

A Die Uhr hat Sabine nicht gefallen.

B Die Uhr hat dem Freund nicht gefallen.

C Ihr Freund hat Schluss gemacht.

D Die Uhr ist kaputt.

d Sabine tauscht die Uhr um. Was bekommt sie?

A Geld

B eine neue Uhr

C Ohrringe

D einen schönen Ring

Questions and answers in English

4 **Lutz and Bettina are talking about Lutz' exams**

Explain to your English friend what they are saying.

a Lutz is very nervous. What exactly is happening tomorrow?

b Why is he so worried about that particular subject?

c What could happen at the end of the school year?

d What do Lutz' parents think about all this?

e What does Bettina think about Lutz' behaviour?

Einheit 2   Reading test

Candidates should be able to:

● understand specific details of written material
● understand, identify and extract specific key points from written material
● summarise and report the main points in written material
● recognise attitudes, opinions and emotions and draw conclusions
● be able to answer in German and, where appropriate, in English.

Reading material may include excerpts from: public notices and signs; advertisements; price lists; menus; information leaflets; brochures / guide books; posters and adverts; cartoons, maps, plans and programmes; tickets; timetables; labels; text messages on mobiles; messages; instructions; letters; imaginative writing; emails; magazine / newspaper articles, websites.

Do

1 remember the questions may give you vital clues to the answers and that they are usually in chronological order.
2 try to get the gist of the text when you first read it. Your first glance should go to the beginning of the sentence, then to the end of the clause or sentence, where you may find the verb or part of the verb.
3 ask yourself: Who is doing what? What is going on? Who / what is the most important person / thing? Then you should ask yourself when and why.
4 look carefully at the verbs, the tenses and the endings.
5 remember German words are often a combination of two or more words.
6 watch out for 'false friends' and words that may have several meanings.
7 watch for negatives, particularly 'kein'.

Don't

1 forget to read all the questions carefully.
2 make assumptions or guess at words.
3 give up!
4 forget to revise your verbs!
5 panic because you don't know the whole word, you may still be able to answer!
6 assume a word has only one meaning!
7 assume all sentences are positive!

Reading Tests – Sample material

Fragen und Antworten auf Deutsch

1   Lies was: Prüfungsangst

Heini schreibt heute eine Klassenarbeit.

Was ist richtig?

Schreib den richtigen Buchstaben ins Kästchen.

Bild 1

A Heini hat den ganzen Tag studiert.

B Heini hat ein Fußballspiel gesehen.

C Heini hatte Geburtstag.

D Heini wollte mit Tim Fußball spielen.

Bild 2

A Heini klopft an der Tür der Kirche.

B Heini hat nasse Hände.

C Heini fühlt sich ganz wohl.

D Heini weiß nicht, wohin er geht.

Bild 3

A Heini hat gerade eine Prüfung gemacht.

B Heini hat Angst vor einer Klassenarbeit.

C Heini wird jetzt Fußball spielen.

D Heini hat in der Schule viel gelernt.

2 Die schnellste Post

Eine Email zu versenden, dauert nur wenige Sekunden. Ob Briefe, Bilder, Daten oder sogar Sounds – die elektronische Post befördert Ihre Mitteilungen schnell, zuverlässig und sicher. Und das weltweit, rund um die Uhr. Das Mail-Programm von T-Online hilft Ihnen dabei. Es ist übersichtlich und in wenigen Minuten erlernt. Mit dem Web-Mail-Service können Sie von jedem Rechner der Welt auf Ihre elektronische Post zugreifen.

Beantworte die Fragen auf Deutsch.

a Wie lange dauert es eine Email zu versenden?

b Wohin kann man Emails senden?

c Wann kann man Emails senden?

d Was kann Ihnen helfen?

3 Hausaufgaben

Die wenigsten Schüler lieben Hausaufgaben, und doch bekommt man sie von vielen Lehrern aufgebrummt. Sie können allerdings durchaus ihren Sinn haben: sie dienen der Vertiefung des Stoffes, zeigen dir, was du noch nicht begriffen hast, bieten dir die Gelegenheit zum Üben, usw. Häufen sich aber die zeitaufwendigen Hausarbeiten gar zu sehr, so suche das Gespräch mit deinen Lehrern. Du hast nämlich ein Recht auf angemessene Erholungs- und Freizeit!

Lies die Sätze. Schreib R (Richtig), F (Falsch), ? (Nicht im Text) ins Kästchen:

a Viele Schüler lieben Hausaufgaben. ☐

b Viele Lehrer geben Hausaufgaben. ☐

c Wenn man Hausaufgaben macht, bekommt man gute Noten. ☐

d Hausaufgaben zeigen dir oft, was du nicht begriffen hast. ☐

e Du solltest Hausarbeiten häufen. ☐

f Jeder Schüler hat das Recht auf Freizeit. ☐

4 Gute-Nacht-Pflege

Beantworte die Fragen.

Warum kannst du nicht einschlafen?

Kannst du häufig nicht einschlafen, weil du an die nächste Klassenarbeit denken musst? Hier ist die Lösung: Ob Kissenspray, Tee- oder Milchbad – die neuen Produkte von Origins (Sleep Line, ab 28 Mark) verschaffen dir sanfte Träume.

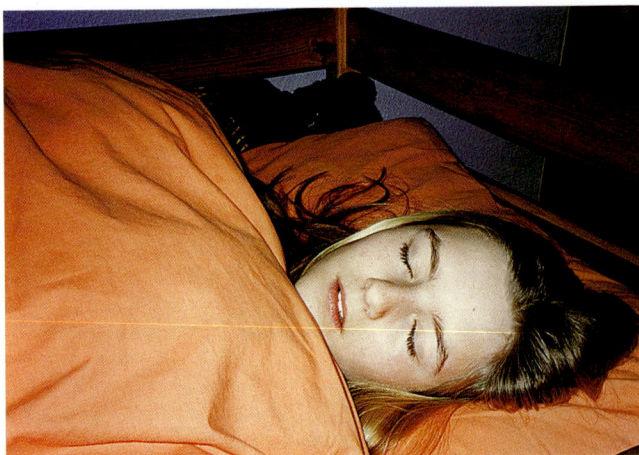

A Ich sollte ausgehen.

B Ich habe zu viel Tee getrunken.

C Ich habe zu viel Geld bezahlt.

D Ich muss an eine Prüfung denken. ☐

Questions and answers in English

5 Ein 007 ist nicht genug

In a magazine you read an article about James Bond films. Explain it to your English friend who loves Bond films.

Der Name ist Bond, James Bond, und der Agent Ihrer Majestät kommt diesmal gleich doppelt. Zum Verleihvideo- und DVD-Start des aktuellen Bondabenteurs ‚**DIE WELT IST NICHT GENUG**' beginnt MGM mit der Veröffentlichung der alten Bond-Filme auf DVD. Den Anfang macht ‚007 – JAMES BOND JAGT DR. NO' in einer beispiellosen Ausstattung: Alte TV- und sogar Radiospots, Postergalerien und ein Begleitkommentar, in dem sich z.B. Ursula Andress zur berühmten Bikiniszene äußert. Und auch zum 19. Bond-Film ‚Die Welt ist nicht genug' mit Pierce Brosnan findet sich einiges in den DVD-Zusatzfeatures, darunter ein rührender Nachruf auf den verstorbenen Darsteller des ‚Q', Desmond Llewellyn. Zusammen mit MGM / Fox Home Entertainment verlosen wir zehn ‚Die Welt ist nicht genug'-Fanpakete, bestehend aus DVD bzw. Video, Soundtrack, Schlüsselanhänger und Poster. Die Preisfrage: **Wie heißt die von Denise Richards gespielte Nuklearphysikerin?** a) Christmas Carol b) Christmas Jones c) Indiana Jones. Die Lösung bitte per Postkarte an TV SPIELFIM, Stichwort: Bond, 20747 Hamburg. Einsendeschluss ist der 14.7., der Rechtsweg ist ausgeschlossen.

a Why does this article suggest you will be seeing double?

b Give **two** details about the DVD version of ‚**007 – JAMES BOND JAGT DR. NO**'

c Give one detail about ‚**DIE WELT IST NICHT GENUG**' with Pierce Brosnan.

d Why does the article ask a question about Denise Richards?

6   Ferienziele aus aller Welt

You read an article in a magazine about holidays
Explain it to your English friend.

Ferienziele aus aller Welt

Die Erholung beginnt schon bei der Reiseplanung. Mit dem schnellen und praktischen Online-Angebot aus der Rubrik ‚Reise' können sich Urlauber mühelos mehr Anregungen und Tipps holen, als in jedem Reisebüro: Zu Pauschalreisen oder Last-Minute-Schnäppchen, über Flug- und Länder-Infos bis hin zu Reisemagazinen mit den aktuellen News und Wetterprognosen. Dabei können Sie noch kräftig sparen. Denn die besten Sparknüller bekommt man nicht im Reisebüro, sondern im Internet. Viele Angebote können Sie sofort online buchen.

a   When does the article say you start to feel better?

b   Why should you book your holiday on-line?

c   What additional useful information can you get on-line?

d   What other incentive do you have to book on-line?

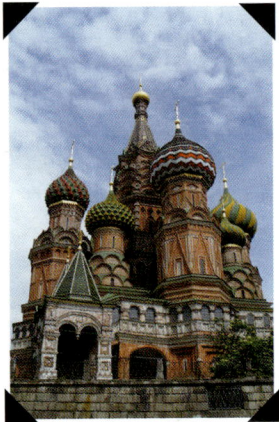

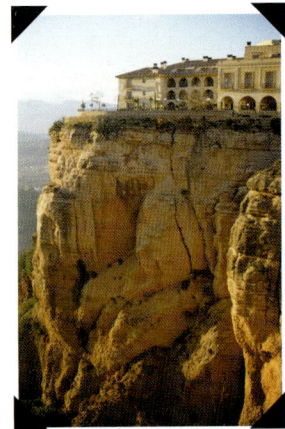

Einheit 3 — Writing test

Examiners want candidates to produce a variety of types of writing, providing and ask for information, expressing ideas, attitudes, personal feelings and opinions, giving reasons where appropriate and showing evidence of being able to write in the present, past and future tenses.

At Foundation Tier you will be required to write:

1 a short list or a form
2 a message / postcard / text for a poster which shows your ability to write in short sentences
3 a letter (formal or informal), which shows that you can write in the past, present and future tenses and express opinions.

At Higher Tier you will be required to write:

1 a letter (formal or informal), which shows that you can write in the past, present and future tenses and express opinions
2 another letter, an article or an account.

Do	
1	read the questions carefully!
2	write down the phrases you want to include.
3	use tenses and adverbs of time where appropriate.
4	leave time to check your work.
5	tick off on the exam paper the items you have included (in order to check you have covered all items required).

Don't	
1	think it's an opportunity to write a chunk of irrelevant pre-learned German!
2	write what you want to say in English and then try to translate!
3	think you have to write in one tense only!
4	run out of time.
5	miss out tasks you have been set on the examination paper.

For types of Foundation Tier tasks see the **Wiederholung**.

Types of writing tasks at Higher Tier include:

1 **Letters** – always begin with the town and date in the top right hand corner and set out the letter correctly.

    A **Informal letters**   Use **du** and the related pronouns: **dich**, **dir**, **dein**.

    B **Formal letters**   Use **Sie** and the related pronouns: **Sie**, **Ihnen** and **Ihr**.

2 **Articles** – You will probably be given certain tasks to fulfil. As with the letters it is important to complete all tasks set to gain content marks.

3 **Account** – You will probably be asked to give an account of something which has happened in the past, but you should attempt to use present and future tenses as well if possible (e.g. in direct speech).

Writing tests – Sample material

1 Letter

You receive this letter from your friend in Germany asking you about your birthday and your holidays. Write a letter in German replying to all the questions asked.

> Bern, den 5. Mai
>
> Hallo,
>
> Wie geht's? Mir geht's gut.
> - Was hast du zum Geburtstag gemacht?
> - Mit wem hast du gefeiert?
> - Wie hat es dir gefallen?
> - Was hat dir am wenigsten gefallen?
> - Wo willst du dieses Jahr deine Ferien verbringen?
> - Fährst du lieber mit Freunden oder mit deiner Familie weg? Warum?
> - Beschreib deinen Traumurlaub   z.B. in den Bergen oder am Meer?

2 Article

Your local tourist office has asked you to write an article in German describing your local town and area in order to attract German tourists. They want you to concentrate on the following areas:

> **Die Stadt**
> Beschreibung der Stadt
> Was für Sehenswürdigkeiten gibt es in der Gegend?
> Warum ist es ideal für Leute zwischen sechs und 60?
> Was tut man für die Umwelt?

Einheit 4   Speaking test

In your speaking test you will be required to:

- ask for and provide information and clarification
- develop and expand on conversations which may include unpredictable elements
- discuss past, present and future events
- express ideas, opinions and points of view, and give reasons, where appropriate.

Remember

1   You have a great deal of control over what you say. You can prepare for this examination! You can pre-learn phrases for the examination. However you will need to use phrases which fit the requirements of the examination questions.

2   You could practise by recording your own voice speaking in German and listening to it. Try to make sure your words do not sound too monotonous or too rushed!

3   Your teacher is not going to try and 'trap' you with difficult questions. If you have worked throughout the year you should be prepared for the sort of questions your teacher will ask.

4   If you prepare a presentation well it gives you a good chance to show your teacher and the examiner that you have worked hard. Do discuss your presentation with your teacher so that he / she can prepare suitable questions.

5   Similarly you can prepare answers for the types of questions you know your teacher is likely to ask about the GCSE topics. Always try to expand your answers as much as possible, e.g. **Ich habe einen Bruder. Er heißt Markus und ist auf der Universität** …

6   Try to use different tenses. Expect to be asked questions in the present, past and future tenses, e.g. **Was hast du letzten Sommer in den Ferien gemacht? Was wirst du im September machen? Was hast du nächstes Jahr vor?**

7   Avoid repetition by using similar words, e.g. **Ich möchte / Können Sie mir … empfehlen? / Haben Sie … / Könnten Sie mir … schicken?**

8   Try to express opinions, e.g. **Ich glaube, dass …; Ich meine, dass …; Meiner Meinung nach …** and to include adjectives wherever possible.

Speaking tests – Sample material

😊😊😊

A **Role-playing**

Here are a few role-plays for you to practise with a partner.
Remember to take turns to play the teacher's role. You will find these a little more difficult.

1A **Student's role**

A German student asks you about your plans after you have left year 11. Your teacher will play the part of the student (1B) and will speak first.

- Say that you will carry on studying.
- Say that you will do your A-levels in the Sixth Form.
- Say that you would like to work abroad.
- Say you would like to work in Spain.

1B **Teacher's role**

- Willst du die Schule verlassen?
- Willst du in die Oberstufe gehen?
- Was für Zukunftspläne hast du?
- In welchem Land?

2A **Student's role**

You are at the ticket office of a German cinema. Your teacher will play the part of the cashier (2B). You speak first.

- Ask what time the next performance of the film is.
- Ask the cost of entrance tickets.
- Ask for two tickets for the stalls.

2B **Teacher's role**

- Um sieben Uhr.
- Im Balkon sechs Mark und im Parkett sieben Mark.

3A **Student's role**

You are unwell and your penfriend takes you to the doctor's. Your teacher will play the part of the doctor (3B) and will speak first.

- Tell him you feel very hot.
- Say that you have a sore throat.
- Thank him and say goodbye.

3B **Teacher's role**

- Kommen Sie herein! Bitte nehmen Sie Platz.
- Sie haben Fieber. Haben Sie noch andere Beschwerden?
- Wenn Sie wieder zu Hause sind, gehen Sie sofort ins Bett.

4A   Student's role

You arrive at the youth hostel in Köln. Your teacher will play the part of the warden (4B) and will speak first.

- Tell him three boys and two girls.
- Say three nights, from the 16th July to the 18th.
- Ask how much it will cost per night.

4B   Teacher's role

- Guten Tag. Wie viele seid ihr?
- Wie lange wollt ihr bleiben?
- Da sind noch Betten frei.
- 15 Euro pro Person. Kann ich eure Pässe sehen?

5A   Student's role

You are in a lost property office in Germany. Your teacher will play the part of the man behind the counter (5B). You speak first.

- Say you left your umbrella in a café this morning.
- Say the umbrella was very expensive.
- Thank him / her.
- Say you'll come back tomorrow.

5B   Teacher's role

- Zuerst müssen Sie dieses Formular ausfüllen.
- Moment. Ich guck mal nach.
- Es tut mir Leid. Zur Zeit haben wir keine Regenschirme.

6A   Student's role

Your car needs a minor repair while you are on holiday in Germany. Your teacher will play the part of the garage mechanic (6B) and will speak first.

- Say you are looking for the workshop.
- Ask whether you can have your car repaired there.
- Ask whether there is a café nearby.

6B   Teacher's role

- Suchen Sie etwas?
- Was ist denn los?
- Ja sicher, das dauert eine Stunde.
- Ja, der Tankstelle gegenüber.

B General conversation

In this section you will have to talk in German with your teacher for between four and six minutes (six to eight minutes for the Higher Tier). The conversation will be based on two or three topic areas. You should try to learn answers to these sorts of questions and practise them regularly.

Remember to make your answers as full as you can. If you aim to achieve at least a grade C in this part of the examination, you will have to show that you can discuss present, past and future events – and also express personal opinions.

Below are listed some typical questions on the topics covered in the second half of the book. It is not an exhaustive list and your teacher will introduce you to others. You should try to prepare answers to these sort of questions and practise them regularly. Make sure you expand your answers as much as you can!

Topic – Social issues, choices and responsibilities

Rauchst du? Warum? Warum nicht?

Trinkst du Alkohol? Warum? Warum nicht?

Was machst du, um fit zu bleiben?

Was heißt gesund essen?

Topic – The environment

Was sollte man machen, um die Umwelt zu schützen?

Wie wichtig ist die Umwelt für dich?

Topic – Leisure

Treibst du gern Sport?

Hörst du gern Musik? Was für Musik hörst du am liebsten?

Spielst du ein Instrument?

Liest du gern? Was liest du gern? Warum?

Gehst du gern ins Kino? / ins Theater? / in Konzerte?

Erzähl mir etwas über das letzte Stück / Konzert, das du gesehen hast.

Topic – Shopping

Gehst du gern einkaufen? Warum (nicht)?

Wie findest du die Einkaufsmöglichkeiten hier in ... ?

Was hast du neulich gekauft? Warum?

Topic – Home life

Wie hilfst du zu Hause?

Hilfst du im Garten?

Helfen die anderen Mitglieder der Familie im Haushalt?

Topic – Healthy living

Was isst du gern?

Was trinkst du gern?

Isst du gesund? Warum (nicht)?

Was muss man essen / trinken, um fit zu bleiben?

Topic – Career and future plans

Welchen Beruf möchtest du haben? Warum?

Was sind deine Eltern von Beruf?

Was für Zukunftspläne hast du? Warum? Wo?

Wovor hast du Angst? Warum?

Topic – Part-time jobs and work experience

Hast du ein Arbeitspraktikum gemacht?

Wie hat dir die Arbeit gefallen?

Hast du einen Nebenjob?

Wie viele Stunden arbeitest du am Tag?

Wie viel Geld verdienst du?

Warum brauchst du das Geld?

Wie gefällt dir die Arbeit?

Einheit 5   Coursework

In order to assess your assignments your teachers will want to see that:

1 You have answered the set question as fully as possible.

2 You have written in full sentences.

3 You have used a variety of adjectives, not just 'interessant'.

4 You have tried to express attitudes and opinions.

5 You have expanded on points whenever possible.

6 You have referred to past, present and future events and used these tenses correctly.

7 You have checked that nouns have capital letters.

8 You have checked your spelling carefully, using a dictionary.

9 You have counted the number of words.

Here are some suggestions to help you plan some more coursework titles. If you answer the questions as fully as you can you will have the basis of an assignment and can work on adapting it to suit what you want to say.

Imaginative response to a song / poem / film / TV programme

Schreib eine kurze Zusammenfassung!

Wovon handelt das Lied / das Gedicht / der Film / die Sendung?

Schreib einen Artikel, einen Brief, einen Dialog.

Wie findest du das?

A day that went wrong

Beschreib einen normalen Tag.

Erzähl mir etwas von den Problemen. (Kein Geld, Transportprobleme, Beziehungen.)

Wie war der Tag?

Würdest du das wieder machen?

Publicising a shopping or leisure facility

Gib mir Informationen über die Aktivitäten, die man hier machen kann.

Wie viel kostet das?

Was sind die Öffnungszeiten?

In welchem Jahr wurde das Zentrum eröffnet?

Was sind die Vorteile eines solchen Zentrums?

Was wird in der Zukunft organisiert werden?

Publicising a social or environmental issue

Welche Umwelt-Frage willst du publik machen?

Warum ist das Problem so wichtig? Was ist passiert?

Wie ist die gegenwärtige Situation?

Was sollte man machen, um die Situation zu verbessern?

Letter to a newspaper on a social or environmental issue

Über welche Fragen der Umwelt oder Gesellschaft willst du schreiben?

Hast du persönliche Erfahrungen gemacht?

Wie siehst du die heutige Situation?

Was sollte man machen?

My ideal future job

Beschreibe deinen idealen Job.

Haben sich deine Ideen verändert, seit du älter geworden bist?

Macht es dir Spaß? Warum (nicht)?

Was willst du in der Zukunft machen? Warum?

,I've won . . . !'

Was hast du gewonnen?

Wie hast du herausgefunden, dass du gewonnen hattest?

Was hast du dann gemacht?

Welche Pläne hast du seitdem gemacht?

Wortschatz Deutsch – English

German	English
das Abendessen (–)	evening meal / dinner
die Abfahrt (–en)	departure
die Abfahrtszeit (–en)	departure time
der Abfall (Abfälle)	rubbish
der Abfalleimer (–)	rubbish bin
die Abgase (pl)	exhaust fumes
abhängig von + Dat.	addicted to
(das Telefon) abheben	to pick up (telephone)
das Abitur (–s)	German school leaving certificate / equivalent to A Levels / Highers
abnehmen	to lose weight
(den Tisch) abräumen	to clear (table)
abschalten	to switch off
abspülen	to wash dishes
die Abteilung (–en)	department
abtrocknen	to dry dishes
abwaschen	to wash up
der Adventskranz (~kränze)	advent wreath
der Aktionfilm (–e)	action movie
aktiv	active
der Alkohol	alcohol
alkoholfrei	alcohol-free
der Alkoholiker (–)	alcoholic
der Alkoholismus	alcoholism
die Allergie (–n)	allergy
allergisch gegen	allergic to
der Alltagsstress	every day stress
die Alpen (pl)	Alps
als	when, than
alt	old
das Alter	age
altmodisch	old fashioned
das Altpapier (–e)	waste paper
der Altpapiercontainer (–)	waste paper container
die Alufolie (–n)	aluminium foil
am Wochenende (–n)	at the weekend
die Ampel (–n)	traffic light
an + Akk. / Dat.	at / on / up to
analytisch	analytical
anders als …	different from
der Anfang (~fänge)	start
anfangen	to start
das Angebot (–e)	offer
angeboten werden	to be on offer
angeln gehen	to go fishing
Angst haben	to be frightened
die Ankunft (~künfte)	arrival
(jemanden) anlächeln	to smile (at someone)
(jemanden) ansehen	to look (at someone)
anrufen	to call
anständig	decent
anstrengend	strenuous
Anti-Drogen	anti drugs
anzünden	to light
der Apfel (Äpfel)	apple
der Apfelsaft (~säfte)	apple juice
die Apotheke (–n)	dispensing chemist
der Apparat (–e)	telephone
das Appartement (–s)	appartement
das Aquarium (Aquarien)	aquarium
arbeiten	to work
arbeitslos	unemployed
das Arbeitspraktikum (~praktika)	work experience
arm	poor
der Arm (–e)	arm
der Arzt (Ärzte)	medical doctor
die Ärztin (–nen)	female doctor
athletisch gebaut	of athletic build
auf + Dat. / Akk.	on / on top of
aufhören	to stop
aufmachen	to open
aufräumen	to tidy up
aufstehen	to get up
aufwachen	to wake up
aufwendig verpackt	lavishly wrapped
das Auge (–en)	eye
die Aula (Aulen)	school hall
aus + Dat.	out of
die Ausbildung (–en)	training
der Ausflug (~flüge)	excursion
der Ausgang (~gänge)	exit / way out
ausgebucht	booked up
die Auskunft (~künfte)	information (desk)
ausreichend	sufficient
außer + Dat.	apart from / except
außer Betrieb	out of order
die Ausstellung (–en)	exhibition
der Ausverkauf	sale
der Ausweis (–e)	ID card / pass
die Ausweispapiere (–)	personal identification papers
der / die Auszubildende (–n)	trainee / apprentice

das	Auto (–s)	car
die	Autobahn (–en)	motorway
die	Autovermietung (–en)	car hire

B

	backen	to bake
der	Bäcker (–)	baker (m)
die	Bäckerin (–nen)	baker (f)
die	Bäckerei (–en)	baker's
das	Badezimmer (–)	bathroom
	Badminton spielen	to play badminton
das	Bad (Bäder)	bath(room)
der	Bahnhof (~höfe)	station
der	Balkon (–s)	balcony
der	Ballungsraum (~räume)	conurbation
die	Band (–s)	band
die	Bank (–en)	bank / bench
das	Bargeld	cash
der	Bart (Bärte)	beard
der	Bauch (Bäuche)	stomach
der	Bauer (–n)	farmer
	(aus) Baumwolle	(of) cotton
die	Baustelle (–n) / Bauarbeiten (pl)	road works
der	Beamter (–en)	official / civil servant (m)
die	Beamtin (–nen)	official / civil servant (f)
der	Becher (–)	cup / beaker
	behindert	handicapped / disabled
der	Behindertenausweis (–e)	disabled pass / sticker
	bei + Dat.	at / near to
	beige	beige
das	Bein (–e)	leg
	belebt	lived in / lively
das	belegte (–n) Brötchen (–)	filled roll / sandwich
die	Berufsschule (–en)	vocational college
die	Bescherung (–en)	giving of presents
	besichtigen	to see (sights)
	besonders	special / especially
	besser als…	better than
	bestellen	to order
	besuchen	to visit / go to
	betrunken	drunk
das	Bett (–en)	bed
	bettlägerig	bed-ridden
	bevor	before
das	Bier (–e)	beer
	billig	cheap
die	Biologie	Biology
	bis + Akk.	until / as far as
das	Blatt (Blätter) Papier	piece (–s) of paper
	blau	blue

	bleifrei	lead-free
	blond	blond
	blühen	to bloom
die	Bluse (–n)	blouse
die	Bockwurst (~würste)	(Frankfurter) saussage
der	Bodensee	Lake Constance
das	Boot (–e)	boat / ship
	böse	bad / evil
die	Boutique (–n)	boutique
	braten	to fry
die	Bratwurst (~würste)	fried saussage
	braun	brown
	brennen	to burn
der	Brief (–e)	letter
der	Briefkasten (~kästen)	letter box
die	Briefmarke (–n)	stamp (–s)
die	Brille (–n)	glasses
die	Broschüre (–n)	leaflet / brochure
das	Brot (–e)	bread
das	Brötchen (–)	roll
die	Brücke (–n)	bridge
der	Bruder (Brüder)	brother
die	Brust (Brüste)	chest / breast
das	Buch (Bücher)	book
die	Bücherei (–en)	library
der	Buchhalter (–)	bookkeeper / accountant (m)
die	Buchhalterin (–nen)	bookkeeper / accountant (m)
die	Buchhandlung (–en)	bookshop
	buchstabieren	to spell
	bügeln	to iron
die	Bühne (–n)	stage
das	Bungalow (–s)	bungalow
	bunt	multicoloured
das	Büro (–s)	study
der	Bus (–se)	bus / coach
der	Busfahrer (–)	bus driver
das	Butterbrotpapier (–e)	greaseproof paper

C

das	Café (–s)	café
der	Campingplatz (~plätze)	campsite
der	CD-Spieler (–)	CD-player
die	Chemie	Chemistry
die	Chips (pl)	crisps
der	Chor (Chöre)	choir
der	Computer (–)	computer
der	Cousin (–s)	(male) cousin
die	Cousine (–n)	(female) cousin

D

das	Dach (Dächer)	roof
	damit	so that
	danke	thank you
das	Datum (Daten)	date
	dauern	to last
der	Daumen (–)	thumb
die	Decke (–n)	ceiling / blanket
	decken	to lay (table)
	Deutsch	German
eine	Diät machen	to go / be on a diet
	dick	fat
die	Diskothek (–en)	disco / night club
die	Dokumentation (–en)	documentary
der	Dom (–e)	cathedral / dome
	doof	stupid
das	Doppelhaus (~häuser)	semi-detached house
das	Dorf (Dörfer)	village
die	Dose (–n)	can / tin
das	Drama (Dramen)	drama
die	(harten) Drogen (pl)	(hard) drugs
die	Drogenberatung	advice line for drugs
der	Drogensüchtige (–n)	drug addict
die	Drogerie (–n)	health food shop
	dumm	stupid
	dunkel	dark
	dünn	thin / slim
	durch + *Akk.*	through / by means of
der	Durchfall	diarrhoea
der	Durst	thirst
	durstig	thirsty
die	Dusche (–n)	shower
der	D-Zug / Schnellzug (~züge)	express train
	(das ist) egal	that makes no difference

E

	ehrlich	honest
das	Ei (–er)	egg
	einfach	simple / easy
das	Einfamilienhaus (~häuser)	detached house
	einfarbig	all one colour
der	Eingang (~gänge)	entrance
	einkaufen	to shop / to do the shopping
der	Einkaufskorb (~körbe)	shopping basket
der	Einkaufswagen (–)	trolley
die	Einladung (–en)	invitation
der	Eintritt	entrance fee
der	Einwohner (–)	inhabitant
die	Einzelfahrt (–en)	single journey
der	Einzelsport	individual sport

(continued)

das	Eis (–e)	ice / ice cream
der	Elektriker (–)	electrician (m)
die	Elektrikerin (–nen)	electrician (f)
die	Eltern (pl)	parents
	Energie sparen	to save energy
	Energie verschwenden	to waste energy
	eng	narrow / tight
der	Engländer (–)	English man
die	Engländerin (–nen)	English woman
das	Englisch	English
	enorm	enormous(ly)
die	Ente (–n)	duck
	entlang + *Akk. / Dat.*	along
	entscheiden	to decide
die	Erdbeere (–n)	strawberry
das	Erdgeschoss (–e)	ground floor
die	Erdkunde	Geography
die	Erkältung (–en)	cold
die	Ermäßigung (–en)	reduction / reduced fare
	ernst	serious(ly)
der	Erste-Hilfe-Kasten (~Kästen)	First Aid Kit
	essen	to eat
der	Esslöffel (–)	table spoon
das	Esszimmer (–)	dining room
die	Etage (–n)	floor / storey
das	Etikett (–en)	label
	etwas	something / somewhat

F

die	Fabrik (–en)	factory
das	Fach (Fächer)	subject
die	Fähre (–n)	ferry
	fahren	to drive / to go
der	Fahrer (–)	driver (male)
die	Fahrerin (–nen)	driver (female)
die	Fahrkarte (–n)	ticket (on means of transport)
der	Fahrradverleih	bike hire
die	Fahrt (–en)	trip / drive
die	Fahrtdauer	duration of the trip
	falls	in case
	falsch	wrong
die	Familie (–n)	family
die	Farbe (–n)	colour
	faul	lazy / rotten
das	Fenster (–)	window
die	Ferien (pl)	holidays
der	Ferienjob (–s)	holiday job
	fernsehen	to watch television
der	Fernseher (–)	television set
die	Fernsehserie (–n)	soap opera / tv series

der	Fernsprecher (–)	telephone
die	feste Freundin	girlfriend
der	feste Freund	boyfriend
	fettig	greasy
die	Feuerwehr	fire brigade
das	Feuerwerk (–e)	fireworks
das	Fieber	a temperature
der	Film (–e)	film / movie
	finden	to find
der	Finger (–)	finger
die	Firma (Firmen)	the company
der	Fisch (–e)	fish
die	Fitness	fitness
die	Flasche (–n)	bottle
die	Fleischerei (–en)	butcher's
	fleißig	hard-working
	fliegen	to fly
der	Flughafen (–)	airport
das	Flugzeug (–e)	plane
der	Flur (–e)	hall
der	Fluss (Flüsse)	river
	fotografieren	to take a photograph
	Fotos machen	to take photos
	fragen	to ask
	Frankreich	France
der	Franzose (–n)	Frenchman
die	Französin (–nen)	Frenchwoman
	Französisch	French
die	Frau (–en)	wife / woman
die	Freizeit	leisure time
das	Freizeitangebot (–e)	free time attraction (–s)
der	Freizeitpark (–s)	amusement park
der	Freund (–e)	male friend
die	Freundin (–nen)	female friend
	freundlich sein	to be friendly
die	Frischhaltebox (–en)	sandwich box
der	Frisör (–e)	male hairdresser('s) / barber
die	Frisörin (–nen)	female hairdresser('s)
	froh	happy
der	Fruchtzwerg (–e)	mini yoghurt
das	Frühstück (–e)	breakfast
	frühstücken	to have breakfast
der	Führerschein (–e)	driver's license
das	Fundbüro (–s)	lost property office
	für + *Akk.*	for
	furchtbar	terrible
der	Fuß (Füße)	foot
der	Fußball (–bälle)	football
der	Fußballverein (–e)	football club
die	Fußgängerzone (–n)	pedestrian zone

G

die	Gabel (–n)	fork
	ganz	whole / completely
	ganz rechts	on the far right
	gar	done / cooked
die	Garage (–n)	garage
der	Garten (Gärten)	garden
das	Gästezimmer (–)	guestroom
der	Geburtstag (–e)	birthday
	gegen + *Akk.*	against / towards (time)
	gegenüber + *Dat.*	opposite
	gehbehindert	handicapped
	gehen	to go / to walk
	gekocht	cooked
	gelb	yellow
das	Geld	money
der	Geldschein (–e)	bank note
der	Geldwechsel	currency exchange
	gemeinsam	together
das	Gemüsegeschäft (–e)	greengrocer's
	gemustert	patterned
	gemütlich	comfortable
	geöffnet	open
	gerade	straight
	geradeaus	straight on
die	Gesamtschule (–n)	comprehensive school
das	Geschäft (–e)	shop / business
der	Geschäftsmann (~männer)	businessman
die	Geschäftsfrau (–en)	businesswoman
die	Geschäftszeiten (pl)	opening times
das	Geschenk (–e)	present
die	Geschichte	History
	geschieden	divorced
	geschlossen	closed
der	Geschmack (Geschmäcker)	taste
das	Gesicht (–er)	face
	gesperrt	closed off (road)
	gestreift	striped
	gesund	healthy / well
die	Getränke (pl)	drinks
der	Getränkeautomat (–en)	drinks dispenser
das	Getränkepäckchen (–)	juice carton
das	Gewicht (–e)	weight
	gewinnen	to win
der	Gips	plaster (cast)
das	Glas (Gläser)	glass
die	Glasflasche (–n)	glass bottle
das	Gleis (–e)	platform
	glücklich	happy

	golden	golden
	grau	grey
	grenzen an + *Akk.*	to border on
die	Grippe (–s)	flu
	groß	big / tall
	Großbritannien	Great Britain
die	Größe (–n)	size
die	Großeltern (pl)	grandparents
die	Großmutter (~mütter)	grandmother
der	Großvater (~väter)	grandfather
	grün	green
	günstig	good value for money
	gut	good
das	Gymnasium (Gymnasien)	grammar school

H

die	Haare (pl)	hair
das	Hähnchen (–)	chicken (meat)
das	Hallenbad (~bäder)	indoor swimming pool
der	Hals (Hälse)	neck
die	Haltestelle (–n)	(bus or tram) stop
der	Hamster (–)	hamster
die	Hand (Hände)	hand
die	Handelsschule (–n)	college (commercial)
die	Handschuhe (pl)	gloves
	handwerklich	as a craftsman
das	Handy (–s)	mobile phone
	hässlich	ugly
	häufig	common / frequent
die	Hauptschule	a type of secondary school
das	Haus (Häuser)	house
die	Hausaufgaben (pl)	homework
die	Hausfrau (–en)	housewife
der	Hausmann (~männer)	house husband
der	Hausmeister (–)	caretaker
das	Haustier (–e)	pet
das	Heft (–e)	exercise book
	heiß	hot (temperature)
	hell	light / bright
das	Hemd (–en)	shirt
	herabgesetzt	reduced (in price)
der	Herd (–e)	oven
die	Herstelladresse (–n)	manufacturer's address
	hervorragend	outstandingly good
	hilfsbereit	helpful
	hin und zurück	return (ticket)
	hinten	at the back
	hinter + *Akk.* / *Dat.*	behind
das	Hinweisfenster (–)	computer window
das	Hobby (–s)	hobby
	hoch	high
	hoffen	to hope

	hoffentlich	hopefully
der	Hörer (–)	receiver
das	Horoskop (–e)	horoscope
die	Hose (–n)	trousers
die	Hülle (–n)	outside / cover
der	Hund (–e)	dog
	hungrig	hungry
der	Husten (–)	cough
der	Hustensaft (~säfte)	cough syrup

I

der	Imbiss (–e)	snack / snack bar
	in + *Dat.* / *Akk.*	in / into / to
die	Informatik	ICT
der	Informationsschalter (–)	information desk
der	Ingenieur (–e)	engineer (male)
die	Ingenieurin (–nen)	engineer (female)
der	Inhalt (–e)	contents
	inklusive	included
	ins Kino gehen	to go to the cinema
	intelligent	intelligent / bright
der	InterCity (IC)	InterCity train
	interessant	interesting
das	Internet	Internet
der	Ire (–n)	Irishman
die	Irin (–nen)	Irishwoman
	Italien	Italy

J

die	Jacke (–n)	jacket / coat
der	Jahrestag (–e)	anniversary
die	Jeans (–)	pair of jeans
der	Job (–s)	job
der / das	Joghurt (–s)	yoghurt
der	Journalist (–en)	journalist (male)
die	Journalistin (–nen)	journalist (female)
die	Jugendherberge (–n)	youth hostel
	jung	young
der	Junge (–n)	boy

K

der	Kaffee (–s)	coffee
	kalt	cold
das	Kaninchen (–)	rabbit
	kaputt machen	to destroy
	kaputt	broken / damaged
	kariert	checked
der	Karpfen (–)	carp
die	Karte (–n)	ticket
der	Käse (–)	cheese

die	Katze (–n)	cat
das	Kaufhaus (–häuser)	department store
der	Kaufmann (–männer)	businessman / accountant
die	Kauffrau (–en)	businesswoman / accountant
	kaufmännisch	commercial
der	Keller (–)	cellar
der	Kellner (–)	waiter
die	Kellnerin (–nen)	waitress
der	Kern (–e)	inside, pip
die	Kerze (–n)	candle
der	Ketchup	ketchup / tomato sauce
das	Kilo	kilo
das	Kind (–er)	child
das	Kino (–s)	cinema
der	Kiosk (–s)	kiosk
die	Kirsche (–n)	cherry
	klar	clear
die	Klasse (–n)	class
die	Klassenarbeit (–en)	test
	klassisch	classical
	Klavier spielen	to play the piano
das	Kleid (–er)	dress
der	Kleiderschrank (–schränke)	wardrobe
	klein	small / short
das	Kleingeld	small change
der	Klempner (–)	plumber (male)
die	Klempnerin (–nen)	plumber (female)
das	Kloster (Klöster)	monastery / convent
der	Klub (–s)	club
das	Knie (–)	knee
der	Knöchel (–)	ankle
die	Knochenmarkspende (–n)	bone marrow transplant
der	Koch (Köche)	cook (male)
die	Köchin (–nen)	cook (female)
	kochen	to boil / to cook
	kommen	to come
die	Kommode (–n)	chest of drawers
	kommunikativ	communicative
die	Komödie (–n)	comedy
die	Kondition (–en)	condition, fitness
das	Konditionstraining	fitness training
das	Konzert (–e)	concert
die	Konzerthalle (–n)	concert hall
der	Kopf (Köpfe)	head
die	Kosten (pl)	cost
	kostenlos	free of charge
das	Kostüm (–e)	costume
das	Kraftwerk (–e)	power station
	krank	ill
das	Krankenhaus (–häuser)	hospital
der	Krankenpfleger (–)	male nurse

die	Krankenschwester (–n)	female nurse
	kraus	frizzy
die	Krawatte (–n)	tie
	kreativ	creative
die	Kreditkarte (–n)	credit card
die	Kreuzung (–en)	crossing
der	Krimi (–s)	crime story
die	Küche (–n)	kitchen
der	Kuchen (–)	cake
der	Kugelschreiber (–) / Kuli (–s)	biro
der	Kühlschrank (–schränke)	refrigerator
die	Kunst	Art
	kurz	short
die	Küste (–n)	coast

L

der	Laden (Läden)	shop
die	Ladezeit (–en)	download time
die	Lampe (–n)	lamp
	lang	long
	langweilig	boring
	laufen	to run
	launisch	moody
	laut	noisy
der	Lebenspartner (–)	partner (male)
die	Lebenspartnerin (–nen)	partner (female)
der	Lebkuchen (–)	gingerbread
die	Leckereien (pl)	sweets
die	Lederjacke (–n)	leather jacket
die	Lehre (–n)	apprenticeship
der	Lehrer (–)	teacher (male)
die	Lehrerin (–nen)	teacher (female)
die	Leidenschaft (–en)	passion / favourite occupation
	leihen	to borrow
der	Leiter (–)	manager / leader (male)
die	Leiterin (–nen)	manager / leader (female)
die	Leitung (–en)	line / leadership
	lesen	to read
die	Leukämie	Leukaemia
	lieb	good / nice
der	Liebesfilm (–e)	romantic movie
das	Lieblingsfach (–fächer)	favourite subject
	lila	purple
die	Limonade (–n)	lemonade
das	Lineal (–e)	ruler
	links	on the left
das / der	Liter (–)	litre
das	Live-Spiel (–e)	live game
	lockig	curly
der	Löffel (–)	spoon
	lustig	funny

M

das	Mädchen (–)	girl
der	Magen (Mägen)	stomach
die	Magersucht	anorexia
	magersüchtig	anorexic
	mähen	to mow
der	Mann (Männer)	husband / man
die	Mannschaft (–en)	team
der	Mantel (Mäntel)	coat
die	Mappe (–n)	folder
der	Markt (Märkte)	market
der	Marktplatz (~plätze)	market place
das	Marzipan	marzipan
die	Mathe	Maths
der	Matrose (–n)	sailor
die	Maus (Mäuse)	mouse
der	Mechaniker (–)	mechanic (male)
die	Mechanikerin (–nen)	mechanic (female)
das	Meer (–e)	sea
das	Meerschweinchen (–)	guinea pig
	mehr	more
die	Mehrwertsteuer	VAT
der	Meister (–)	champion (male)
die	Meisterin (–nen)	champion (female)
der	Mensch (–en)	human being / man
das	Messer (–)	knife
der	Metzger (–)	butcher (male)
die	Metzgerin (–nen)	butcher (female)
die	Metzgerei (–n)	butcher's
die	Miete (–n)	rent
die	Milch	milk
die	Milchschnitte (–n)	a type of sweet
	mild	bland / mild
das	Mineralwasser (–)	mineral water
	mischen	to mix
	mit + *Dat.*	with
das	Mitglied (–er)	member
	mitkommen	to come along
das	Mittagessen (–)	lunch
	mittelgroß	of medium height
	mittellang	average length
	mittelmäßig	average
die	Möbel (pl)	furniture
	modern	modern
	modisch	trendy
das	Mofa (–s)	moped
das	Motorrad (~räder)	motorcycle
	müde	tired
die	Mülldeponie (–n)	waste disposal site
der	Müll-Notstand	rubbish crisis
die	Mülltonne (–n)	bin
die	Müllverbrennungsanlage (–n)	incinerator
der	Mund (Münder)	mouth
die	Münze (–n)	coin
das	Museum (Museen)	museum
die	Musik (–en)	music
	Musik hören	to listen to music
	Musik machen	to make music
das	Musikal (–s)	musical
das	Musikgeschäft (–e)	music shop
der	Musikverlag (–e)	record company
die	Mutter (Mütter)	mother

N

	nach + Dat.	after
der	Nachbar (–n)	neighbour (male)
die	Nachbarin (–nen)	neighbour (female)
	nachdem	after
die	Nachrichten (pl)	news
der	Nachteil (–e)	disadvantage
der	Nachttisch (–e)	bedside table
der	Name (–n)	name
die	Nase (–n)	nose
	nass	wet
	naturverbunden	nature-loving
die	Naturwissenschaft (–en)	science
	neben + *Akk. / Dat.*	next to / beside
die	Nebenkosten (pl)	bills
der	Neffe (–n)	nephew
die	Nelken (pl)	cloves
	nett	nice / likeable
	neu	new
	neugierig	curious
die	Nichte (–n)	niece
	nicht so gut wie …	not as good as …
	nicht so gut	not so good
der	Nichtraucher (–)	non-smoker / Non-Smoking
	nie	never
das	Nikotin	nicotine
die	Nordseeküste	North Sea coast
	normal gebaut	of average built
	normalerweise	normally
die	Note (–n)	marks (in school)
der	Notruf (–e)	emergency call

O

	ob	whether
	oben	upstairs / downstairs
die	Oberstufe	German equivalent of sixth form
	obgleich	although
das	Obst	fruit

	obwohl	although
	öffentlich	public
die	öffentlichen Verkehrsmittel (pl)	public transport
die	Öffnungszeiten (pl)	opening hours
	oft	often
	ohne + *Akk.*	without
das	Ohr (–en)	ear
der	Onkel (–)	uncle
	optimistisch	optimistic
	orange	orange (colour)
die	Orange	orange (fruit)
der	Orangensaft (~säfte)	orange juice
das	Orchester (–)	orchestra
	(in) Ordnung	OK
der	Osterhase (–n)	Easter bunny
	Ostern	Easter
	Österreich	Austria
der	Österreicher (–)	Austrian man
die	Österreicherin (–nen)	Austrian woman
das	Ozonloch (~löcher)	hole in the ozone layer

P

das	Paar (–e)	a pair / a couple
das	Päckchen (–)	small packet
die	Packung (–en)	packet
das	Padelboot (–e)	paddle boat
das	Paket (–e)	parcel
die	Panne (–n)	breakdown
der	Park (–s)	park
der	Pass (Pässe)	passport
die	Pause (–n)	break
das	Pausenessen (–)	breaktime snack
die	Pausenhalle (–n)	school hall
die	Pension (–en)	guest-house
die	Person (–en)	person
	pessimistisch	pessimistic
das	Pfand (Pfänder)	deposit
die	Pfandflasche (–n)	deposit bottle
die	Pfanne (–n)	frying pan
der	Pfeffer	pepper
das	Pferd (–e)	horse
das	Pflaster (–)	sticking -plaster
die	Physik	Physics
der	Pilot (–en)	pilot
der	Plastikbehälter (–)	plastic container
der	Plattenvertrag (~verträge)	recording contract
die	Polizei	police
der	Polizeibeamte (–n) / Polizist (–en)	policeman
die	Polizeibeamtin (–nen) / Polizistin (–nen)	policewoman

die	Polizeiwache (–n)	police station
die	Pommes / Pommes Frites (pl)	chips
die	Post (–en)	mail / post
das	Postamt (~ämter)	post office
der	Postbote (–n)	postman
die	Postbotin (–nen)	postwoman
die	Postkarte (–n)	postcard
der	Praktikant (–en) bei…	work experience student (m.) at …
die	Praktikantin (–nen) bei…	work experience student (f.) at …
die	Praline (–n)	chocolate
die	Praxis (Praxen)	surgery
die	Praxis	"on the job" training
der	Preis (–e)	cost / price / prize
	preiswert	good value for money
	prima	great
	pro Woche	per week
die	Probeaufnahmen (pl)	trial recordings
das	Problem (–e)	problem
das	Programm (–e)	channel / programme
der / das	Prospekt (–e)	brochure / leaflet
das	Protokoll (–e)	minutes
die	Prüfung (–en)	exam
das	Publikum	audience
der	Pullover (–) / Pulli (–s)	pullover
die	Pute (–n)	turkey
	putzen	to clean / to scrub

Q

der	Quadratmeter (–)	square metre
die	Quittung (–en)	till receipt
das	Quiz (–)	quiz

R

	Rad fahren	to cycle
das	Rathaus (~häuser)	town hall
die	Ratte (–n)	rat
	rauchen	to smoke
der	Raucher (–)	smoker / Smoking
das	Rauschgift	drug
die	Realschule (–n)	type of German secondary school
	rechts	on the right
das	Recycling	recycling
das	Regal (–e)	shelf / bookcase
die	Regel (–n)	rule
die	Regelung (–en)	regulation
der	Regenschirm (–e)	umbrella
die	Region (–en)	area

der	Regionalsender (–)	regional station
	reich	rich
das	Reihenhaus (~häuser)	terraced house
die	Reise (–n)	journey
	reisen	to travel
der	Reisescheck (–s)	travellers cheque
	reiten	to ride
die	Religion (–en)	religion / RE
der	Rentner (–)	pensioner
das	Restaurant (–s)	restaurant
der	Restmüll	remaining refuse
das	Rezept (–e)	prescription
der	Rheinland	Rhine Valley
	richtig	right / correct
die	Richtung (–en)	direction
das	Rockkonzert (–e)	rock concert
	roh	uncooked
der	Rollstuhl (~stühle)	wheelchair
	romantisch	romantic
	rosa	pink
	rot	red / ginger
der	Rotkohl	red cabbage
der	Rücken (–)	back
eine	Rückfahrt (–en)	return journey
	Rücksicht nehmen auf	to take into consideration / to be considerate
der	Ruhestand	retired
	ruhig	quiet
der	Russe (–n)	Russian man
die	Russin (–nen)	Russian woman

S

di	Sahne	cream
die	Salbe (–n)	cream / ointment
das	Salz	salt
	salzig	salty
der	Sänger (–)	male singer
die	Sängerin (–nen)	female singer
das	Satellitenprogramm (–e)	satellite channel
	sauer	sour / sharp
die	S-Bahn (–en)	commuter train
der	Schal (–s)	scarf
der	Schalter (–)	counter
	scharf	hot / spicy
	schätzen	to appreciate / to estimate
der	Schaukelstuhl (~stühle)	rocking chair
das	Schaumbad (~bäder)	foam bath
der	Schauspieler (–)	actor
die	Schauspielerin (–nen)	actress
der	Scheck (–s)	cheque
die	Scheibe (–n)	slice

	schenken	to give as a present
die	Schildkröte (–n)	turtle, terrapin, tortoise
	schimpfen	to complain, tell off
der	Schinken (–)	ham
	schlafen	to sleep
der	Schlafsack (~säcke)	sleeping bag
das	Schlafzimmer (–)	bedroom
die	Schlange (–n)	snake
	schlank	slim
	schlecht	bad / sick
	schlechte Laune haben	to be in a bad mood
	schlechter als …	worse than …
der	Schlips (–e)	tie
das	Schloss (Schlösser)	castle / palace
	schmecken	to taste
der	Schmuck	jewellry
	schmücken	to decorate
der	Schnupfen	head cold
der	Schnurrbart (~bärte)	moustache
die	Schokolade (–n)	chocolate
	schön	beautiful
der	Schotte (–n)	Scotsman
die	Schottin (–nen)	Scotswoman
der	Schrank (Schränke)	cupboard
	schrecklich	terrible
der	Schreibtisch (–e)	desk
das	Schreibwarengeschäft (–e)	stationer's
	schriftlich	written
	schüchtern	shy
der	Schuh (–e)	shoe
die	Schulart (–en)	type of school
die	Schule (–n)	school
die	Schülerkarte (–n)	student's travel ticket
das	Schulessen (–)	school food
das	Schulgebäude (–)	school building
das	Schuljahr (–e)	school year
die	Schulkantine (–n)	school dinner hall
das	Schulsystem (–e)	school system
die	Schulter (–n)	shoulder
die	Schuluniform (–en)	school uniform
die	Schüssel (–n)	dish
	schwach	weak
	schwarz	black
der	Schwarzwald	Black Forest
die	Schweiz	Switzerland
der	Schweizer (–)	Swiss man
die	Schweizerin (–nen)	Swiss woman
die	Schwester (–n)	sister
der	Schwiegersohn (~söhne)	son-in-law
die	Schwiegertochter (~töchter)	daughter-in-law
	schwierig	difficult

das	Schwimmbad (-bäder)	swimming pool
	schwimmen	to swim
	schwindelig	dizzy
	seekrank	sea sick
	segeln gehen	to go sailing
	sehenswert	worth watching
die	Sehenswürdigkeiten (pl)	sights
	sehr	very
	seit + *Dat.*	since
	seitdem	since then
der	Sekretär (–)	male secretary
die	Sekretärin (–nen)	female secretary
der	Sender (–)	station
die	Sendung (–en)	programs
der	Senf	mustard
	servieren	to serve
der	Sessel (–)	armchair
	sich anziehen	to get dressed
	sich beschweren	to complain
	sich bewegen	to exercise, to move
	sich ein Auto teilen	to share a car
	sich fit halten	to keep fit
	sich gesund ernähren	to eat healthily
	sich rasieren	to shave
	sich sonnen	to sunbathe
	sich waschen	to wash
	silbern	silver
der	Sinn für Humor	sense of humour
	sitzen bleiben	to go back one year in school
	Ski fahren	to go skiing
	Ski laufen	to go skiing
	Snowboard fahren	to go snowboarding
	sobald	as soon as
die	Socke (–n)	sock
das	Sofa (–)	sofa
der	Sohn (Söhne)	son
der	Soldat (–en)	soldier
der	Sommerschlussverkauf	summer sale
das	Sonderangebot (–e)	special offer
der	Sonnabend (–e)	Saturday
der	Sonnenbrand	sunburn
die	Sonnenbrille (–n)	sunglasses
die	Sonnenkraft	energy from the sun
die	Sozialkunde	Social studies
	Spanien	Spain
	spannend	exciting
die	Sparkasse (–n)	savings bank
	spazieren gehen	to go for a walk
	spielen	to play
der	Spielfilm (–e)	film / movie
die	Spielshow (–s) / ein Quiz (–)	game show

der	Spielverderber (–)	spoilsport
der	Spitzname (–n)	nickname
	spontan	spontaneous(ly)
der	Sport	sports / PE
	Sport treiben	to do sports
die	Sporthalle (–n)	gym
	sportlich	sporty / athletic
der	Sportplatz (-plätze)	playing field
die	Sportsendung (–en)	sports program
der	Sportverein (–e)	sports club
die	Sprechstunde (–n)	surgery hour
die	Spritze (–n)	syringe
die	Stadt (Städte)	town
die	Stadtmitte (–n)	town centre
die	Stadtrundfahrt (–en)	city tour
	stark	strong
	statt	instead of
der	Stau (–s)	traffic jam
	im Stau stehen	to be stuck in a traffic jam
	staubsaugen	to hoover
das	Stellenangebot (–e)	job advertisement
das	Sternzeichen (–)	star sign
die	Stiefmutter (-mütter)	stepmother
der	Stiefvater (-väter)	stepfather
der	Stift (–e)	pen / pencil
der	Stock (–)	floor / storey
der	Strand (Strände)	beach
die	Straßenbahn (–en)	tram
	streichen	to paint
	streng	strict
ein	Stück (–)	a piece
der	Student (–en)	male student
die	Studentin (–nen)	female student
das	Studio (–s)	studio
der	Stundenplan (-pläne)	time table
	süchtig	addicted
der	Supermarkt (-märkte)	supermarket
die	Suppe (–n)	soup
	surfen	to go surfing
	süß	sweet / cute
die	Süßigkeiten (pl)	sweets
	synchronisieren	to dub

T

die	Tablette (–n)	tablet
die	Tafel (–n)	(black / white) board
der	Tageslichtprojektor (–en) (TP)	overhead projector (OHP)
die	Talkshow (–s)	talkshow
die	Tankstelle (–n)	petrol station
der	Tannenbaum (-bäume)	Christmas tree

die	Tante (–n)	aunt
	tanzen	to dance
	tanzen gehen	to go dancing
die	Tasche (–n)	bag
das	Taschengeld	pocket money
die	Tasse (–n)	cup / mug
die	Taste (–n)	key / button
	technisch	technical
die	Technologie (–n)	Technology
der	Tee (–s)	tea
der	Teilzeitjob (–s)	part time job
das	Telefon (–e)	telephone
	telefonieren	to telephone
die	Telefonkarte (–n)	phone card
die	Telefonzelle (–n)	public phone (box)
der	Teller (–)	plate
	Tennis spielen	to play tennis
die	Tennismannschaft (–en)	tennis team
der	Teppich (–e)	carpet
der	Termin (–e)	appointment
das	Theater (–)	theatre
die	Theorie (–n)	theory
das	Thermometer (–)	thermometer
die	Thermosflasche (–n)	thermos flask
der	Tisch (–e)	table
	Tischtennis spielen	to play table tennis
die	Tochter (Töchter)	daughter
die	Toilette (–n)	toilet
	toll	great
der	Topf (Töpfe)	pot
die	Torte (–n)	gateau
	total	completely
der / die	Tote (–n)	dead
der	Tourist (–en)	tourist
	trainieren	to train
die	Tram (–s)	tram
der	Traumjob (–s)	dream job
	traurig	sad
	(Freunde) treffen	to meet (friends)
die	Treppe (–n)	staircase
	treu	faithful
	trinken	to drink
	trotz	in spite of
das	T-Shirt (–s)	t-shirt
die	Tür (–en)	door
	türkis	turquoise
die	Tüte (–n)	bag

U

die	U-Bahn (–en)	underground train
	übel	sick
	über + Akk. / Dat.	over / above / across

die	Überraschung (–en)	surprise
	um + Akk.	around / at (time)
die	Umgebung (–en)	surrounding area
der	Umrechnungskurs (–e)	exchange rate
	umrühren	to stir
der	Umschlag (Umschläge)	envelope
das	Umsteigen	changing trains
	umsteigen	to change trains
	umweltfreundlich	environmentally friendly
	unehrlich	dishonest
der	Unfall (Unfälle)	accident
	unfreundlich	unfriendly
	ungemütlich	uncomfortable
	unglücklich	unhappy
die	Universität (–en)	university
	unten	downstairs / below
	unter + *Akk. / Dat.*	under / among
	unterschreiben	to sign
der	Urlaub (–e)	holiday

V

der	Vater (Väter)	father
die	Veranstaltung (–en)	event
der	Verband (Verbände)	bandage
	verboten	forbidden / not allowed
	verdienen	to earn
der	Verein (–e)	club
	vergessen	to forget
	verheiratet	married
der	Verkäufer (–)	male seller / vendor
die	Verkäuferin (–nen)	female seller / vendor
die	Verkehrsmeldung (–en)	traffic news
die	Verkehrsnachrichten (pl)	traffic news
	verlassen	to leave
	verletzt sein	to be injured
der / die	Verletzte (–n)	injured person
die	Verlobungsfeier (–n)	engagement party
die	Verpackung (–en)	packaging
	verrückt	crazy / outlandish
die	Versicherung (–en)	insurance
der	Vertreter (–)	male sales rep.
die	Vertreterin (–nen)	female sales rep.
der / die	Verwandte (–n)	relations
	viel	much
	vielleicht	perhaps
	violett	purple
	vitaminreich	full of vitamins
der	Vogel (Vögel)	bird
	vom Äusseren	from appearances
	von + *Dat.*	from
	von …bis	from …until…
	vor + *Akk. / Dat.*	in front of / outside before

	vormittags	in the morning
	vorne	at the front
der	Vorort (–e)	suburb
die	Vorstellung (–en)	show
der	Vorteil (–e)	advantage

W

das	W.C. (–s)	toilet
die	Waage (–n)	scales / Libra
der	Wagen (–)	car
	wählen	to choose / to dial
	während	during / while
die	Währung (–en)	currency
das	Waldsterben	death of the forests (e.g. rain forest)
der	Waliser (–)	Welshman
die	Waliserin (–in)	Welsh woman
die	Wand (Wände)	wall
die	Wanderkarte (–n)	rambler's map
	wandern	to go walking
	wann?	when?
das	Warenhaus (~häuser)	department store
	warm	warm
	warum?	why?
	waschen	to wash
die	Waschmaschine (–n)	washing machine
das	Wasser (–)	water
die	Wasserkraft	water power
der	Wasserturm (~türme)	water tower
	wechseln	to change (money)
die	Wechselstube (–n)	exchange office
der	Wecker (–)	alarm clock
	wegen	because of
die	Wegwerfgesellschaft (–en)	consumer society / throw-away society
der	Weihnachtsbaum (~bäume)	Christmas tree
das	Weihnachtslied (–er)	Christmas carol
der	Weihnachtsmarkt (~märkte)	Christmas market
	weil	because
	weiß	white
	weit	far
der	Wellensittich (–e)	budgerigar
	wenig	little
	wenn	when / whenever / if
die	Werbung (–en)	advertisement
das	Wetter	weather
die	Wettervorhersage (–n)	weatherforecast
die	Windkraft	wind power
	windsurfen	to windsurf

der	Winterschlussverkauf	winter sale
	wirklich	really
der	Witz (–e)	joke
	wo?	where?
das	Wochenende (–n)	weekend
	woher?	where from?
der	Wohnblock (~blöcke)	block of flats
	wohnen	to live
die	Wohnfläche (–n)	floor space
die	Wohnung (–en)	flat
die	Wohnungsanzeige (–n)	property ad
der	Wohnwagen (–)	caravan
das	Wohnzimmer (–)	living room / lounge
das	Wörterbuch (~bücher)	dictionary
die	Wurst (Würste)	sausage
das	Würstchen	(little) sausage

Z

der	Zahn (Zähne)	tooth
der	Zahnarzt (~ärzte)	male dentist
die	Zahnärztin (–nen)	female dentist
die	Zehe (–n)	toe
das	Zelt (–e)	tent
die	Zentralheizung (–en)	central heating
das	Zeugnis (–se)	end of year report (school)
	ziemlich	fairly
	zierlich	petite
die	Zigarette (–n)	cigarette
das	Zimmer (–)	room
der	Zoo (–s)	zoo
	zu + *Dat.*	to / for a purpose
der	Zucker	sugar
der	Zug (Züge)	train
die	Zugverbindung (–en)	train connection (–s)
das	Zuhause	home
	zunehmen	to gain weight
die	Zunge (–n)	tongue
	zusammen	together
die	Zusatzsoftware	additional software
der	Zustand (Zustände)	condition
der	Zwilling (–e)	twin
	zwischen + *Akk. / Dat.*	between

Infinitive	Present tense er/sie/es	Simple Past tense er/sie/es	Perfect tense Past participle	English
beginnen	beginnt	begann	begonnen	to begin
bekommen	bekommt	bekam	bekommen	to get, receive
beschließen	beschließt	beschloss	beschlossen	to decide
beschreiben	beschreibt	beschrieb	beschrieben	to describe
biegen	biegt	bog	gebogen	to bend, turn
bieten	bietet	bot/bat	geboten	to offer
bitten	bittet	bat	gebeten	to ask
bleiben	bleibt	blieb	* geblieben	to stay, remain
brechen	bricht	brach	gebrochen	to break, be sick
brennen	brennt	brannte	gebrannt	to burn, be on fire
bringen	bringt	brachte	gebracht	to bring, take
denken	denkt	dachte	gedacht	to think
dürfen	darf	durfte	gedurft	to be allowed to
einladen	lädt...ein	lud...ein	eingeladen	to invite
empfehlen	empfiehlt	empfahl	empfohlen	to recommend
sich entscheiden	entscheidet sich	entschied sich	sich entschieden	to decide
erhalten	erhält	erhielt	erhalten	to receive
erkennen	erkennt	erkannte	erkannt	to recognise
erschrecken	erschrickt	erschrak	* erschrocken	to get a fright
essen	isst	aß	gegessen	to eat
fahren	fährt	fuhr	* gefahren	to go, to drive
fallen	fällt	fiel	* gefallen	to fall
fangen	fängt	fing	gefangen	to catch
finden	findet	fand	gefunden	to find
fliegen	fliegt	flog	* geflogen	to fly
fliehen	flieht	floh	* geflohen	to flee, escape
fließen	fließt	floss	* geflossen	to flow
frieren	friert	fror	gefroren	to freeze, be cold
geben	gibt	gab	gegeben	to give
gefallen	gefällt	gefiel	gefallen	to please
gehen	geht	ging	* gegangen	to go, walk
geschehen	geschieht	geschah	* geschehen	to happen
gewinnen	gewinnt	gewann	gewonnen	to win
greifen	greift	griff	gegriffen	to grab, seize
haben	hat	hatte	gehabt	to have
halten	hält	hielt	gehalten	to hold, stop
hängen	hängt	hing	gehangen	to hang
heißen	heißt	hieß	geheißen	to be called
helfen	hilft	half	geholfen	to help
kennen	kennt	kannte	gekannt	to know (a person)
klingen	klingt	klang	geklungen	to sound
kommen	kommt	kam	* gekommen	to come
können	kann	konnte	gekonnt	to be able to
lassen	lässt	ließ	gelassen	to leave (a thing)
laufen	läuft	lief	* gelaufen	to run, walk
leihen	leiht	lieh	geliehen	to lend, borrow
lesen	liest	las	gelesen	to read
liegen	liegt	lag	gelegen	to lie
lügen	lügt	log	gelogen	to tell lies
messen	misst	maß	gemessen	to measure
mögen	mag	mochte	gemocht	to like
müssen	muss	musste	gemußt	to have to
nehmen	nimmt	nahm	genommen	to take

* mit sein

Infinitive	Present tense er/sie/es	Simple Past tense er/sie/es	Perfect tense Past participle	English
nennen	nennt	nannte	genannt	to name, call
reiten	reitet	ritt	* geritten	to ride (a horse)
rennen	rennt	rannte	* gerannt	to run
riechen	riecht	roch	gerochen	to smell
rufen	ruft	rief	gerufen	to shout, call
scheinen	scheint	schien	geschienen	to shine, seem
schlafen	schläft	schlief	geschlafen	to sleep
schlagen	schlägt	schlug	geschlagen	to hit, strike
schließen	schließt	schloss	geschlossen	to close
schneiden	schneidet	schnitt	geschnitten	to cut
schreiben	schreibt	schrieb	geschrieben	to write
schreien	schreit	schrie	geschrien	to scream, shout
schweigen	schweigt	schwieg	geschwiegen	to be silent
schwimmen	schwimmt	schwamm	* geschwommen	to swim
sehen	sieht	sah	gesehen	to see
sein	ist	war	* gewesen	to be
singen	singt	sang	gesungen	to sing
sitzen	sitzt	saß	gesessen	to sit
sollen	soll	sollte	sollen	to be supposed to
sprechen	spricht	sprach	gesprochen	to speak
springen	springt	sprang	* gesprungen	to jump
stehen	steht	stand	gestanden	to stand
stehlen	stiehlt	stahl	gestohlen	to steal
steigen	steigt	stieg	* gestiegen	to climb, go up
sterben	stirbt	starb	* gestorben	to die
stinken	stinkt	stank	gestunken	to stink
stoßen	stößt	stieß	gestoßen	to push
streichen	streicht	strich	gestrichen	to paint, crossout
sich streiten	streitet sich	stritt sich	sich gestritten	to quarrel
tragen	trägt	trug	getragen	to carry, wear
treffen	trifft	traf	getroffen	to meet
treiben	treibt	trieb	getrieben	to do (sport)
treten	tritt	trat	* getreten	to step
trinken	trinkt	trank	getrunken	to drink
tun	tut	tat	getan	to do
verbergen	verbirgt	verbarg	verborgen	to hide
verbieten	verbietet	verbot	verboten	to forbid
verbringen	verbringt	verbrachte	verbracht	to spend (time)
vergessen	vergisst	vergaß	vergessen	to forget
vergleichen	vergleicht	verglich	verglichen	to compare
verlassen	verlässt	verließ	verlassen	to leave (a place)
verlieren	verliert	verlor	verloren	to lose
verschwinden	verschwindet	verschwand	* verschwunden	to disappear
versprechen	verspricht	versprach	versprochen	to promise
verstehen	versteht	verstand	verstanden	to understand
verzeihen	verzeiht	verzieh	verziehen	to pardon, excuse
wachsen	wächst	wuchs	* gewachsen	to grow
waschen	wäscht	wusch	gewaschen	to wash
werden	wird	wurde	* geworden	to become
werfen	wirft	warf	geworfen	to throw
wissen	weiß	wusste	gewusst	to know (a fact)
wollen	will	wollte	gewollt	to want
ziehen	zieht	zog	gezogen	to pull
zwingen	zwingt	zwang	gezwungen	to force

Grammatik — *A quick reminder:*

1 Adjectives

I "Der"

Case	Masculine words			Feminine words			Neuter words			Plural words		
Nom.	der	schöne	Tag	die	junge	Frau	das	offene	Fenster	die	jungen	Männer
Acc.	den	schönen	Tag	die	junge	Frau	das	offene	Fenster	die	jungen	Männer
Gen.	des	schönen	Tages	der	jungen	Frau	des	offenen	Fensters	der	jungen	Männer
Dat.	dem	schönen	Tag	der	jungen	Frau	dem	offenen	Fenster	den	jungen	Männern

The "**der**" declension is also used with **dieser**, **jeder**, **jener**, **welcher** and **solcher**

II "Ein"

Case	Masculine words			Feminine words			Neuter words			Plural words		
Nom.	ein	schöner	Tag	eine	junge	Frau	ein	offenes	Fenster	keine	jungen	Frauen
Acc.	einen	schönen	Tag	eine	junge	Frau	ein	offenes	Fenster	keine	jungen	Frauen
Gen.	eines	schönen	Tages	einer	jungen	Frau	eines	offenen	Fensters	keiner	jungen	Frauen
Dat.	einem	schönen	Tag	einer	jungen	Frau	einem	offenen	Fenster	keinen	jungen	Frauen

The "**ein**" declension is also used with: **kein, mein, sein, unser, ihr, Ihr, dein, euer**

III No marker

Case	Masculine words		Feminine words		Neuter words		Plural words	
Nom.	starker	Wind	kalte	Limo	schönes	Wetter	neue	Schuhe
Acc.	starken	Wind	kalte	Limo	schönes	Wetter	neue	Schuhe
Gen.	starken	Wind(e)s	kalter	Limo	schönen	Wetters	neuer	Schuhe
Dat.	starkem	Wind	kalter	Limo	schönem	Wetter	neuen	Schuhen

This declension is also used with: **viel, wenig, weniger, mehr, solche, welche, manche**

2 Prepositions

With the Dative

The following prepositions are always used with the Dative:
aus, außer, von, zu, nach, bei, seit, mit, gegenüber

With the Accusative

The following prepositions are always used with the Accusative:
für, um, durch, gegen, entlang, bis, ohne, wider

With either the Dative or the Accusative

The following prepositions are always used with the Dative or the Accusative:
Remember: Accusative for Movement; Dative for Position:
an, auf, in, neben, vor, hinter, zwischen, über, unter, entlang

With the Genitive

The following prepositions are always used with the Genitive:
statt, trotz, während, wegen

Grammar Reference